罗摩克里希纳传

梵澄译丛·主编 闻中

罗摩克里希纳传

［法］罗曼·罗兰 著

梁海翎 章恬 译

闻中 校

广西师范大学出版社
·桂林·

顾 问

（以姓氏笔画为序）

王志成
毛世昌
卢 勇
乐黛云
孙 波
孙向晨
杜伽南达
吴学国
张颂仁
高世名

总顾问

高世名

主 编

闻 中

"我将这一颗新秋的果实,这一脉新灵性的讯息带到欧洲来,这是一首以罗摩克里希纳的名字命名的印度交响乐。"——罗曼·罗兰对西方读者们这样说。

任何人的传记都不好写,尤其是圣人的传记,因为圣人的生活大都远离人群,远离世界,远离我们的理解。那么,究竟是什么让这样一位举世闻名的法国作家,一位诺贝尔文学奖的获得者,要写一位来自印度卡利神庙的贫穷祭司的人生传记呢?为什么罗曼·罗兰想让西方了解这一位几乎不识一字的印度人呢?

罗曼·罗兰说:"我毕生致力于人类的和谐。"他一定认为,全人类都有必要了解这样一位杰出的印度人——罗摩克里希纳,不然,他不会花费如此多的时间和精力去收集资料完成这本书。

但罗曼·罗兰不仅仅转达了罗摩克里希纳的语录,还让我们了解他的生活,因为正是罗摩克里希纳的生活告诉我们,神是可以被经验到的,神是一种亲证,而不是少数人的专属特权,无论种族、地位、信仰,所有愿意去聆听的人,都能见到神。这是罗曼·罗兰最想告诉我们的。

献词

谨以此书献给

我灵魂朝圣之旅中忠实的同伴

我的妹妹玛德莱娜

没有她,我不可能完成这漫长的旅程

罗曼·罗兰(R.R.)

1929 年 1 月

人类必须在充满生机的源头活水处休憩、呼吸、滋养、振作，才能保持对永恒的持续探索。如果这一源头不在我们西方的文明摇篮里面，那它会在哪里呢？是在波斯河的另一边，那一条天堂之河吗？是从那东方神圣高处，奔流而下的印度河和恒河吗？西方太狭窄了，希腊太渺小了，朱迪亚①业已干涸，我在这里业已窒息。

我将渴望的目光投向了更为广博的东方，望向亚洲。那里，有宏伟的诗歌，如印度洋一般辽阔；那里，有和谐的圣书，在太阳底下熠熠生辉；那里，有宁静的和平，在表面的矛盾中绵绵不绝、亘古永续；那里，有无限的芬芳、无尽的友爱，在所有的生命中生生不息。那里，就是无边无际的爱与慈悲的大海。我已经找到我的主题：仁爱的圣经。

《人类的圣典》1864 年

儒勒·米什莱（Jules Michelet）②

---

① 指 Kingdom of Judea，罗马帝国时代的犹太行省，古代巴勒斯坦南部地区，包括今以色列南部及约旦西南部。——中译者注
② 儒勒·米什莱（1798—1874），19 世纪法国著名历史学家，被誉为"法国史学之父"。——中译者注

中译本导论

最初知道室利·罗摩克里希纳的名字，其实也是在罗曼·罗兰写的书中，那是另外一部著名的传记。那些时日，我因深受人类历史上的某种理想主义激情之鼓舞，爱上了那样一种雄强的英雄主义气质，故而一并爱上了罗曼·罗兰那何等丰盛而绚烂的笔姿。在阅读他的《列夫·托尔斯泰传》时，我就是遇到了这么一段颇突兀的文字：

"但在印度的宗教界，尤其是照耀着两颗光芒万丈的巨星，突然显现的——或如印度的说法，是隔了数世纪而重新显现的——两件思想界的奇迹：一个是罗摩克里希纳（1836—1886年），在他的热爱中抓住了一切神明的形体；一个是他的信徒辨喜（1863—1902年），比他的宗师尤为强毅，对于他的疲惫已久的民众唤醒了那个行动的神，Gita 的神……"

而且，我很快就发现这个专为英雄圣徒们写传的罗曼·罗兰本人也为这个罗摩克里希纳师徒两人各写了一部传记，在印度前总理尼赫鲁为女儿英迪拉所开的必读书目里面，赫然就有罗曼·罗兰的这本《罗摩克里希纳传》。

其实，最早用文字系统介绍这位圣徒的思想到西方文明世界的人，是鼎鼎大名的马克斯·缪勒（Max Müller），他是英国维多利亚时代的学界巨擘,尤其是他作为牛津大学19世纪东方学的祭酒,主编了《东方圣典》煌煌五十大卷,奠定了西方世界于东方学的资料与研究方面的第一座学术高峰,而且,他自己也亲自自梵文译出了其中的四部奥义书,并写出了《印度六派哲学》这部经典,他对梵文的研究,直接启发了比较宗教学的方法论,开创了此一崭新的现代性学科,故而也被世人誉为"比较宗教学之父"。

后来,因辨喜尊者在大西洋对岸的新大陆云游之际,造成了巨大的灵性冲击波,缪勒极为激动,他也从中知道了辨喜的导师室利·罗摩克里希纳在人间的真实存在,他深为震惊,也实在欣喜莫名,于是,借助当时英国的东印度公司之便利,收集了这位圣者的生平与语录,后来正式出版,成为西方世界了解印度近代这位罕见的、以古典生活方式而进入新时代的活生生的宗教大师的第一手资料。

当然,我第一次读到这位圣徒的名字时,阅历不够,自是全然不晓得他是何等人物,更不知道他的门徒辨喜在1893年首届世界宗教大会上所扮演的角色和巨大影响。那是多么久远的岁月啊! 但对我而言,这个曾为人类贡献出佛陀、钵颠阇利、商羯罗大师与《摩诃婆罗多》,还创造出诸如"空"(Sunya)、"零"(Anatman)、"涅槃"(Nirvana)、"阿特曼"(Atman)等神奇意象的国度,其无穷的神秘一直魅惑着我,这是一种全然不同的精神文化,是一个神话思维和神话想象遍布全地的领域,是一个相信神话,远远甚于历史的不可思议之民族。而它那奇特的地形,则犹如一只硕大的垂向印度洋上方的卡利女神(Kali)的乳房,印度次大陆被它自己的神秘所包围,正如无数的圣者大仙被其广袤无垠的森林所藏匿一样。

那位心胸宏阔、才识卓异的马克斯·缪勒也曾激情洋溢地说:

"如果有人问我在什么样的天空下，人的心灵……对生命中最重大的问题做过最深刻的思考，而且已经对其中的一些问题找到了解答，是值得被那些甚至研究过柏拉图与康德的人注目的——我就会指向印度。假如我再问自己，对我们这些几乎完全受希腊人、罗马人以及闪族之一的犹太人的思想所教养的人来说，什么文献最有匡正的效果，而最需要它使我们内心生命更完美、更全面、更普遍，事实上是更人性化的一种生命……我会再度指向印度。"

而我们现在所面对的这个室利·罗摩克里希纳却尤其是生活在离我们不远外的圣者。关于罗摩克里希纳的言行，我们还曾阅读到最负盛名的《罗摩克里希纳福音书》(The Gosple of Sri Ramakrishna)与《罗摩克里希纳与他的神圣游戏》(Sri Ramakrishna and His Divine Play)。两书皆出自他最杰出的那一批门徒之手笔，非常值得我们重视，前者是摩亨佐纳特·格塔(Mahendranath Gupta)的作品，他是孟加拉地区的人，但是他在书中从来不想让世人知道自己的名字，干脆称自己为 M。他就像一面纯粹的镜子，使得罗摩克里希纳的那些电光石火般的真实智慧被一一收集在他的记忆里，如照片一般的记忆，然后，在罗摩克里希纳去世之后，将它们写入了书中。

罗摩克里希纳在世时就曾预言：辨喜是英雄，是剑，他指向世界；而 M 是侍女，是拐杖，他扶持着罗摩的身体，保存着他的思想。两人的意义不同，但作用皆甚大。

而后者《罗摩克里希纳与他的神圣游戏》，则是他的出家弟子撒兰达南达(Saradananda)所著，是一部规模恢宏的神奇杰作。希望有朝一日，我们会有合适的译者出来，将它们全部译出来，献给中文的世界。因为这些书籍都是直接书写印度的灵魂的。

而如今，我们又有幸，见到了罗曼·罗兰这部重要传记的汉译本，这本《罗摩克里希纳传》是罗曼·罗兰以极大的热情和热爱所写就的。罗曼·罗兰折服于罗摩克里希纳的思想，就像一个不能独享芒果美味的人，他希望所有人都能获得同样的滋养。他对东方的读者说："罗摩克里希纳不仅接纳，而且自我觉悟到这条大河的完全的统一性，并对所有的支流与小溪保持开放，这正是我热爱他的原因。所以，我掇取一滴他的灵性之水，以解世间的精神饥渴。"于是，在本书中，罗曼·罗兰将罗摩克里希纳形容为印度的新先知，他说此人达到了"三亿印度人两千多年来灵性生活的顶峰"。

欧洲的文学传记是由希腊作家普鲁塔克（Plutarch of Chaeroneia）开启的传统，他的《希腊罗马名人传》是人类精神极为恢宏的伟业，在近现代，是罗曼·罗兰将这种英雄传记发挥到淋漓尽致的崭新阶段，英雄往往是孤独的，罗曼·罗兰立志寻找出所有的孤独的英雄们，越过时间的墙壁，摧毁空间的种种障碍和重重阻隔，让这些理想的人物形成一个庞大的系谱，然后一一加以辨认，从而让他们相聚一堂。

加之罗曼·罗兰对东西方文化和思想有深刻的洞察与理解，故而几乎是完美地将罗摩克里希纳这一东方神秘人物介绍给了全世界追求内心生活和自我觉悟的人们。

"虽然他已经离开我们四十载，但他的灵魂仍在激励着现代印度。他并不是如甘地一般的行动上的英雄，也非歌德、泰戈尔这样的艺术或思想天才。他只是一位孟加拉小村庄里的婆罗门，他的世俗生活被限定在一个很小的框架内，远离那个时代的政治和社会活动，他也没有过什么惊人壮举。但他的内在世界却拥抱了人类与神灵的全部多样性。"

我们会不断看到罗曼·罗兰雄强的精神气质、理性的力量,以及开阔的心胸,我们相信这本书的中译本,也必将会给中国的读者们带来与之匹配的精神与灵性的启迪。

总之,这些书籍的出现,饥渴慕义的那些人有福了,因为他们必当从中而得饱足;清心者们也有福了,因为他们会从罗摩克里希纳的身上,得以亲见神圣者的教诲和大怜悯。

自轴心时代(Axial Age)以降,我们对古典时代的那些百科全书式的伟人睽违已久,但一颗心灵如其真能捅破人类理性确立的森严壁垒,原是可以像心脏的声音一样传达到知识的各个部位的。像罗摩克里希纳,他并没有受过什么正规教育,甚至连标准的孟加拉语也实为不堪,更谈不上外语了,然而却使得许多大知识分子诸如柯沙布·钱德尔·森和德温德拉纳特·泰戈尔(Devendranath Tagore,著名诗人泰戈尔的父亲)等人都拜伏在他的脚下,可见单纯的知识,在灵性智慧方面非但不足以自我彪炳,反而需要借助灵性的智慧来照亮,正如有海洋般知识的柯沙布,在晚年时候,他只与罗摩克里希纳谈论关于神的知识,这与苏格拉底在临死之前,只谈论灵魂颇有相似之处,都是在知识的尽头才能发生的事情。

罗摩克里希纳与中国的庄子一样,当意识到以"有涯"之人生而随"无涯"之知识是危险的信号之后,他们便将生命求知的方向转了一百八十度:向外的转为向内;指向物的,便指向了神与天道。所以,罗摩克里希纳在各种记载中,常常会进入三摩地(Samadhi)的境界,人像石头雕像一样地坐在那里,顿时失去了对外界的意识。他的弟子说:"他的心意、自我和所有的感觉器官都转向内在,看上去是一个完全不同的人。"这种感觉，与庄子在《齐物论》当中所记载的颜成子游服侍南郭子綦时所发生的情形一模一样。就他这种神迷的冥想现象，医生撒卡（Dr. Mahendra Lal Sarkar）曾亲眼目睹了几次，并以医学的角度进行观察。据说，在一次罗摩克里希纳进入了三摩地时，他用听诊器检查了他的心脏，并观察了他的眼珠，发现处于三摩地中的人，其各项生理指征与死人无异。

罗摩克里希纳说："超越知识与无知，只有这样才可以认识神，知道很多东西是无知，学术上骄傲是无知；坚信神圣者位于所有生命的里面是知识，以爱的方式得以亲密地了解他，那就是更加富有的知识。"

与此同时，他会批判那些熟读经典而毫无行动力的梵学家们，这与当年耶稣批判那些法利赛人和文士一样，他说："梵学家们背诵很多诗篇，但什么也不做。"他们只会喋喋不休地到处演讲，参与辩论，而如果——"一个人一旦真正尝到了神的喜乐滋味，他那争论的愿望就会展翅高飞了"。

也许有人要问，既然他不曾接受过什么学院式教育，为什么还能无阻地讲解各种经典呢？而且各种传记当中，我们会看到，罗摩克里希纳所信手引用的经典，其熟悉程度令人吃惊。对此，他自己曾有一个神秘主义的解释，他说是源于神的启示："神和我谈话，不仅仅看到他的幻影。……是的，他和我谈话了。我连续哭了三天。他向我启示《吠陀经》《往世书》《坦特罗》，以及其他经典的含义。"

按照罗曼·罗兰的说法，罗摩克里希纳大概是走上了传说中的"雅各布天梯"（Jacob's ladder），雅各布是犹太祖先亚伯拉罕的孙子，据《圣经》记载，他曾经做梦，在梦境中，他沿着一条神秘的登天之梯而取得了"圣火"。罗曼·罗兰说:"在罗摩克里希纳这位'人-神'(Man-God)的一生中,我看到'雅各布天梯',在这之上,有着两条完整不间断的连接天地的线,一条神降至人,一条人升至神。"对罗曼·罗兰而言,"罗摩克里希纳是耶稣的兄弟",他们"永远是同一本书,永远是同一个神:人类之子,永恒的存在,人之子,重生之神。每一次归来,他都带来更加丰沛的宇宙能量,更加整全地显现在人类面前"。所以,罗曼·罗兰对这位"人-神"罗摩克里希纳的传记,他自己称之为"一份关于当今印度神秘主义及其行为的研究报告"是恰当的,富于现代的理性精神,试图一探精神界最深处之奥秘。因为罗摩克里希纳收获的可能就是灵性源头的智慧,而不是下游的知识,这几乎是古往今来的神秘主义者所着力实践的共同道路。

而罗摩克里希纳正是古代神秘智慧的活生生的体现,他的话语,其品质和深度跟佛陀、跟耶稣、跟庄子、跟圣弗兰西斯科一样富有魅力。对于他们而言,黑暗好像不是一点点消失的,而是有一个强光打射到他们灵魂深处的刹那瞬间,一旦达成,便一劳永逸地在同一个层面运行他们的心灵智慧,其智性也就源源不断地流淌到这个世上。而且,他们会使用同一类语言来讲述,即采取寓言、故事、比喻等来传达他们的发现,他们通常不会采用理性与思辨的方式,他们认为理性在言说神圣的知识时往往是无力的。他甚至曾经哭泣着向神圣母亲祷告:"母亲,用你的霹雳毁掉我对推论的偏好吧!"

他的诞生不可预知,却又难以置信地出现在离我们不远的那个时代,不但在印度本土产生难以估量的影响,就连欧美知识分子们也在他的言语里边听到了普遍真理的钟声。譬如他曾宣称道:"有多少宗教,就有多少通往神的道路。"

这话绝非信口开河，自少年时代第一次见到异象之后，他便不断地收获各种神秘的体验，并有意识地在基督教、佛教、伊斯兰教和锡克教等世界各大宗教中进行灵性实践，并获得具有同等深度与同等品质的启示。

他曾在杰都·麦里克宅院里，因耶稣基督的画像而跌入三摩地之境，感觉到耶稣的动作，并体验到了自己与耶稣的融合。他对众人和弟子们宣说神圣的临在，总是以斩钉截铁和不容置疑的话语来宣示，他告诉他们，神圣者不但存在，而且还可以触摸到他的身体，见到他的面容，听到他的声音。他的著名弟子 M 曾这么评价："对于他来说，神是一个实在，一种神圣的临在和理智，是日夜可以感受到，并可以不断相遇的。"

罗摩克里希纳正面回应道："我曾修习过所有的宗教。印度教、伊斯兰教、基督教等，我也曾遵循印度教不同教派的教义。我发现，虽然这些都是不同的道路，但都在走向同一位神。你必须尝试不同的道路，实践不同的信念。无论我走到哪里，总会看到印度教徒、伊斯兰教徒、婆罗门教徒、毗湿奴派教徒以及其他教徒们以宗教的名义在争执。但他们却没有想过，被称为原初能量的神，我们称之为克里希纳，或湿婆，其他人称之为耶稣，或真主阿拉，就像同一个罗摩神有一千个名字一样。印度教徒将水装在罐子里，叫作 jal；穆斯林教徒将水装在皮袋里，叫作 pani；基督教徒则将水叫作 water。我们会认为水只能被叫作 pani 或 water，而不能被叫作 jal 吗？这岂不是无稽之谈？都是同一个事物，只不过是名字不同罢了。人们追寻的是同一种存在，只不过是情状、禀性、名称各有不同而已。让每个人都遵循各自的道路吧！只要真诚地热切地想认知到神，只要能保持内心的平和，就一定会亲证到神。"

于是他的确认就是：世界各宗教的教义虽然不同，却都是殊途同归的真理。他以《薄伽梵歌》的精神来说话："阿周那祈求克里希纳显身……克里希纳说：'来看吧，看我真实的模样吧！'他将阿周那领到一处，问：'你看到了什么？'阿周那说：'我看到一棵大树，挂着满树的果子。'克里希纳说：'不，我的朋友，走近点，再仔细看看，这些不是果子，而是无数的克里希纳……'"

问题在于，这一点得由谁来言说，谁具有足够的资格言说神性的奥秘，汇报海水的深度。他说："人在三摩地里面，可以得到梵知——认识梵。但是，在那种状态之下，心智推敲完全停止了，人会变得沉默。"只有少数人，比如商羯罗，为了教导其他人，他才会从三摩地的状态，回落到相对的意识层面来谈论神的奥秘。罗摩克里希纳说："只要蜜蜂还没有采到蜜就会嗡嗡地响，一旦开始吸吮起蜜就会安静下来。有时候它们喝醉了蜂蜜，又会响起来。"他还说："一名领受了神性厚泽的虔信者，其言行举止无异于醉汉，断不能时时照应到礼貌与规矩。"

而要想获得神性的知识，必须是有预备的求道者。除了那些预备者，神是不会让所有人开悟的。而对神性的了解不能仅做知识上的预备，首先是要预备好渴望和爱。是什么样的渴望呢？罗摩克里希纳认为，应当有母牛那样的渴望之心，如《吠陀经》所教导的那样："噢，神啊，我们像母牛向公牛低头弯腰似的呼唤着你！"如果内心没有因渴望神而带来的这种强烈的不安，那么将不会获得任何关于神的知识。

而爱正是重要的抵达神性的路途，任何知识至多进入神的外室，而只有以爱者的身份才得以直入神的密室。而这种爱决不仅仅是对神的虚空的念叨和怀恋,而必须是对世上孤苦无告者的安慰。因为神不但显现于万物,而主要是显现于人身,如果没有对人的爱,一切都会流于空谈。罗摩克里希纳的弟子辨喜就曾说过:"倘若上帝或某种宗教不能为寡妇擦去泪水,不能给孤儿带去一片面包,我是不会信奉的。"

像耶稣安慰抹大拉的玛利亚和拉撒路一样,罗摩克里希纳也在抚慰着悲伤者的心灵。M 曾经在他的《罗摩克里希纳福音书》中记载一位婆罗门妇女,这位婆罗门妇女因罗摩克里希纳的造访而欣喜若狂,她以半哽咽的声音说:"这快乐对我来说太大了,或许我会因它而死。朋友们,告诉我,我如何才能活着?我从没有如此震撼……"那婆罗门妇女还对罗摩克里希纳说:"恳求您用您脚上的尘土祝福这个房间,然后这个房间就会变成贝拿勒斯,在这房间里死去的任何人都将免于死后的麻烦。"罗摩克里希纳说:"祈求者的力量在于何处?在于他的泪水。正如母亲总会应承满足哭闹孩子的愿望,神也总是对他孩子的哭泣和祈愿予以回应。"

我想,这跟当年耶稣进入中东地区那些低矮的民房来施行爱的神迹会是一样的反应。因距离和时间的遥远,我们今日无法看清耶稣的具体作为。但罗摩克里希纳却就在我们面前,带来灵粮的同时,也拭去了他人的泪水和哀伤。而爱本身就是最好的知识,就爱与知识的合一奥秘,他是这样比喻的:"关于神的知识可被比喻成男人,对神的爱则像女人。……对神的认识和对神的爱归根结底本是一体。至纯的知识和至纯的爱,彼此间完全没有区别。"

就像印度教与瑜伽行者自古以来的教导一样,罗摩克里希纳也教育我们要放弃"我执"。而"我执"与欲望相连，直接体现为"女人"和"金钱"，也就是佛陀所云的颠倒梦想和摩耶的集中体现。神性被遮蔽在幻觉当中，罗摩克里希纳将摩耶比喻成面纱，有时也暗含在悉多（Sita）和罗摩（Rama）的寓言故事当中：

"罗摩和他的弟弟罗什曼那（Lakshmana）以及妻子悉多一起走在森林里。罗摩走在前面，随后是悉多，罗什曼那走在最后。悉多走在兄弟俩中间，这就让弟弟看不见哥哥。悉多知道这会让弟弟很难受，于是她非常贴心地时不时偏过身子，让弟弟可以看到哥哥的身影。"

世上的人为了各种世俗事物，在大地的四个方向漫游寻索，但是他们最终一无所获，只有疲惫和虚空。但人们却愿意被这些事物牢牢缠住，为了说明这种物欲和习惯的捆绑，罗摩克里希纳曾说过一个孟加拉地区特有的笑话："曾经有一位卖鱼的妇人，在一位种花的园丁家里做客。她在市场里卖完了鱼之后，就带着她的空篮子回来，要求睡在一间摆放着鲜花的房间里。但是，由于花朵的香味，她久久不能入睡。她的女主人看到这种状况，说：'喂，为什么不安地翻来覆去？'那位卖鱼妇说：'朋友，我不知道，也许是鲜花的气味打扰了我的睡眠。你能把我的鱼篮给我吗？也许这能使我入睡。'篮子被带到她面前。她在上面洒上水，又把它放在鼻子旁边。然后，她甜甜地入睡，还整夜发出沉沉的鼾声。"

但是，即便是在宗教信仰如此普遍的像印度这样的国家，人们也并不真正渴望神性，反而渴望各种世俗的满足。那么，我们苦苦追问的问题：横在神性与人性之间的重重障碍，究竟是什么？答案就一目了然："神存在于每一个人之内心，但人们并非全都在神之中：此即是人类受苦之因。"那就是欲望,而欲望是藏在人类身上的一个深不可测的洞穴,按照《薄伽梵歌》的教导,欲望有三个家,它可以居住在人们的感官、心意与智性当中而毫无觉察。各种苦行、祈祷与念颂曼陀罗的灵性积蓄,也会因这个欲望之洞而慢慢渗漏,最终功败垂成。

欲望和苦无非是因为"我执"而存在。所以问题就在于如何放下这个"我"字。印度教的重要典籍《薄伽梵歌》的本质,就表达为"自我"意识的弃绝。罗摩克里希纳认为"我"与"我的"就构成了无知。"我的"房子,"我的"财富,"我的"学识都是出于无知和愚妄。他说:

"人应当持续不断地铭记死亡。所有事物都不能逃脱死亡。我们生到这个世界来履行某些职责,就像来自乡村的人,因为公事而去加尔各答一样。如果一位来宾到了有钱人家的花园,管家会对他说'这是我们的花园''这是我们的湖畔'等诸如此类的话。可是,如果管家被解雇,那他就连自己的芒果树木做的柜子也不能搬走。他只能通过看门人背地里把它运走。"

若是能够放下小我而经验到无欲望的自足境界,也就是理想的瑜伽状态,这时,人的工作就不再受业力(Karma)的支配,各种有意义的事情才会在人们的手中出现,罗摩克里希纳说:"通过无私地工作,神的爱会在内心成长,然后,通过神的恩典,随着时机成熟,就会认识神。"人得到神的恩典,就如同父亲抓住孩子的手一样,那孩子就无须害怕和担忧,它一举解除了人的昏惑和无明。

另外,也许值得我们深思的地方是,罗摩克里希纳让初学者们远离胜王瑜伽,他认为爱才是最好的路途,若是懂得爱的瑜伽,可以不用练习藏有危险的胜王瑜伽。人类具备爱的能力，这是神圣的恩典，让亲证神的途径更为容易，因为我们只需将倾注于这个世界的爱，返回到神的身边即可，对神的爱，就是神的知识。"那还需要去圣地朝圣吗？……如果最重要的事是睁大眼睛，敞开心扉，期待与神的每一次相遇的话，那么冒着生命和健康的危险去做那些事情又有什么意义呢？"

这就是认识神的三个预备，学会辨别、懂得弃绝、心中要有对神圣者的深切渴望与爱，他说："心中拥有信仰的人拥有一切，心中缺乏信仰的人缺乏一切。"

罗摩克里希纳认为，不是谁都可以听闻真道的，他说："我想我不该对每一个人说：'让你的灵性意识醒过来。'人们在卡利年代罪业如此深重，如果我唤醒他们的灵性意识，我会不得不承担他们的罪。"他的弟子 M 曾如此补充道："当一个人准备好了，他会唤起他的灵性意识。"走遍天下的梵社领袖维诘说："在其他地方，我只看到百分之二，至多百分之二十五，只有在这里我才发现神百分之百的显现。"可见，神圣的信息是专门对一部分人而显示的，我们已经知道，这部分人是有预备的。

而且，有趣的是，罗摩克里希纳的宗教世界充满了笑声与幽默，这既是出于他的自信，也是出因神性启示而带来的喜乐，"我只有作为歌者，才能靠近你"，他与一般严肃的宗教圣徒不同，这也更加近似于中国的庄子之风格，两者都有真理发出来的朗朗笑声。

据《往世书》(*Puranas*) 预言，常人在卡利年代是无缘得见真神的，而神的化身也会隐藏起来，以奉献者的身份显现，除了他身边的人，无人得晓此事。而罗摩克里希纳在他生前也仅是在众多崇拜者和弟子们之间说法，那毕竟是小范围内的传道。但他在生命终结时候有过预言："我在走之前会把整件事公之于世。"而且，这一预言果然在19世纪末和20世纪初得以兑现。随着辨喜的一举成名，"罗摩克里希纳传道会"（Ramakrishna Mission）在他去世十年后的1897年创立，而且发展很快，迅速超过了梵社（Brahmo Samaj）等较早的印度宗教组织，时至今日，这一传道会一直是印度教在海内外有极大影响力的改革社团。

在这一部传记当中，罗曼·罗兰引用了达克希什瓦卡利神庙（Dakshineswar Kali Temple）的一个场景，很能够"看到"当时恬静而神圣的氛围：

"破晓时，轻柔的钟声预告晨祷的开始。所有的灯都被点亮，在大厅里，笛子伴着鼓声和铙钹一起，为吟诵伴乐。太阳还未将东方染红前，就有人从花园里采来鲜花，供奉到神像前。和师父一起过夜的弟子们坐在师父床边打坐冥想。罗摩克里希纳起床后，袒露着身子在房间里四处走动，用甜美的声音唱着歌，轻声地跟圣母交流。尔后，所有的乐器一起响起，奏出和谐的乐曲。众弟子沐浴完后，都来到阳台上，和师父一起，俯瞰着恒河，开始一天的讨论。

"中午时分，钟声响起，宣告卡利神庙、毗湿奴神庙和十二座湿婆神庙的祈祷活动结束。炽热的太阳照射着大地，微风从南面吹来，潮水也涨了上来。午餐后，罗摩克里希纳会稍事休息，然后继续与弟子们的讨论。

"夜晚降临，庙里的掌灯人将灯盏再次点亮，并在罗摩克里希纳静坐的地方也点上一盏灯。螺号和钟声响起时，晚祷就开始了。在皎洁的月光下，师父和弟子们的讨论在继续。"

如今，罗摩克里希纳弘道的庙宇，即位于恒河岸边的达克希什瓦卡利神庙已经是重要的圣所，成为无数东方信徒们的朝圣之地。罗曼·罗兰这样道来："诚实地说，没有达克希什瓦卡利神庙，就可能没有罗摩克里希纳；没有罗摩克里希纳，就没有辨喜；没有辨喜，就没有向西方的传道。所有这些历史都源自这个距离加尔各答几公里处的恒河边的神庙。"

由于罗摩克里希纳等人思想的遍地渗透，印度再也不能被看作是无知的偶像崇拜者的聚集之地，它也不需要那些旨在教化非洲腹地各种族的诸般方法来教育印度，这就是对罗摩克里希纳了解甚深的马克斯·缪勒在自己的书中所说出来的意思。但世界不一定准备好了以消化这一种崭新的智慧。

晚年的罗摩克里希纳身患重病，他说，这次的病是好的，可以将弟子们分成为两组：近身弟子（Antaranya）和外围弟子（Bahirange）。那是发生在美丽的哥斯帕尔（Cossipore）花园之屋，他在那里度过了生命中的最后八个月，陪伴在他身边的，就是十二个最亲近的弟子，他们希望他不要走，罗摩克里希纳讲过一段寓意很深的话，他说道：

"一群心醉于神性崇拜的包尔斯人（Bauls），突然闯进了一间屋子，他们唱着神的名字，跳着欢快的舞蹈，然后，他们突然就都走了，就像刚才突然闯进来一样。而屋子的主人还没有反应过来，连他们是谁都不知道……"

1886年8月16日星期一的凌晨，室利·罗摩克里希纳离开了人世……

圣雄甘地（Mahatma Gandhi）就曾这么说："罗摩克里希纳的故

事是一个宗教实践的故事。他的一生使我们能够面对面地看见神。"如果我们明白罗摩克里希纳的话语表达的不只是他本人的思想，还有千千万万人类同胞的信仰和希望，我们也许就会对那个国家的未来真正抱有信心了。那里的所有人，甚至包括崇拜偶像的人，将都有对人之神性的觉察。

这种觉察坚实稳定，好比是为人类打下的共同的地基；在此地基之上，我们有望在不久的将来得见拔地而起一座未来圣殿；而在此一殿堂之内，印度教徒和非印度教徒将一齐信奉同一个至高无上的神——他与我们每一个人同在，因为每一个人经由他来生活，经由他进入行动，并经由他，最终有望成为最真实而卓越的自己。

在1882年的10月28日，罗摩克里希纳曾留有一段话语，他说："向智慧瑜伽士足前致敬！向虔信瑜伽士足前致敬！向无形之神的笃信者致敬！向有形之神的笃信者致敬！向往昔获得梵知者致敬！向现代领悟真理者致敬！"这样一本关于近代印度圣徒的详细记载，既被我们译介过来，应该是恰逢其时，从而也理当是让众人悦纳的。毕竟，我们借由罗曼·罗兰这样一位可敬的作家将他引入汉语学界，是适切的。在此，我们祈愿它能成为裸者之衣、贫者之财，和弱者之拐；还祈愿它成为渴者之水、饥者之食，和暗者之灯。

闻中

辛丑年，冬月

杭州城南于融创·璇骊山

英译者出版说明

对于此书的出版,我们应该感谢伟大的作者罗曼·罗兰先生,是他让我们有机会了解现代欧洲思想代表者之一是如何看待来自印度的伟大精神导师室利·罗摩克里希纳和斯瓦米·辨喜。在当前日益渐增的国际合作的情形之下,这样的了解,对印度人民来说也是不可或缺的。

必须提及的一点是,本书主要是为西方读者所写,书中的主题,是从西方的角度构想和阐释的,所以,作者的观点会与罗摩克里希纳教团的观点不相符合,这很自然。真实全面地理解罗摩克里希纳的思想,原是不需要纯东方或者纯西方的立场,不同国家和种族的人,都可以通过了解罗摩克里希纳个人的生活和思想,而被他的天赋所折服,被他的教导所吸引。罗摩克里希纳诸多面向生活和经历,吸引并滋养了全世界不同族群的人们,每个人的感受和理解都是真实的,都应被尊重。

考虑到作者所处国度与印度之间遥远的距离,以及所有相关资料均非以作者的母语记录,此书中有数处不准确的描述。但这些大多属于细枝末节,并不影响作者在本书中所呈现出的整体优秀和才华。

在征得罗曼·罗兰先生的同意后,我们在本书最后附加了一份出版者说明,标题为"室利·罗摩克里希纳和柯沙布·钱德尔·森",并删除了几处注解。

出版者
1929年8月

作者前言

在完成此书的过程中，我经常求助于罗摩克里希纳传道会，他们慷慨地向我提供所需要的资料。我尤其要感谢斯瓦米·希瓦南达（Swami Shivananda），他是令人尊敬的贝鲁尔道院（Belur Math）的主持和领袖，他告诉我很多他和罗摩克里希纳之间的弥足珍贵的回忆。我还要感谢摩亨佐纳特·格塔（Mahendranath Gupta），他是罗摩克里希纳的嫡传弟子和传道者之一，他的名字在书中被谦逊地以简单字母 M 指代。感谢年轻的宗教学者博施·森（Boshi Sen），他是 J.C. 博斯爵士（Sir J.C. Bose）的弟子，辨喜的信徒，通过他的帮助，我得到了克里斯丁修女（Sister Christine）未曾披露的部分回忆录〔克里斯丁修女和尼薇迪塔修女（Sister Nivedita）是辨喜最亲密的西方弟子〕。感谢约瑟芬·麦克里奥德小姐（Miss Josephine Macleod），她是辨喜热情而忠实的朋友。最后，我要感谢斯瓦米·阿施康南达（Swami Ashokananda），他是《印度觉醒》（*Prabuddha Bharata*）杂志的编辑。对于我的各种奇奇怪怪的问题，他永远都不厌其烦，并给予极其精准而博学的回答，正是他提供给我罗摩克里希纳传道会的确切完整的位置信息。

我要向达恩·葛帕·默克奇先生（Mr. Dhan Gopal Mukerji）表达

我的感激之情，他是第一个让我知道罗摩克里希纳的人。我还要感谢我忠诚的朋友卡里达斯·纳格博士（Dr. Kalidas Nag），他不止一次地给予我建议和指引。

希望我没有辜负这些出色的引路人，他们对印度所做出的贡献，对我们、对人类精神都弥足珍贵。

罗曼·罗兰

1928年12月

致东方读者们①

向智慧瑜伽士足前致敬！向虔信瑜伽士足前致敬！向无形之神的笃信者致敬！向有形之神的笃信者致敬！向往昔获得梵知者致敬！向现代领悟真理者致敬！

罗摩克里希纳

1882 年 10 月 28 日

我必须恳请印度读者们宽容我在本书中可能犯下的错误。尽管我满怀热情，但作为一位西方人，来阐释一位蕴含着数千年古老思想的亚洲人，这基本是不可能的，也必将会是错误百出的。我唯一能保证的是我的至诚之心，并以此心来虔诚而努力地融入生活的各个面向。

同时，作为西方人，我承认，我不曾放弃哪怕一丁点的自由判断精神。我尊重并热爱所有的信仰，但我不会受其限制。我深爱着罗摩克里希纳，因为我将他视为一个人，而非如他的弟子们一般，奉他为神灵的"化身"（Incarnation）。依据吠檀多哲学（Vedanta），神（the Divine）并不需要被附于某个有特殊能力的人身上，以此来证明神性居于个体灵魂中，而个体灵魂居于万物中——即"个体灵魂

---

① 此书将同步呈现于印度和欧洲读者面前。

（Atman）即梵（Brahman）"。将某个特殊的人视为神灵的"化身"，这样的观点在我看来是一种无法接受的灵性民族主义。我在所有的存在中看到神，大到整个宇宙，小到一粒尘埃，我都看到神，而其本质上并无分别。宇宙间有着无限的能量，蕴藏于每一个原子中，如果有人了解这种能量，就可以毁灭整个世界。唯一的不同只是这些能量有多少是蕴藏在人的良心中，小我中，或者在一个能量单位——离子中。最伟大的人也只是太阳的光芒在每一滴露珠中的清晰的折射而已。

这就是为什么我不会将印度这一神圣海湾在其虔信者面前描述得天花乱坠。印度历史上出现过无数的灵性英雄和默默无闻的追随者。正如我将耶稣和佛陀区分开一样，我将罗摩克里希纳和辨喜从他们同时代的灵性大军中区分开，在这本书中，我会尽量客观地评价这些天才人物。他们在19世纪印度觉醒时期如雨后春笋般涌现，赋予这个古老的国度新的能量，迎来了一个思想之春。每一个灵性领袖都富有创造力，并吸引了大批忠实的信徒，他们集结在一起，不自觉地一同仰望某个庙宇，并将其视为唯一或最伟大的神之一。

遥望他们的不同，我选择无视他们的纷争；远观他们的隔阂，我选择视之为广袤和宽阔。我只看到同样的那一条大河，如同帕斯卡①所说的那一条广阔的"前进之路"（chemin qui marche）。比起其他人来说，罗摩克里希纳不仅接纳而且自我觉悟到这条大河的完全的统一性（the Total Unity），并对所有的支流小溪保持开放，这正是我热爱他的原因。所以我掇取一滴他的灵性之水以解世间的精神饥渴。

---

① 布莱士·帕斯卡（Blaise Pascal），法国数学家，物理学家，哲学家，散文家。——译者注

而我,也不会一直倚岸而立,我会继续在大河中前行,直至大海。也许在我身后,在某个转弯处,死亡会对我们追随的某个领袖喊出:"停下来!",但我还会在大河中继续前行,从最初的源头到最后的入海口,一路心存敬意。神是源头,神是过程,神是终点。让我们在这条大河中,在大大小小的支流中,在大海中,感受完整的、涌动的、伟大的、鲜活的、无处不在的神。

罗曼·罗兰(R.R.)
1928年圣诞节,于维勒纳夫(Villeneuve)

致西方读者们

我毕生致力于人类的和谐。我努力将和谐带给欧洲人民，特别是那些既是兄弟又是敌人的族群。而过去的十年里，我也同样尝试促进东西方之间的和谐。如果可能的话，我也希望能调和被错误地认为是西方和东方相对立的两种精神形式——理性和信仰，或者更确切地说，是不同形式的理性和信仰。但可以确定的是，无论西方还是东方的精神体系，都是包含理性和信仰的，尽管有少数人怀疑这一点。

在我们这个时代，灵魂的这两个面向——理性和信仰——被荒谬地对立起来，认为两者是完全不相容的。其实唯一不相容的是狭隘的观念，这在那些错误地以理性或信仰标榜自我的人身上尤甚。

一方面，那些自诩的宗教人士将自己困在教堂高墙之内，他们不但拒绝走出来（他们有义务走出来），也不承认高墙外的人们也享有选择生活的权利（如果他们愿意）；而另一方面，那些自由思想家大多对宗教知之甚少（他们有义务去了解），却以抨击并否定宗教人士的生存权利为其人生重任。他们正在系统性地破坏宗教这一他们完全不了解的事物，却全然不自知，这其实是一种无知的表现。

如果关于宗教的讨论只是基于贫瘠且陈旧的历史或者伪历史文献，那这样的讨论毫无价值可言，这就好比为了解释人的内在心理活动而要去解剖人体器官一样。理性主义者们在外在表达和内在思维力量两者间的混淆，在我看来是一种错误，这就好比旧时的宗教混淆了用来向外表达的字母音节和文字真正的内在神秘力量一样。

如果想了解、判断甚至谴责某个宗教，必须亲身实践其宗教意识的实相，才有基本的资格。若不能如此，哪怕是那些担任宗教公职的人也没有发言权。因为，若他们足够坦诚，就会承认宗教意识与宗教职业是绝然不同的两件事情。许多受人尊敬的教士，是因为顺从、利益，或是怠惰才成为虔诚的信徒，对于宗教体验，他们或者认为完全没有必要去经历，或者没有足够的品格力量去追求。而与之形成鲜明对比的，是那些不受任何形式的（或自以为不受任何形式的）宗教信仰所约束的灵魂，但他们在实际生活却沉浸于超理性意识状态中，并命名为"社会主义""共产主义""人道主义""民族主义"，甚至"理性主义"。

一种思想是否是宗教，或者是否源于宗教，取决于其思想的核心而非其外表的显现。若能一心一意毫不畏惧地追求真理，并真诚地愿意为此付出一切代价包括牺牲，我便称其为宗教。因为宗教是一个预设的信仰，是人类最终的灵性追求，高于个体生命，高于现存社会，甚至高于人类的整体生命。怀疑主义，如能从其激烈的本性转向其核心，如能表达力量而非表达软弱时，才能成为行进中的宗教灵魂大军中的一员。

另一方面，那些教堂中怯弱的信仰者、牧师及其追随者们，没有资格披上宗教的外衣。尽管他们选择相信，但他们不是信仰者，他们不过是在铺满谷物的舒适的马厩里打了个滚，唯一需要做的不过是反刍而已。

"神的痛苦会直至世界的尽头"①，基督教的悲剧性论断深入人心。我个人并不相信只有一个人格化的神，尤其是只有一个"悲苦之神"。但我相信，在所有的存在中，在所有的欢乐和悲伤中，在一切生命形式中，在人类乃至宇宙中，存在着唯一的永生的神。创造在每一刹那发生，宗教永远没有完成态，它是永不停息的行动、是努力奋斗的意志、是蓬勃涌动的活泉，而不是污浊停滞的一潭死水！

我属于河流之地，我热爱它们，如同热爱那鲜活的生命，我由此理解我的祖先们会用美酒和牛奶来献祭河流。而最神圣的河流，是源自灵魂深处的那一条，它蕴藏着原初之力，从岩石、沙土和冰层中奔涌而出，我称之为宗教。

这条灵性之河，源自那深邃的未经探索的存在，流向意识之海，觉悟存在的本质。就像水从海洋上凝结，蒸腾，化作天上的云，然后又回落到河流一样，创造的循环处于永不间断的连续中。从源头到大海，再从大海到源头，同一存在的能量贯穿整个过程，没有开始也没有结束。至于这种存在被称为神——God（哪一个神？）还是被称为力——Force（哪一种力？）其实并不重要。它可能也可以被称为物质（Matter），但这包含了精神（Spirit）之力的物质，又是哪一种物质呢？语言，语言，只有语言！完整、鲜活而不抽象，这是宗教的本质，这是我所热爱的宗教，也是伟大的信仰者和不可知论者们同样热爱并有意或无意间传承的宗教。

我将我的这部新作献给伟大的、不可见的、无所不在的女神，她用金色的臂膀将多种多样、多姿多彩的音调团结在一起。近一个世纪

---

① 帕斯卡在《思想录》中《神秘的耶稣》一文说道："世界末日降临前，耶稣都承受着痛苦。在此之前，你不应该沉睡。"

以来，团结一直是新印度所有人的目标。这片神圣的土地上，不断涌现出烈焰般的人物，汇成思想的恒河。不论他们彼此间有何等差异，他们的目标永远都是一致的：通过神，团结人！在他们的努力下，团结被不断扩大和精化。

自始至终，这项伟大的思想运动是建立在东西方平等合作的基础上，是理性的力量和极具活力和洞察力的直觉之力的合作。这直觉之力并不是一个卑屈软弱的民族对宗教的盲目接受，而是独眼巨人库克罗普斯（Cyclops）额头上的那一只眼睛，三只眼睛合力在一起，会看得更加完整。

我将探究这些伟大的灵性英雄们。① 但我首先选出了两位令我尊敬的人物：罗摩克里希纳和辨喜。他们有着非凡的魅力和力量，奏响了宇宙灵魂的华彩乐章。可以这样说，他们是莫扎特，是贝多芬，是六翼天使，是雷神。

这本书由三卷组成②，是一个整体，讲述了两位卓绝人物的故事——其中一位几近是个传奇，另一位则堪称史诗般的存在。他们从印度深邃的历史中为我们带来讯息，将涵盖宗教、哲学、道德和社会各个方面的崇高思想体系呈现在现代人类面前。

在书中，你将会看到这两位伟大人物心忧苍生的慈悲、迷倒众生

---

① 参见此书的第六章：建造者们——拉姆·莫汉·罗易（Ram Mohum Roy）、德温德拉纳特·泰戈尔（Devendranath Tagore）、柯沙布·钱德尔·森和达亚南达（Dayananda）。另参见《前进中的印度》[《欧洲评论》（Revue Europe），1928 年 12 月刊]，这是与我们同时代的一位伟大作者阿罗频多·高斯（Aurobindo Ghose）的文章，我会在后面的书中再论及此人。

② 分为两卷：本书，和《辨喜生平和他的世界福音》（The Life of Vivekananda: The Universal Gospel）。

的诗意和优雅庄严的气度,这些足以解释为何我会花两年的时间去追寻他们的人生轨迹,以呈现在诸位面前。我的这一趟探访之旅绝非仅仅出于好奇。

我既非浅薄无知也不会故弄玄虚,我希望读者们能通过此书找到自己,找到那个真实的、本来的、不戴任何虚伪面具的自己。与我同道之人,不论在世还是已故的,都是抱有相同人生目标的人。时代和种族的界限于我毫无意义,所谓东西方的不同只不过是羁绊而已。本真的灵魂没有东西方之分,整个世界就是灵魂的家,我们每个人都是灵魂的归处。

请允许我简单插说几句,解释我完成这本书的内在动力。我只是普普通通的一个法国人,并非卓越之才,我和其他西方人一样,既没有方法也没有时间来表达自己。但当我们中的一员发出来自内心深处的解放自我的声音时,这个声音会让众多沉默的灵魂获得自由。那么,来倾听吧,不是听我的声音,而是听那些伟人们在历史中的回声。

我出生在法国中部,在那里生活到十四岁。我的家族有着数百年历史,数世纪以来,一直保持着纯正的法兰西民族和天主教血统,并无任何外来掺杂。在1880年去到巴黎之前,我一直被尘封在尼韦奈(Nivernais)这个古老的小圈子内,在那里,外面世界的任何事物都无法渗入。

在这个用高卢黏土做成的花瓶里,我度过了童年时光,透过那浅黄色的高墙、蓝色的天空和河流,我发现了整个宇宙的色彩。多年后,当我荡涤在思想之河的时候,我发现任何国家的任何思想都不足为奇,我和他们发现或感受到的思想意识的各个面向,均来自同一源头。外在的经验只是让我认知到自己当下的意识状态，却无法去深入。莎士比亚、贝多芬、托尔斯泰和罗马贤哲们，这些曾滋养过我的大师们，也只是唤醒我那座深埋在火山岩浆下的赫库兰尼姆古城的一句"芝麻开门"而已。而我坚信，这最深的意识深藏在很多人的灵魂深处，只是他们和我一样，不知道它的存在。除了那第一批为了满足皇家和雅各宾政权的统治者的私欲和日常需求去往东方的掘金者之外，很少有人真正去探寻那灵性的宝藏。

我尊重这种社会架构，但作为一个历史学者，我却在东方看到被人类灵性之光照耀的杰出人物，"历万载而永存（Aere Perrenius）"[①]。传说中，一个永存的著作需要一个被嵌入墙壁的身体来承载，每个伟大建筑大师的作品下都埋葬了无数热烈的人类灵魂，这些身心深埋在大理石砖和罗马柱下，但我却能听得到他们的声音！只要听，就会听到！正如我们在古老的思想中总能听到那些神圣的祷告声一样。那些端坐在高高的祭台上的名家们对这些声音毫不在意，那些虔诚、温顺、迟钝的大众们，也只是在各种符号前跪着、站着，并在梦里反复咀嚼着的那些在圣约翰节上被明码标价的所谓的神奇药草罢了。[②] 法兰西民族有着丰富深刻的灵魂，只是藏得很深而已，就好似一个乡村老妇藏着她的钱财一样。

我找到了这部阶梯的钥匙，它能引领我走进那些被放逐的灵魂。这沿墙的阶梯，如蛇形回旋而上，从隐秘深处的自我（the Ego），盘

---

① 出自古罗马诗人贺拉斯（Horace）：Aere Perrenius, more eternal than the ages. 历万载而永存。
② 在圣约翰节（the Feast of St. John）的集市上出售的各种草药，被称为所谓的"神药"。

旋至群星环绕的高处。对这一切,我之前便已熟谙,并无陌生之感,只是记不清是何处相识。不止一次,我在思想的记忆中断断续续地搜寻吟诵,但却不知道源头在哪里。难道是来自那个远古的"自我"?而现在,我在生活这本书中再次读到这些,字字句句都完整清晰。这本书来自一位文盲、一位天才,他知晓这本书中的每一页,他的名字是罗摩克里希纳。

请让我将他介绍给诸位。这不是一本新书,而是一本非常古老的书,古老到我们每个人都曾试着翻看过(尽管很多人只翻开扉页就停下来)。最终,我们读的都是同一本书,但版本各不相同,我们的眼光常常只停留在封面上,而没有穿透至其核心所在。

永远是同一本书,永远是同一个神:人类之子,永恒的存在,人之子,重生之神。每一次归来,他都带来更加丰沛的宇宙能量,更加整全地显现在人类面前。

如能忽略时空(国家和时代)差异的话,罗摩克里希纳即是耶稣的兄弟。

如果愿意,正如那些独立思考的释经学者试图做的那样,我们可以证明基督(Christ)的全部教义在耶稣诞生之前便已经存在,并蕴藏在东方迦勒底(Chaldea)、埃及(Egypt)、雅典(Athens)和爱奥尼亚(Lonia)的思想体系中。人们永远在争论耶稣是真实存在的人,或只是个传说(其实这不过是同一实相的两种面向而已①),正如人

---

① 印度人对于传说的态度近乎宗教信仰,这一点颇为有趣且不容忽视。很明显,印度人民并不关心那些被当作神一样被崇拜的历史上的人物是否真的存在过,或者说,此事并不重要。只要这些传说人物在精神层面是真实的,那么他们是否真的存在过就不重要了。

们也在讨论历史上是否有柏拉图这个人一样。耶稣是人类灵性历史上极其重要且不朽的创造，是某个秋天结出的最迷人的果实。同样的一棵树，同样的自然法则，同样的面容、气息和体温，都源自同样鲜活的人身和传说。

不知不觉间，我将这一颗新秋的果实，这一脉新灵性的讯息带到欧洲来，这是一首以罗摩克里希纳的名字命名的印度交响乐。我们会发现（也应指出），这首交响乐，正如那些古典大师们的乐章一样，是由无数不同的古老音乐元素所组成。罗摩克里希纳将这些古老多样的元素组合成一篇高贵和谐的华彩乐章，尽管其中包含的是数代人的智慧，但他无愧为这一乐章至高的代表者。罗摩克里希纳的胜利标志着一个全新时代的来临。

我在此书中描述的人，罗摩克里希纳，是三亿印度人两千多年来灵性生活的顶峰。虽然他已经离开我们四十载[①]，但他的灵魂仍在激励着现代印度。他并不是如甘地一般的行动上的英雄，也非歌德、泰戈尔这样的艺术或思想天才。他只是一位孟加拉小村庄里的婆罗门，他的世俗生活被限定在一个很小的框架内，远离那个时代的政治和社会活动[②]，他也没有过什么惊人壮举。但他的内在世界却拥抱了人类与神灵的全部多样性。他是宇宙能量的源泉：神圣的萨克提（Shakti）能量的一部分。在米提拉的老诗人维迪亚帕提（Vidyapati）[③]和孟加拉诗

[①] 罗摩克里希纳逝于1886年，时年五十岁。而他的弟子辨喜于1902年去世（时年三十九岁）。他们生活的时代离我们如此之近！同一个太阳照耀着我们，同一艘时间之舟承载着我们。

[②] 辨喜的生平则完全不同，因其处于新旧交替的时代。

[③] "哦，披着浓密的头发的女神啊，请显出您的尊容吧！……您既是众多也是唯一，您有千千万万化身，也与战场上的敌人同在！……"［献给能量女神萨克提的颂歌］

人拉姆普拉萨德（Ramprasad）的诗歌中，神圣的萨克提能量被反复赞颂。

很少有人向内探索。而这个孟加拉的小农民，通过倾听自己内心的声音，抵达了内在之海。他全然投身其中，证实了《奥义书》（*Upanishads*）中的哲言①：

"我比光芒四射的众神更为古老。我是最初始的存在。我是不朽的脉动。"

而我的愿望，是把这脉动的声音带给欧洲焦灼无眠的人们，我希望能以这不朽的血液润泽他们的双唇。

罗曼·罗兰

1928年圣诞

---

① 《泰帝利耶奥义书》（*Taittiriya Upanishad*）根据吠檀多，当至上梵（Brahman the Absolute）被赋予三德后，宇宙演化开始了，梵即成为最初的演化，成为原初的存在（Being），它是一切可见和不可见之物的本质。知了这些的人即被认为是得到了完全的梵知。

序言

　　这个故事的主人公看上去是个虚构的人物，但这位神话一般的古老传奇，是真实存在过的一个人，是和我们一起生活在这个世纪的人。我从很多亲眼见过罗摩克里希纳的人那里获得了大量的证词①，我也有缘与其中几位进行过交流，他们曾陪伴过这位神奇的人物——人-神②，我可以担保他们所述事实的真实性。这些证人们并不是福音书里的渔夫之类的简单人物，他们之中有真正的思想家，研习过欧洲思想，受过严格教育，但他们像极了三千年前的古人。

　　在人类唯一且同样的大脑里，并存着20世纪的科学理性精神和远古时期的宗教灵性精神，古希腊（Greek）的男神女神们有着与我

---

① 在此书完成时（1928年秋），下面这些认识罗摩克里希纳的弟子们和其他人尚在人世。他们是：
斯瓦米·希瓦南达（Swami Shivananda），中央修道院主持［位于加尔各答附近的贝鲁尔（Belur）］及罗摩克里希纳道院和传道会的会长；斯瓦米·阿比达南达（Swami Abhedananda）；斯瓦米·阿克汉南达（Swami Akhandananda）；斯瓦米·苏博达南达（Swami Subodhananda）；斯瓦米·维念那南达（Swami Vijnananda）；摩亨佐纳特·格塔，他曾将导师的谈话编辑为《室利·罗摩克里希纳福音书》；以及罗摩克里希纳的侄子拉马拉·查特吉（Ramlal Chatterji）。除此之外，还有众多的罗摩克里希纳的追随者。
② 原文为the Man-Gods，在这里复数是指罗摩克里希纳不仅仅是（或者被认为不仅仅是）神圣本质的化身，也是众神的化身。——英译者注

们凡人一样的起居饮食，加利利（Galilee）时代温顺的人们看到并躬身于那自夏空飞来的带来圣母玛利亚感孕喜讯的天使。这些对于当今那些聪明且理性的人来说都是不可思议的疯狂故事。可事实上，这些故事里却蕴含着他们不知如何去欣赏的真正奇迹。

大多数的欧洲思想者们将自己锁在人类大厦的某一特定楼层中。虽然这一层也许蕴藏着其他楼层的过去和现在，但对他们来说，这个大厦其他层是无人居住的，他们从来不去听楼下和楼下邻居们的脚步声。整个世界是一首由过去和现在同时演奏交会而成的交响曲，但他们每个人的眼睛只看到自己所站的位置，只挥舞着自己手里的指挥棒，除了自己乐器发出的声音之外，他们什么也听不见。

那么，就让我们来听一听这华丽和谐的乐章吧！在这个当下的乐章中，汇聚了所有种族所有时代的过去的梦想与未来的渴望。对于那些愿意倾听的人来说，这首乐章里的每一秒都饱含着人类自初生至终死的人性之歌，就像在时代的年轮中徐徐绽放的茉莉花一样。

追寻人类思想之路并不需要去破译那些古老的写在草纸上的文字，因为这些千年来的思想就在我们周围。一切都在，都没有被抹去。来听吧，用你的耳朵来听，让那些书本安静一点，它们已经说太多了……

如果说地球上有一个地方，自人最早开始思考存在起，所有人类的梦想都能在这里找到答案和归宿，这个地方就是印度。巴斯[①]曾清晰地指出，因其独有的特点，印度在精神灵性领域的古老历史，就像一朵持续绽放的花朵，从未中断过。三千多年以来，这棵灵见之树，

---

① 巴斯（A. Barth），《印度的宗教》，1879年。

从这块炙热的土地上，在众神热情的怀抱中，散发出千枝万叶。这棵树永不停歇地自我更新，未曾有过消退的迹象，树干之间成熟了无数果实，枝繁叶茂中孕育出从最原始的到最高贵的各种各样的神——无形之神、无名之神、无上之存在——都是这同一棵树。物质与思想，是这棵大树上盘错交织的树干，同样的汁液流淌其中，所有的枝干紧密相连，从最深的根部到最高的枝丫。这棵大树生机勃勃，就像大地之船的桅杆一般，汇聚人类数以千计的声音和信念，奏响了一首伟大的交响曲。

最初你会不习惯它的多声部和混杂，但经过训练后，你就会发现这一神秘体系中深藏的那些伟大的秘密。继而，一旦聆听过这种声音，你就不会再去听那些粗鲁而虚伪的声音，因为，这些发自悲哀的西方理性主义和以此命名的（各种）信仰的声音，其实都是同样的暴戾和自相矛盾。统治一个大部分人被奴役、被贬低或被摧毁的世界，统治者有何受益呢？还是学着用恰当的平静去调和对立的力量，以理解、尊敬和包容之心去管理人类生命这一伟大共同体吧。

这是我们从"宇宙灵魂"中学习到的最高智慧，我即将描述的人物即是这一灵魂的最好的代表者之一。他们的庄严和平静，并不是"田间的百合花，披着荣光的外衣，既不劳作，也不纺纱"。他们为赤身裸体者纺线织衣，他们挥动着"阿里阿德涅之线"[①]，引导我们穿越迷宫。我们只需握紧自己手中的线头，便能找到正确的道路。这条路，始于困于泥沼中的原始神灵，直抵以天堂之翼加冕的高峰——泰

[①] 阿里阿德涅之线（The thread of Ariadne）源自希腊神话故事。常用来比喻走出迷宫的方法和路径，解决复杂问题的线索。——译者注

坦苍穹①——无形的灵（the Intangible Spirit）。

在罗摩克里希纳这位"人-神"的一生中，我看到"雅各布天梯"②，在这之上，有着两条完整不间断的连接天地的线，一条神降至人，一条人升至神。

---

① 恩培多克勒（Empedocles），古希腊哲学家，《泰坦苍穹》(*The Titan Ether*)。
② 雅各布天梯，源自《圣经》的神话故事，雅各布做梦沿着登天的梯子取得了"圣火"。后人便把这神话中的梯子，称为雅各布天梯。——译者注

目 录

第一章　童年福音 \ 001

第二章　卡利圣母 \ 007

第三章　两位真理导师 \ 019

第四章　与绝对存在同一 \ 035

第五章　返回人间 \ 045

第六章　建造者们 \ 057

第七章　罗摩克里希纳和伟大的牧羊人们 \ 097

第八章　呼唤弟子 \ 116

第九章　大师和他的孩子们 \ 128

第十章　最钟爱的弟子：辨喜 \ 149

第十一章　天鹅之歌 \ 173

第十二章　大川归海 \ 181

后记 \ 195

附录一　莎拉达·戴薇与强盗 \ 201

附录二　室利·罗摩克里希纳和柯沙布·钱德尔·森 \ 204

附录三　参考书目 \ 212

附录四　推荐书目 \ 219

译后记 \ 221

第一章 童年福音①

在孟加拉，有一个被棕榈树、池塘和稻田环绕的村庄，名为卡马普库尔（Kamarpukur），那里住着一对正统的婆罗门夫妇，查托帕德雅亚（Chattopadhyaya）。他们过着清贫的日子，是英勇善良的罗

---

① 我必须提醒欧洲读者们，在描述这段童年时光时，我放弃了我的批评性思维（尽管它们一直在门口守望），我只是这个传奇人物的传声筒，是克里希纳手中的长笛。我们暂且不要去判断那些是不是客观存在的事实，而只是去关注那些生活中的主观表达。解开"珀涅罗珀的织物"（the Web of Penelope）是一项永远完不成的工作，而我更关心的是一个好匠人亲手打造的梦想。一位渊博的学者马克斯·缪勒（Max Müller）已经为我们树立了榜样。他是一位坚定的西方批评精神的拥护者，但同时也是其他思维方式的尊重者。依据辨喜的口述，他真实地记录了至尊天鹅（Paramahamsa）罗摩克里希纳的生平和言论，这就是1898年出版的一本小书：《罗摩克里希纳：生平与语录》（*Ramakrishna, His Life and Sayings*）。在书中，他提出"对话或辩证过程"，指同时代人对其所目睹或经历的历史事件的描述。这种由可信的、活生生的见证人所做的描述，有时是对客观现实的一种反向，但却是历史不可缺少的元素之一。人类对于客观现实的认知都是思维和感觉的一种反向，因此，所有真诚的反向都是现实。批判性的理性思维之后会评估这些描述的真实程度和角度，同时必须考虑到这些描述被人的意识所曲解的可能性。

* 珀涅罗珀的织物源自希腊神话故事，典故出自荷马史诗《奥德赛》，意思是永远做不完的工作。——译者注

* Hamsa 字面意思是（印度）天鹅，是一种飞得很高的大鸟，在欧洲没有相似的物种。Paramahamsa 意为至尊天鹅，经常被用来指代印度古代的圣哲，本书中指罗摩克里希纳。——译者注

摩神（Rama）的忠实信徒。这家的父亲①是一位正直的人，因为拒绝为其房东做伪证而被剥夺了所有财产。因为视见到了神，他不顾自己六十岁的高龄，前往印度东北部城市迦耶（Gaya）朝圣，那里有毗湿奴神（Lord Vishnu）的圣足。②一天晚上，毗湿奴神对他说："我将再次重生，拯救这个世界。"

与此同时，在卡马普库尔，他的妻子查德拉曼迪（Chandramani）梦见村子对面庙里的湿婆神（Shiva），一道巨大的光芒穿过她的身体，她被击倒，晕了过去，醒来时，已是有孕在身了。丈夫回来后发现了妻子的变化。她听到一个声音说："你孕育的是一位神。"③

这个出生于1836年2月18日的孩子就是后来为世人所知的罗摩克里希纳。童年时他有一个轻快爽亮的名字嘎达达尔（Gadadhar）。他是个生机勃勃、淘气可爱的孩子，身上带着一种伴随其一生的女性般优雅的气质。没有人能料到（包括他自己），在这个快乐的孩子的身体内，会蕴藏着无限的、巨大的能量。六岁时，这种能量得以初次显现。

1842年6月或7月的一天，他用衣服兜着一点米花到外面的田野里去玩耍。

"我当时走在田间的小道上，一边吃着米花，一边抬头望向天空。突然看到一团乌云顷刻间将天空遮住，云团边上，一排白鹤飞过我的头顶。这景象如此之美，令我神志恍惚。我失去了意识，晕倒在地上，米花撒了一地。后来有人将我抱起，送回了家。我被一种愉悦和喜乐所笼罩……这是我第一次的精神入迷状态。"

---

① 名字叫作胡迪然（Khudiram）。
② 现在，佛陀被认为是毗湿奴神无数化身（Incarnations）中的一个。
③ 这样"圣灵感孕"（Immaculate Conception）的故事在印度神话中经常出现。

从此,他便注定要这样度过他的前半生。

这第一次的神迷体验是神在这个孩子的灵魂上的初次显现。艺术的情愫,对美的热情的直觉,是引领他与神沟通的第一个途径。之后我们还会看到,神的启示以各种方式显现在罗摩克里希纳身上:爱之所爱、思考、自制、诚实、无私行动、慈悲和冥想。他熟悉这所有方式。但对他而言,最直接最自然的方式,是在喜乐中视见神的脸庞,只要他抬头看,就能看见。他是一位天生的艺术家,这也是他异于其他伟人的地方,譬如印度圣雄甘地——我是他在欧洲的传道者——就是一个没有任何艺术色彩也不抱有任何幻念的人,他既不希望有这些也不相信有这些。甘地是一个以理性行动践行神的意旨之人,这恰是印度民族领袖不可或缺的品质。罗摩克里希纳的道路就要危险得多,但却能走得更远,就像那悬崖边露出的那一点点地平线。这是爱之路。

这条道路是由一群艺术家和诗歌爱好者的孟加拉农民开创的,他们的灵感来自克里希纳的狂热信徒柴坦亚(Chaitanya),以及羌迪达斯(Chandidas)和维迪亚帕提(Vidyapati)的美妙的音乐及歌曲①。

---

① 柴坦亚(1485—1553年),出生于孟加拉的一个婆罗门家庭。他在神学和梵学研究领域有极高的成就,并摒弃了旧宗教麻痹无力的形式主义。他云游四方,传播一种新的爱的真理,在与神的神秘连接后即可找到。这个真理对所有人敞开:男人、女人、所有不同宗教信仰的人、所有不同种姓的人,甚至那些没有种姓的人。穆斯林、印度教徒、乞丐、贱民、小偷、妓女都前来聆听他震撼人心的布道,并在离开时得到了净化和升华。在这个世纪中,众多出色的诗人以其诗歌宣告了一场非凡的"觉醒"。其中最为引人注目的是羌迪达斯,他是孟加拉一座旧庙的穷祭司,也是一位年轻农村姑娘的恋人。羌迪达斯以神秘的形式在许多不朽的小诗中歌颂了他的爱人。在欧洲抒情诗的宝库中,还没有哪一首能超越这些神乐挽歌的动人之美。另一位是维迪亚帕提,他出身贵族,其灵感来自一位王后。他精美的笔触和自然的优美堪比羌迪达斯,但他的风格更为欢快。(而我最期待的是,有人能将这些诗歌加以翻译,使之移栽到欧洲的诗歌玫瑰园中来,在每一颗充满爱的心灵中绽放。) (转下页)

这些天使般的大师，是那片土地上绽放出的美丽的花朵，而这些馥郁的花香，让孟加拉数个世纪以来都陶醉其中。小罗摩克里希纳的灵魂也得到了这样的润泽。他是这些大师们鲜活的代表，是柴坦亚这棵大树上蔓延出来的繁枝。①

借着对神之美的爱，以及不自知觉的艺术天赋，罗摩克里希纳再次出现了精神入迷。八岁的他热爱音乐和诗歌，是一个制作陶偶的能手，还在一个由同龄男孩子们组成的戏剧表演小团体里担任了小头目。在一个湿婆节（the Festival of Shiva）的晚上，当他扮演湿婆神的时候，突然感觉被湿婆附身。喜悦的泪水从他的脸颊流下，他在神的光芒中恍惚，如同那被携着雷电的老鹰所擒住的加尼米德（Ganymede）②一样，旁边的人都以为他死了。

（接上页）柴坦亚的弟子遍布孟加拉地区，他们走村串巷，唱着跳着，形成了一种被称为"唱诵"（Kirtana）的新的音乐形式。他们是游走的新娘，人类的灵魂，寻找着神圣之爱。他们唤醒了恒河上的船夫和农民们那沉睡的心灵，其美妙的歌曲回旋于泰戈尔的诗歌中，尤其在《园丁集》（Gardener）和《吉檀迦利》（Gitanjali）里。罗摩克里希纳在幼年的时候，一听到"唱诵"便随之起舞。他深受这种毗湿奴音乐的润泽，他是这音乐的最佳演绎者，也是其中最优美的篇章。

① 《室利·罗摩克里希纳福音书》（The Gospel of Sri Ramakrishna）的作者，罗摩克里希纳的一位博学的弟子摩亨佐纳特·格塔（M）在一封信中厘清了关于这个问题的一些观点：

罗摩克里希纳对柴坦亚这位伟大的毗湿奴派诗人有所了解，但他了解的主要来源是通过当地戏院一种名为加特拉斯（Jatras）的表演形式，罗摩克里希纳年幼时便在这种戏剧中扮演过湿婆神。他从柴坦亚那里获得了诸多灵感，尤其在1858年后，他认为自己是其化身。他在与弟子纳兰（即辨喜）的首次见面时，提到自己曾被柴坦亚附身，这让纳兰大为震惊。罗摩克里希纳复兴了在孟加拉地区已被遗忘的柴坦亚诗歌中的神秘主义色彩。

② 加尼米德源自希腊神话故事，他是一位美少年，被化作老鹰的宙斯擒走带回奥林匹斯山。——译者注

从那以后，罗摩克里希纳频繁进入神迷状态。如果是欧洲的某个孩子有这样的状况，那他的命运可想而知，肯定会被送进疯人院当作精神病患者来治疗，灵性的火焰被熄灭，神奇的明灯将不复存在，"蜡烛灭了"①。也许，这孩子会因此而殒命。即使在印度这个数百年来曾多次出现这样灵性火焰的国度，人们还是担心小罗摩克里希纳的状况，他的父母虽已习惯了神灵们的到访，但仍然感到很害怕。

除了偶尔出现神迷的状况外，小罗摩克里希纳健康地成长着，虽有诸多的天赋，但他并没有显出任何非凡之处。他灵巧的双手用黏土捏出神的模样，那些是在他内心绽放的英雄传奇的形象，他用虔诚的歌声赞颂克里希纳的悠然气度。这个早熟的孩子有时会参与到博学的大人们的讨论中去，令人大为震惊，不亚于耶稣之于那些犹太博士们。他天生有着干净的皮肤、漂亮的脸庞、迷人的笑容、悦耳的嗓音和自由的心灵，他喜欢从学校里逃课，像空气一样自由地生活。和莫扎特一样，罗摩克里希纳一生都像一个孩子那样生活。

在十三岁前，罗摩克里希纳很受妇人和女孩的喜爱，她们在他的身上看到了与自身相符的女性气质。他在童年的梦境中融合了女人的天性，就像是在克里希纳和牧牛姑娘的摇篮里长大，重生也会是一个小寡妇，又像是被克里希纳呵护的爱人。这些都是曾在他想象中出现的无数情景中的一部分。每当罗摩克里希纳视见到某个神，这个神就会显现在他这千变万化的灵魂上。每个人都有这样经历神秘体验的可能性，低级的显现是人会模仿神的姿势和面部表情，高级的显现（如果可以这样说的话）是神通过人奏响宇宙的乐章。这是爱与美的象

---

① 此处引自法国著名的儿歌《月光下》（Au clair de la lune）。

征,预示了罗摩克里希纳之后所显示出的非凡能量,他是能看见并体验到世界上所有神的一个天才。

在罗摩克里希纳七岁的时候,父亲去世了。其后数年间,他的家庭因为失去了经济来源而陷入困境。家里的长子罗摩库玛(Ramkumar)[①]前往加尔各答创办了一所学校。1852年,他把少年的罗摩克里希纳接了过去,而这时的罗摩克里希纳不愿意接受外在的规矩和教育,而是急切地希望能追求内在的智慧。

当时,有位富有的低种姓女人拉妮·拉曼尼(Rani Rasmani),在位于距加尔各答大概六七公里的恒河东岸一个叫达克希什瓦(Dakshineswar)的地方,修建了一座供奉神圣之母卡利女神(the Divine Mother Kali)的神庙。她想找个婆罗门(Brahmin)来担任祭司,但很困难。因为很奇怪的是,笃信宗教的印度人对僧侣、苦行僧(Sadhus)和先知们颇为崇敬,却看不起在寺庙里获得报酬的祭司。在欧洲,庙宇被认为是代表上帝身心的圣地,需每日供奉,而在当时的印度,庙宇则是富人们为了赢得神的关照和他人的赞颂而修建的地方。真正的宗教是一项私人事务,真正的庙宇是每个人的个体灵魂。

还有一点,这个神庙的主人属于首陀罗(Shudra)种姓,这使得她更难找到婆罗门来管理这个庙。但罗摩库玛于1855年接受了这份工作,而他的弟弟因为执着于种姓的观念,用了很长时间才逐渐消解了抵触情绪。一年后,当哥哥去世时,罗摩克里希纳决定接替他的职务。

---

① 罗摩克里希纳在家中五个孩子中排行第四。

第二章 卡利圣母

卡利女神的年轻祭司罗摩克里希纳二十岁了，他不知道自己选择了一位多么难伺候的女主人。卡利女神就像是一只咆哮的母老虎，震慑着饲养着戏谑着她的猎物，罗摩克里希纳就这样度过了他闪闪发光的青春。他独自一人在庙中守护着女神，就像处在一个飓风中心。无数的朝圣者、僧人、苦行僧、托钵僧、印度教徒和穆斯林教徒都来了，空想家们像季风一样蜂拥而至，这个庙俨然成了狂热信徒们的集会地。①

神庙有五个尖穹顶，露台直通恒河，露台的通道两边有两排十二座尖顶的湿婆神龛。另外一边靠近卡利神庙，有一个长方形的庭院，供奉着克里希纳和罗陀（Radha）神。② 这里描绘了整个象征世界：

---

① 有些人疯狂地沉溺于圣书，被"唵"（OM）所控制；有些人则大笑着抽搐着跳舞，对着幻象喝彩；有些人赤身裸体，与狗为伍，靠着乞丐的残羹剩饭度日，不具外相弃绝一切；还有醉醺醺的神秘的密教徒们（Tantrikas）。年轻的罗摩克里希纳警惕而不安地观察着所有人（他后来用幽默的语言描述这些人），对他们既厌恶又着迷。[参见《室利·罗摩克里希纳传》（*Life of Sri Ramakrishna*）]
② 这座神庙至今尚存。罗摩克里希纳的房间在庭院的西北角，毗邻十二座湿婆神龛。罗摩克里希纳的房间有一个由柱子支撑的半圆形阳台，阳台的西面是恒河。面向庭院有一个举行宗教仪式和音乐表演的大厅，两侧是备有厨房的客房，供香客和众神使用。西面是一个美丽的林荫花园，北面和东面各有一个池塘，花园中精心栽培的花朵散发着怡人的香气。从花园望去，可以看到五棵依照罗摩克里希纳意愿所种的圣树，它们便是著名的菩提树［潘查瓦蒂（Panchavati）］，罗摩克里希纳常在这里冥想、向圣母祈祷。神庙下面是川流不息的恒河。

三位一体的大自然母亲（卡利女神），绝对者（湿婆神）和爱（罗陀肯塔：克里希纳，罗陀）[the Trinity of the Nature Mother (Kali), the Absolute (Shiva) and the Love (Radhakanta: Krishna, Radha)]。拱门连接着天与地，卡利女神则是至高无上的神。

卡利女神安住在这庙堂里，玄黑的身躯穿着华丽的贝拿勒斯绸缎，她是这世界和众神的女王。她在湿婆神的身躯上跳舞，左手提着刀和恐怖的人头，右手却又拿着引诱的礼物："来！别怕！……"她是自然之母，她是毁灭者也是创造者。不！她是比所有能听到的事物更加伟大的存在，她是宇宙之母。"圣母啊，全能的神！她以不同面向和化身显现在她的孩子们面前。"有形的神像引领我们认识无形的神。"如果能够得到女神的眷顾，她能抹去一切存在中最后的自我（Ego），引领其融入绝对意识、无差别的神。在她的引导下，有限的自我才能消弭于无限的大我——阿特曼（Atman）——梵（Brahman）之中。"①

但是这位二十岁的年轻祭司，即便有着天然智性，这时候还是无法抵达所有实相融合的核心之处。对他而言，唯一可理解的实相，无论神或人，还仅限于他所能看到、听到和感触到的。在这个阶段，他与其他人并无太大的差别。说到印度教徒，最令欧洲教徒深感诧异的一点，（对新教徒而言比对天主教徒更甚，）便是他们对宗教幻象的深信不疑。

后来当弟子辨喜问罗摩克里希纳，"您是否亲眼看到过神"时，他答道："我见到神，正如我见到你一样，只是用一种更热切的意识

---

① 罗摩克里希纳语。

而已。"表明见到神并不是客观抽象的体验,尽管后来罗摩克里希纳也修习过客观的视见神。

视见神并不是某些有灵性的人的特权,每个真诚的印度教信徒都可以臻入此境。直至今日,这种既饱满又鲜活的体验,仍然是印度人民创造生活的源泉。我的一个朋友曾和一位尼泊尔的年轻公主到庙里去参观,这位公主漂亮聪颖、受过好的教育。庙里充满着焚香的气息,一盏孤灯带来昏暗的光线,她在这令人陶醉的静谧中独自做了长时间的祈祷。当她走出庙堂时,非常平静地说:"我看到了罗摩神……"

罗摩克里希纳又怎么会看不到这深蓝色皮肤的母亲呢?她是可见之神,是自然之力的化身,是神化为女性之形后与凡人的秘密交往。在她的神庙里,她将他挽入怀中,以体香紧紧将他裹拥,用浓密的头发将他缠绕。她不是面容僵硬只听祷词的模型,她起床、吃饭、走路,又睡下,她生机勃勃地呼吸着,存在着。

庙里的供奉仪式完全依照圣母的日常生活安排。每日清晨,晨钟响起,灯火影动,卡利圣母醒来。乐堂的笛子奏响圣乐,鼓铙齐鸣,从花园里摘来的茉莉花和玫瑰织成花环,供奉于她的尊前。上午九点,供奉仪式的音乐响起,圣母款款而来。中午烈日炎炎之时,伴着乐声,她被护送回银色榻上休憩。① 下午六点,圣母再次出现,乐声响起,火把点亮,晚间的仪式在落日的余晖中持续到九点,随着海螺和钟声鸣响,圣母结束了一天的生活,休息入眠。

作为祭司,罗摩克里希纳每日的生活都与这些供奉仪式息息相关。他为圣母穿衣宽衣,向她敬献花环和食物。他和其他人一起,服

---

① 位于庙的西北角。

侍女神从起床到入眠。日渐一日，他的双手、双眼和心灵又怎会不被这鲜活气息所浸润？与卡利女神的联结，如入指的刺一般，深深影响了罗摩克里希纳的一生。

但女神在留下这爱之刺后便离开了，在自己的石像后藏匿了起来。任凭罗摩克里希纳如何热情地努力，女神都不再鲜活生动，毫无生机的石像令罗摩克里希纳精疲力竭。抚摸她、拥抱她，捕捉一点点她生命的气息，她的一个眼神、一声叹息、一个微笑，这些成为他存在的唯一目标。他在百草丛生的花园里跌倒，扒掉身上的衣服，甚至扯下了婆罗门极其珍视的圣线，他冥想、祈祷。如同一个噙满泪水的迷途的孩子，他恳求圣母能对他显灵。对圣母的爱让他明白：除非能完全去除偏见，否则无人能见到神。然而每日的徒劳令他心烦意乱，最终失控。绝望中，他在访客们面前着地打滚，成了众人怜悯、嘲笑甚至诋毁的对象。但他毫不在乎，因为他知道唯一重要的事情，是他正处于抵达终极喜乐的边缘，只差那一点点。但就是这一点点的隔膜，始终让他无法冲破，让他与终极喜乐相隔彼此。

在过去的几个世纪，印度人在法典中编撰并详细记录了如何进入神迷的完整秘法，包含药物和技法双重法门。但罗摩克里希纳对此一无所知。因为没有受到任何的引导，罗摩克里希纳陷入一种盲目游离的发狂状态，他在逐渐接近毁灭的巨大危险，死神在等待着这个鲁莽的瑜伽士，他的人生之路已来到了悬崖边上。见过罗摩克里希纳的迷乱状态的人这样描述他：他的脸部和胸口因为充血而发红，眼睛里噙满泪水，身体抽搐不停。他的体能已经到了极限，一旦越过这个极限，等待他的不是中风，就是跌入幻觉的黑暗之中。

突然，这层隔膜消失了，他看到了！

让他自己来讲述吧。① 他以我们称之为"上帝的疯子"的欧洲先知们的声音向我们讲述了这一切：

"一天，我被无法忍受的焦躁折磨着。我的心就像一块被紧紧拧着的湿布……难受得令人崩溃。一种可怕的狂躁攫住了我，我想我可能永远都不会见到她了。一想到这里，那就没有活下去的意义了！卡利女神的圣殿中悬着一把剑，突然，我看到了这剑，一个念头闪现在我的脑海：这剑！是来帮我终结这一切的！我冲了过去，像发疯了一样抓住了剑……突然，这一切，门、窗和这个庙都消失了……恍若一切都不复存在了。我看到了一片意识的海洋，无边无际，光辉灿烂。我看到巨大的发光的海浪在所有方向上升起，咆哮着冲向我，仿佛要将我吞噬。一瞬间，它们扑在我身上，撕裂我，吞没我，我窒息了，失去了知觉②，我晕了过去……接下来的两天我不知道发生了什么，我被一种难以名状的喜悦所包围，我在存在的深处感触到了神圣母亲（the Divine Mother）的临在。"③

值得注意的是，这段美妙的描述直到最后才提及神圣母亲。她从意识海洋中现身。罗摩克里希纳的门徒们后来引用他这段原话，问他

---

① 这部分内容中，我整合了三个人的回忆，他们讲的都是同一件事情，每人讲述的细节略有不同，但均援引自罗摩克里希纳本人的亲口讲述。

② 这里原来的描述是："我失去了所有自然的意识。"（I lost all natural consciousness.）这个细节很重要，从后面的描述可以看出，还有一种更高层次的来自内在的意识，即人最敏锐的直觉意识。

③ 参见由斯瓦米·萨拉达南达（Swami Saradananda）所著《室利·罗摩克里希纳：伟大的导师》，第140—141页。该书由马德拉斯邦，迈拉普尔地区的罗摩克里希纳道院（Ramakrishna Math）于1920年出版。萨拉达南达逝世于1927年，是印度最高深的宗教和哲学思想家之一。他生前与罗摩克里希纳关系极为亲密，可惜的是，他所著的传记并未完成，否则其中的记录将是最为生动和可靠的。

是否真的看到了圣母,"他没有回答,但从神迷状态中醒来后,他哀伤喃喃道:'母亲啊!……母亲!'"

以我的观点(如果大家可以原谅我的推测的话),罗摩克里希纳什么也没有看到,但是他意识到了女神遍及所有的存在。他用女神的名字来指代那片他看到的意识海洋。举个简单的例子,他的这次体验就像一场梦,在梦中,意识很自然地把充满思想的存在的名字与另一种完全不同的形式联系在一起,正如我们爱的对象存在于一切之中,一切形式只是它的外衣而已。站在那曾吞没罗摩克里希纳的意识海洋之边,我立即看到了阿维拉(Avila)的特雷莎修女(St. Theresa),她也曾经历过被无限的意识海洋所吞噬的感觉,但出于自身对基督教信仰的顾虑和导师的严厉警告,她才能够将信仰限定在人类之子耶稣基督的外形之内。①

---

① 特雷莎修女也是在极度疲倦的时候,感受到了如同洪水泛滥一般的无形存在的侵入。后来,在萨尔塞多(Salcedo)和加斯帕德·达扎(Gaspard Daza)的强势干预下,通过痛苦的挣扎,她才将这种无限存在控制在有限的基督的身躯之内。
* 特雷莎修女,世界著名的天主教慈善工作者,1979年获得诺贝尔和平奖。——中译者注
此外,罗摩克里希纳的神迷经历也符合此类启示的一般自然的获得过程。在斯塔巴克(Starbuck)所著的《宗教心理学》(*The Psychology of Religion*)里,集结了很多此类经历的记录。威廉·詹姆斯(William James)曾引用并指出:人总是在精神力竭后,在精神极度痛苦时出现这种情况。碾碎旧我的痛苦和绝望即是走向新我的大门。还有个值得注意的现象是,这种伟大的视见中往往伴有对发光和洪水涌入现象的幻听和幻视。另请参照威廉·詹姆斯的《宗教体验》(*Varieties of Religious Experience*)第215—216页。其中对芬尼总统(President Finney)所经历的幻象有这样优美的描述:"它来时犹如爱的巨浪……这些巨浪向我涌来,一浪接一浪,不停地涌向我。我回过神来,呐喊道:'我要淹没在这永不停歇的巨浪里了。'我说,'神啊,我再也受不了了',但我却没有丝毫对死亡的畏惧。"
另请参见弗卢努瓦(Th. Flourmoy)观察到此类神秘现象时所做的精彩描述。

但罗摩克里希纳并未就此挣脱内心的羁绊。相反，他对圣母的爱从无形走向了有形。自从他看见并沉迷于有形的圣母，他便一直盼望再次见到她。自那天开始，他如果不能在热烈的幻视中持续地看到圣母，他便感觉活不下去，世界对他来说不复存在，而他自己也不过是虚幻的影子，犹如画布中的人物而已。

面对这样无边的痛苦，没有人能免受其折磨。罗摩克里希纳和圣母的第一次视见如此强烈，以至于在那之后他的身体一直都在战栗发抖。他与周遭之间好像隔着缥缈的薄雾，又像是隔着如火花闪动的银波。他无法控制他的眼睛、身体和思绪，另一种力量牵引着他……他度过了一段可怕的时间，他祈祷着圣母向他伸出援手。

突然间，他意识到，圣母已经临在于他了。于是他停止反抗，"谨遵您的旨意吧！（fiat voluntas tua!）……"她占据了他的身心。渐渐地，圣母在迷雾中显现出了她的轮廓，先是一只手，然后是她的气息、她的声音，最终整个人都显现了。

这是曾被无数诗人描绘过的景象：

那是一个晚上，一日的供奉仪式已经结束，圣母也应该休息了。罗摩克里希纳回到自己位于庙外临于恒河上的屋子，但他无法入睡，他在听……他听到女神起了身，带着妙龄少女般的喜悦走到了庙堂的楼上。她每走一步，脚上的镯子都发出银铃般的声响。罗摩克里希纳怀疑自己是在做梦，他的心跳有力地敲打着胸腔。他走到中庭，抬起头，看到圣母在二楼的阳台上，她散落的头发在美妙的夜色中飘动，她眺望着向远处加尔各答的灯光奔流而去的恒河水……

从那以后，罗摩克里希纳日日夜夜都和他深爱的女神在一起，就像流动的河水那样不分离。最终，他与她合为一体，渐渐地，他内在的幻象向外发光并显现出来。看到他的人,能通过他,看到他所见的一切。他的身体如同一扇窗户,人们通过他得以窥见众神的样子。

马瑟·巴布(Mathur Babu)是庙宇原女主人的女婿,也是这神庙现在的主人,他的房间恰好面对着罗摩克里希纳的房间。一天,他无意间看到罗摩克里希纳走上阳台,突然失声喊了出来。因为他看到罗摩克里希纳在阳台上走动的时候,一会儿显现出湿婆神的模样,一会儿又显现出卡利圣母的模样。

对大多数人而言,罗摩克里希纳这种疯狂的爱是一件丑闻。他已经无法再在庙里担任祭司工作了。因为在仪式中,他会突然昏倒在地,失去意识,像一尊雕塑一样瘫在地上,身体完全不受控制,有时候,他又会显出一种女神附身般的怪状。[1] 他的日常生活陷入停滞,他不吃东西,他的眼睛从不关闭。若不是有一个侄子照顾他,他肯定会死的。

一些有过类似经历的西方人想必了解这样痛苦的状况。血点从他的皮肤上渗出,全身像火烧了一般。他的灵魂就是个火炉,燃烧着神的火焰。一段时间后,他能在身边的人身上看到神(他在一个妓女身上看到了悉多;在一个上身直立盘腿倚靠在树旁的英国小伙子身上看到了克里希纳),他成了这些神。他是卡利圣母(Kali)、是罗摩神(Rama)、是罗陀(Radha,克里希纳的爱人)[2]、是悉多(Sita)、是猴

---

[1] 罗摩克里希纳的资助者们始终尽职地保护着他,让他不受任何外界的攻击。而罗摩克里希纳对他们却并不在意。一天,神庙的创立人拉妮·拉曼尼,那位富有的女资助者,在做祈祷的时候心不在焉,罗摩克里希纳觉察到了她心思飘浮,便当众斥责了她。在场的其他人都很诧异,但拉曼尼却很平静,她虔诚地认为是圣母谴责了她。

[2] 其后的六个月里,他又成了挤奶姑娘戈皮(Gopi,克里希纳的恋人)。

王哈努曼（Hanuman）。①

我不会不经审视和研究就轻视这一灵魂的谵妄，也不会随意地将这猛烈的热情视为豺狼般对神的贪求。我也无意去欺骗西方读者们，因为任何一个读者都和我一样②，有判断是否应该给宗教狂徒们穿上疯人院的束缚衣的自由。这样的想法并不难理解，即便在印度，那些圣者们看到罗摩克里希纳时也有这样的想法。罗摩克里希纳被送到医生那里进行细致的检查，并开了若干无用的药方。后来，当他回忆自己这一段逃离深渊的经历时，他也不明白为什么他的理性和生命没有被淹没。

最特别的一点，也是唯一重要的一点，是这生命非但没有沉沦，而且成功地绕过了这一场风暴。不！这段充满幻觉错乱的时光似乎成了他生命的一段必经之路，使他的灵魂充满了欢喜与和谐，直抵那惠及全人类的最高的实在。他的身与心成为医生们颇感兴趣的研究对象。很明显，他的生理和精神架构的各个方面已经被完全瓦解了，但又怎么会以一种最高的秩序重新组合为一个综合的实体呢？这个被毁坏的建筑是怎样得以恢复为一栋雄伟的大厦呢？难道仅凭他的意志力吗？我们会慢慢了解到，罗摩克里希纳成为他自身的疯狂和理性的主

---

① 这些显现的过程非常有趣。首先，他通过那些侍奉罗摩的人一步步显现为罗摩。起初他显现为最谦卑的哈努曼，之后，就像他所相信的那样，是悉多，这是他睁开眼睛后看到的第一个清晰的视像。之后的视像都是依照同样的顺序而来。首先，他在自己之外看到神的轮廓，然后，神消失在他的身体里，最后，他成了神本身。这种热烈的创造力是非常惊人的，但对他这样的有着令人震惊的可塑性的天才来说，却非常自然。一旦有了一个视像，他便成为其化身，就好像在莎士比亚创作一出戏剧时，有人能够进入他的内心世界一样。

② 我不会否认，当我看到这里时，我合上了书。若不是确定地知道他在晚年所达到的智慧高度，我想我大概很久都不会再去翻开这本书。

人，也是他自身的神性和人性的主人。有时候，他打开自己灵魂深处的闸门，有时候，他是现世的苏格拉底（Socrates），微笑着与弟子们谈笑风生，言谈间充满了反讽的智慧和洞察力。

但是，1858年发生的这些事情表明那时候的罗摩克里希纳还未达到智慧的顶峰。路漫漫其修远兮。如果某种程度上我可以预见到他最终的境界的话，我会提醒西方读者们不要像我一样，过早地做出轻率的第一判断。请耐心一点！精神之路总是充满困惑的。让我们拭目以待吧！

***

事实上，这段时间里，他在通往神的路途中长途跋涉，如同一个无人引路的盲人。他并没有停滞不前，而是迫使自己穿越充满荆棘的藩篱，数次跌入路边的沟渠。然而，他依然努力前行，每一次跌倒，他都会再起身，继续上路。

罗摩克里希纳并不是一个骄傲或顽固的人。他其实再简单不过了。如果你告诉他，这种神迷的状况是一种病的话，他会向你寻求药方，而且不会拒绝任何的治疗。

有一段时间，罗摩克里希纳被送回故乡卡马普库尔。母亲希望他结婚，以治疗他的神迷之症。他并没有反对，相反，他天真地同意了。但这的确是一桩奇怪的婚姻！这段婚姻并不比他与卡利女神的结合更加真实（从精神层面来讲，或许更不真实）。他的新娘（1859年时）是个年仅五岁的孩子。读到这里，想必西方的读者会和我一样深感震惊。我不想为罗摩克里希纳做任何的辩解。童婚是最易引起欧美人愤慨的印度风俗。最近，圣洁的梅约女士（Miss Mayo）就曾高举（破烂不堪的）反对大旗，声讨这一陋俗。印度的有识之士、梵社、泰戈尔和甘地①等都一直在谴责这一风俗。尽管童婚更像一个宗教仪式，类似于西方的订婚仪式，直到成年后再同房，其形式远大于内容，但让一个仅五岁的小女孩嫁给一个二十三岁的男人，在梅约女士看来似乎更令人反感。

但是，请诸位不要胡思乱想！他们的结合仅仅是精神上的结合，并没有实质的行为，类似于早期教会中所谓的基督徒式婚姻的形式。这段婚姻后来成为一件纯洁美好的事情。看树看其果，在这段婚姻之树上，结出了纯洁的没有丝毫淫欲的神之果。对罗摩克里希纳来说，小莎拉达曼尼（Saradamani）②是他令人尊敬的纯洁的妹妹，信仰之路上的完美伙伴和坚定恬然的灵魂伴侣。罗摩克里希纳的门徒们因其圣洁而尊称她为"圣母"。③

按照风俗，小女孩在婚礼仪式后便回到了她父母家，其后大概有八到九年没有再见过她的丈夫。而罗摩克里希纳在母亲家似乎也恢复了某种平静，于是便再次回到了庙里。

卡利圣母在等着他。几乎在他跨进庙宇门槛的同时，最狂野的

---

① 甘地非常了解童婚制度，对之深恶痛绝（他是终生受到早熟经历困扰的人之一）。但是，他也承认，那些被神所选中的人却是例外。对那些虔诚的信徒而言，这种从孩童时期就开始的婚姻契约关系可能是极其纯洁而有益的。它可以消除未成年人在青春期常会产生的不健康的想法，而在双方之间建立一种神圣的伙伴关系。众所周知，在甘地艰辛的一生中，那个与他自小就命运相连的孩子（这里指甘地的妻子）是一位多么值得他尊敬的同伴。
② 她的家族姓氏是穆克欧帕达雅亚（Mukhopadhyaya），后来以莎拉达·戴薇（Sarada Devi）的名字为人所知。
③ 人们这样称呼她。在印度的上层阶级，有将所有女性都尊称为"母亲"的习俗，且不论这位女性是否比自己年轻。

神迷再次被点燃。他如同穿上了涅索斯复仇血衣的赫拉克勒斯[①]，又像是一座熊熊燃烧着的柴堆。众神如暴风般向他扑来，将他撕扯成碎片，他感觉被分裂，狂乱的程度数倍于之前。他看到自己被魔鬼附身，先是代表着罪恶的黑色恶魔，随后又是如大天使一般的桑雅生（Sannyasin）将黑色恶魔杀死（我们是在印度？还是在数千年前的某个西方基督修道院里？）。他静观这一切的显像，恐惧令他四肢僵硬，他又一次很长时间[②]无法闭上眼睛，他感到疯狂在向他步步逼近，令他恐惧。他恳求卡利圣母的显现，这是他活下去的唯一希望。

就在这样的精神的狂欢与绝望中，两年过去了。[③]

帮助，终于来了。

---

① 赫拉克勒斯（Hercules），古希腊神话中的大力神。——译者注
② 他自己说是六年。
③ 1861年，他的女赞助者拉妮·拉曼尼去世了。幸运的是，她的女婿马瑟·巴布继续赞助罗摩克里希纳。

第三章　两位真理导师

直到此时，罗摩克里希纳一直在这条神秘而无边的河流中独自漂游。他听天由命，时常精疲力竭，但他的灵性世界却波涛汹涌。直到两位导师出现在他的生命中，将他的头托出水面，教他如何顺应这一激流，跨越这条大河。

在印度漫长的灵性历史中，不计其数的人曾努力亲证终极实在（the Reality）。世间所有伟人们，有意或无意，都有一个共同的根本目标：抵达最高的实在。他们栖身于这个世界，被这个世界所引诱，前赴后继地去探究、去努力、去攀爬。有时，他们会因为力竭而止步，但稍做停留，他们又继续无畏前行，直至获取胜利。

但每个人看到的是终极实在的不同面向，他们就像是一支从四面向堡垒发起进攻的军队，每个分队都以自己的战术和武器应对自己的问题和敌人。我们西方人[①]习惯从外部攻克堡垒，意欲战胜自然，并将

---

① 为了解释我的想法，我不得不使用令我怀疑的词语：东方与西方。但我希望睿智的读者能区分出"西方"这个词语的诸多含义。对西方而言，通常意义上的东方是指近东（the Near East），即闪米特人的东方（Semitic East）。但在我看来，这个词的精神内涵更多是指印度，而远胜于指西方的一些地方，如斯拉夫（Slav）、日耳曼（Germanic）或北欧（Nordic）。在本书中，我用"西方"这个词来指代向西方迈进的欧洲种族，以及大西洋彼岸那些脱离了印欧语系血统的人们。

自然之法改变为人为之法，以期造出攻入堡垒的武器，并一举攻克整个防线。而印度人选择了另一条道路。他们直劈内里，直奔军营中那难见庐山真面目的指挥官而去。对于真理的认识，他们走的是一条超验的道路。但我们需小心，不要将西方的"现实主义"（Realism）与印度的"理想主义"（Idealism）对立起来，两者都是"现实主义"（Realisms）。印度人在本质上是现实主义者（Realists）：他们并不轻易满足于抽象的事物，而是通过自我定义的享乐和感官满足来实现他们的理想。对于思想，他们必须看到、听到、品尝到和触碰到。在感知力和想象力的丰富程度上，他们远胜于西方人。[①] 我们又怎能以西方理性（Reason）的名义去拒绝他们的成果呢？在我们看来，理性是所有人都具备的、客观的、非个体的思考方式。但，理性真的客观吗？在特定情况下，理性又在多大程度上是正确的呢？理性就没有个体的局限性吗？

印度人的"亲证"（Realizations）在我们看来是"极端主观"的。但事实却并非如此。这些"亲证"是经过他们数世纪的科学方法和亲身体验，并被完整记录下来的逻辑结果。每一种伟大的宗教都能为其追随者们指明道路，如能深信不疑，必定臻抵至高之境。其实东西方的这两种方法，都秉持同样的科学怀疑和谨慎信任的精神。对真正有科学头脑的人来说，如果足够坦诚，就会认同：真理是相对的。如果认为某种方法是错误的，那么重要的事情是找到其谬误之所在，并尊重且允许有其他路径的指引可以抵达更高更远之境界。

---

① 我绝不否认印度思想家们专注于"绝对存在"（the Absolute）的思考能力。但吠檀多不二论（the Advaita Vedanta）中的"无形存在"（Formless）却是源自他们热切的直觉。既然"无形存在"是没有任何属性且不可见的，那么，它一定是超越了某种形式的神秘感知吗？那天启不也是一种可怕的感知吗？

在印度，无论是清晰的定义还是模糊的感觉，人们普遍相信这个世界存在着唯一且完整的宇宙精神——"梵"①。世间万事万物皆因梵而孕生，因梵而衍化。作为宇宙精神（the Cosmic Spirit）的不可分割的有机组成部分，人类的个体精神见证了宇宙的多样性和多变性，并具有独立的实在性。在获得"梵"的真知之前，我们都会被摩耶（Maya）即幻象所迷惑。摩耶无始无终、不受控于时间，我们日常看到的不过是过眼云烟般的幻象，这持续涌现的幻象其实是"唯一真相"（the One Reality），而我们却把它当作是永恒的存在。②

因此，必须从这包围着我们的无尽幻象（Illusion）中逃脱出来，就像鳟鱼越过所有障碍，逆流而上一样，我们也必须回到源头。这是我们不可逃避的命运，我们必须获得救赎。这种痛苦却英勇高尚的奋斗方式被称为"成就法"（Sadhana），据此修习的人是"修习者"（Sadhakas）。这一少部分人，代复一代，遵循一整套经过多年严苛实践的教义，他们是最无畏的灵魂。

他们面前有两条道路或者两种方法③，都需要长期的实践和练习。第一条道路是"非此、非此"④，即通过激进的否定来获取"真知"

---

① "世间万物，不论粗糙精细，一切皆梵。万物只存在于梵中，唯一且不可分割的梵。"——《沙斯陀罗》（Shastras）

  *《沙斯陀罗》，印度古代经典的总称。——中译者注

② 这段简短的思想文字摘自斯瓦米·萨拉达南达（Swami Saradananda）所著的《室利·罗摩克里希纳：伟大的导师》的开首部分。

③ 在这本书的第二部分"辨喜生平和他的世界福音"，讨论到辨喜的宗教哲学思想时，我将更为详尽地阐述印度的瑜伽（Yoga），并介绍其中的一些方法。

④ Neti（非此）是《奥义书》（Upanishads）的作者们对梵的释义。参见基督教神秘主义者，雅典最高法官圣·丹尼斯（St. Denis）的《论神秘神学》（Treatise on Mystic Theology）第5章。他指出："已知事物的最高创造者绝对不是通过理性可以理解的。"在书中，这位伟大的神学家为了定义"神是什么"，罗列了一整页"神不是什么"。

的方法，被称为"智慧瑜伽"（Jnana）；第二条道路是"即此、即此"，即通过不断的肯定来获取"真知"的方法，被称为"虔信瑜伽"（Bhakta）。前一种方法完全依靠智性，否定并拒绝一切真实或表象的事物，不断修炼自身的分辨力去认知那最高远的目标；第二条道路是爱之路，去爱那些"可爱之物"（爱越纯净，其形式也越多元），最终弃绝一切外物。智慧瑜伽是认知绝对实在，或非人格神的道路，而虔信瑜伽是认知人格神的道路。在最终与"智慧瑜伽"之路汇合前，虔信之路上的朝圣者们需要摸索很长一段时间。

最初，罗摩克里希纳在无意的直觉中选择了虔信之路，他对这条路上的荆棘和陷阱一无所知。世上虽有《从巴黎到耶路撒冷》[①]那样的旅行手册，能将自起点到终点所有的琐碎细节、山川坡度、危险地带，乃至歇脚的地方，都做详尽说明，但这位来自卡马普库尔的旅行者对这些却一无所知。既没有引导也没有帮助，他任凭狂野的心灵与双腿砥砺前行，他在森林的深处被孤独逼疯，数次因为迷失而几近放弃自我，这超人般的努力使他筋疲力尽。就在他最后的踽踽艰难之时，一位女士成了他的救星。

一日，罗摩克里希纳在阳台上看着恒河上的各色船只穿梭来往时，一条船在他的面前停了下来，一位女士走上台阶。她高大美丽，一头长发，穿着桑雅生[②]的藏红色长袍。这位女士应该在三十五到四十岁的样子，但看起来很年轻。罗摩克里希纳一看到她，便深感惊

[①] 此处指夏多布里昂（Chateaubriand）的一本名著。
[②] 所谓桑雅生（Sannyasin），根据马克斯·缪勒的定义，指放下了一切尘俗事务和欲望的人。《薄伽梵歌》（*The Bhagavad Gita*）将其定义为"无爱无恨之人"。这位女士还没有达到这种神圣的无执状态，后面的故事会佐证这一点。

诧，赶忙派人去请她进来，而这位女士一见到罗摩克里希纳，便哭着说：

"孩子啊，我找你找了很久了！"①

这位女士出身于孟加拉贵族家庭，是一名婆罗门，也是毗湿奴的虔信者。②她受过良好的教育，饱读圣卷，尤其是巴克提（Bhakti）经书。她曾被灵性告知要去寻找一位神启之人，并受命向这个人传达神的信息。所以，没有多余的介绍，甚至都不知道她的本名［她被广泛称为帕拉维·帕拉玛尼（Bhairavi Brahmani），意为"女婆罗门"］，母子关系便在这位女婆罗门和卡利圣母的祭司之间自然建立了起来。

如同孩子遇到母亲一样，罗摩克里希纳告诉她在追随神灵和修习的过程中，自己的身体和心灵所遭受到的挫折和痛苦，他说大多数人都认为他是个疯子。他谦卑而不安地问她这是不是真的。女婆罗门聆听了他所有的倾诉，用母性的温柔安慰他，告诉他无须害怕，他所遭受的痛苦是在上升过程中的必经之路。此前，在这乌云蔽日的道上，他已踽踽独行跋涉了很久，仅凭直觉和自身的修炼，已达到"成就法"中的最高境界之一，这在巴克提经书已有所记载，这是其他神秘科学需要数个世纪才能达到的境界。只是在被明确指引之前，他并不

---

① 这颇有几分《天方夜谭》（*Arabian Nights*）意味的相遇让欧洲历史学家心存怀疑。就像马克斯·缪勒一样，他们希望在这个阶段看到罗摩克里希纳灵性得以进展。但是，他的这位女导师在之后相处的六年里，展示了其性格中许多的个人特质（并不总是值得称赞的），因此，毫无疑问，她是一名真正的女性，有着女性所属的弱点。
② 毗湿奴派（Vaishnavite）的信仰本质上是爱的信仰，罗摩克里希纳属于毗湿奴派。毗湿奴是印度古代的太阳神。他通过化身确立了其对于整个世界的统治。最主要的两个化身是克里希纳和罗摩，都是以故事中英雄的名字来体现其神性。后来，毗湿奴以一个新的阿瓦塔（Avatara，即神人）的化身而受人尊崇。（参见 A. 巴斯《印度宗教》第 100 页及以下内容）

知道如何抵达那至高之处。自此之后,她开始照料他的身体,启发他的意识,引领他拨云见日,寻求真知。

巴克提的智慧源自爱,其修习者通常会选择一个人格神作为虔信的对象,譬如罗摩克里希纳选择的是卡利圣母。在很长的一段时间内,修习者融入对神的唯一的爱中。起初并不能"看见"神,但随着修习的深入,渐渐地,便可以看见神,触摸到神,并与神交流。接着,修习者只要稍微专注意识,便能感知到他所信奉的神的存在。当他相信,神存在于一切事物和一切形态中时,他便能通过自己的神而感知其他神的存在,这种神的多态性填满了他的所有视野,他的世界里只有神,再也容不下其他的东西,物质世界就此消失。这种境界被称为"有种三摩地"(Savikalpa Samadhi),这是一种超意识的神迷状态。在这种状态中时,灵魂紧紧附着在意识的深处,并欣享与神合一的无限喜悦。接着,当个体灵魂被某单一意识所占据,其他的意识全部消融,个体灵魂与梵合一,这就是最高境界:"无种三摩地"(Nirvikalpa Samadhi)。

现在,罗摩克里希纳距离意识完全终止,彻底弃绝,与绝对实在完全合一(Unity)的最高境界已经不远了。① 在这条灵性的朝圣路上,

---

① 此处,我依旧引用斯瓦米·萨拉达南达著作中的解释。[参见瑞斯波洛克(Ruysbroeck)的《精神婚姻的装饰》(*De Ornatu Spiritalium Nuptiarum*)一书:"出来吧,是上帝在说话……他在黑暗中对圣灵说,圣灵沉沦而去。沉浸在神圣的忧郁里吧!在那里,神的赐福使人获得解救。这样他就再也不用遵循人类的理念来定义自己。在爱发出死亡之火的深渊里,我看到永生的曙光……凭着这博大的爱,我们才有了为自己而死的喜悦,才有了冲出监牢的欢欣,才有了迷失于存在和燃烧的黑暗中的快乐。"第Ⅲ卷,第1、2、4页]

他仅凭一己之力已完成了四分之三。① 他的精神母亲，古鲁（Guru），女婆罗门，将此路上的各个阶段及其含义悉数传授给他。基于她之前的宗教修行，她对获取真知的途径颇为精通。她让罗摩克里希纳根据圣典，尝试了各种成就法，甚至包括最危险的密教（Tantras）的方法，即将感官和精神暴露于肉体和想象的各种干扰之下，然后再超越这一切。然而遵循密教这条途径，必须绕开堕落和疯狂，许多在此道路探索的人没能抵达终点。然而，罗摩克里希纳成功了！通过考验的他，纯净如初，刚勇如铁。

他掌握了以爱的方式与神合一的所有方法——"十九种形式"（the nineteen attitudes），这是人与神的精神连接的不同形式，比如主仆关系、母子关系、朋友关系、恋人关系以及夫妻关系等。他已全然了解神的各个面向，这个征服了神的人，也拥有了神的特质。

他的导师女婆罗门认为他是神的化身。于是，她在达克希什瓦（Dakshineswar）召开了一个集会。在梵学家们的热烈讨论后，她倡议神学家们公开宣称罗摩克里希纳是新的阿瓦塔（Avatara），即神的化身。

于是，罗摩克里希纳声名远扬，大家都来拜访这位通晓所有形式成就法的圣人。那些在不同道路上苦苦追随神的僧人、贤哲、苦行者和修道士们都纷至沓来，寻求处在各条智慧之路的交叉处的罗摩克里希纳的权威指引。他们描述罗摩克里希纳那令人着迷的外表，就像一个从但丁的地狱，不，应该是从深海中走出的采珠人，在神迷的火焰

---

① 但他的天性却使他在最后阶段止步不前，他停留在了抛弃对人格神的爱的路口。他的灵性之母，女婆罗门，并没有敦促他去跨越这个阶段。他们都本能地停留在盲目的幻想中，在最后的非人格神的深渊前退缩了。

中，他的身体在燃烧，在净化，散发着金色的光芒。① 直到生命的尽头，他一直保持最纯朴的本质，从未显露过半点骄傲与自负。因为他是如此独自陶然于神的愉悦中，比起他已经达到的成就，他更加关注于如何继续前行。他并不喜欢被称为神的化身，当他抵达了所有人认为的（包括他的女导师）极点的高度时，他仍眺望那更高的峭壁，渴望登上那最后的顶峰。

但在这最后的攀登中，包括他的女导师在内的引导者们已经无力带领他了。这位精心呵护了他三年的母亲，如同所有其他母亲一样，痛苦地看着即将断奶的孩子离开她，去追寻更高、更严苛、更刚健的导师。

1864年年底，就在罗摩克里希纳征服了人格化神的时候，一位非人格化神的使者（虽然他并未察觉到自己的使命）来到了达克希什瓦。他叫多达·布里（Tota Puri）（意为"赤裸者"），是一位伟大的吠檀多学派（Vedantic）的苦行者，一位云游僧。在四十年的修行后，他获得了至高的启示，他的灵魂获得了自由，他客观地观看这个世界的种种幻象，全然不为其动。

很长一段时间以来，罗摩克里希纳都无法理解无形的神，也无法理解那些对做"神的使者"（Missi Dominici）毫无兴趣的"非人"（the inhuman）和"超人"（the super-human）们，当修行到至高的"至尊天鹅"（Paramahamsa）时，他们弃绝一切，禁欲，苦行，完全放弃身体和灵魂，甚至放弃内心最后的珍宝：对神无比坚贞的爱。

---

① 印度的瑜伽士（Yogis）时常会有这种因血脉喷涌而引起的狂喜状态。之后我们会看到，罗摩克里希纳常常观察来访的宗教修习者的胸口，来判断其是否经受过神之烈火的洗礼。

在多达·布里住在达克希什瓦的最初几天里，罗摩克里希纳就感受到了这些"活死人"所散发出来的可怕魔力。想到自己有朝一日也可能会是同样的状况时，他吓得直哭。试想一下，这对于天生有着无限热爱和艺术情怀的人来说，是怎样一幅情景？他需要看到、触摸到、体会到他所爱的神，只有所爱之神拥入怀中，沐浴在其爱河里，拥有她的圣像和她所有的美，他才能满足。怎么可能让这样一个人放弃他的心灵家园，而将身体和灵魂都沉浸在无形和抽象之中呢？这样的想法对他带来的痛苦和陌生感，不亚于对那些西方科学家们。①

尽管恐惧像蛇的眼睛一样震慑着他，但他却无法逃避。在沉思的顶峰，虽然感到晕眩，但他必须勇敢前往那最高的顶点。作为神的世界的探索者，在抵达神秘的尼罗河源头之前，他必须勇往直前，永不止步。

无形的神，带着威慑力和吸引力，一直在静候着罗摩克里希纳。但是他却没有向前靠近。于是，多达·布里来了，来接引这位卡利女神的爱人。

最初，在多达·布里路过的时候，罗摩克里希纳并未留意到他，因为多达·布里从不在一个地方停留超过三天。一日，罗摩克里希纳坐在庙堂的台阶上，这位年轻的祭司②满怀喜悦地沉浸在自己的异象世界里。多达·布里愣住了，深感诧异。他说道："孩子，看得出来，你已经在寻求真理的道路上走了很长一段路了。如果你愿意，我可以帮你进入下一阶段，传授你吠檀多教义。"

---

① 值得注意的是，罗摩克里希纳虽然在诗歌和艺术领域有着极高的天赋，却对数学毫无兴趣。而辨喜则完全不同，他对科学的热爱丝毫不逊色于他的艺术才华。

② 罗摩克里希纳那时二十八岁。

罗摩克里希纳有着一种即便最严厉的苦行僧见了都会轻轻一笑的天真，他回答说，他必须要先征得卡利圣母的同意才能离开。在圣母同意之后，罗摩克里希纳开始全心全意地谦卑地接受多达·布里的教导。

首先，他必须通过"加入僧团"（Initiation，又称入会）的考验，条件是他必须放弃自己所有的特权和标志，包括婆罗门"圣线"以及祭司的身份。这些对他来说都不算什么。但是，他还必须放弃他非常依赖的对人格化神的爱恋和异象，这可是他用爱和牺牲换来的果实啊！如同大地般坦诚，他为自己举办了一个象征意义的葬礼，他要埋葬那最后的自我——他的心，这样，他才能给自己披上象征着新生的桑雅生的藏红袍。

多达·布里开始向他传授"不二吠檀多"（Advaita Vedanta）① 的基本教义，教他认知那唯一的无差别的梵，以及如何更加深入地找寻

---

① "不二论"（Advaita）是吠檀多哲学中最严谨和抽象的一派。其主张为"绝对无二"（Non-Dualism），即除了一个绝对的、独一无二的存在外，其他一概都不存在。这个存在是非物质性的，被称为"神""无限的""绝对存在""梵""阿特曼"等，没有一个单一属性能给它确切的定义。每次有人试图给它下定义时，商羯罗（Shankara）（类似于雅典最高法官圣·丹尼斯一样的人物）回答道："非也！非也！"一切事物的表象，我们的意识和感官，只不过是我们对"绝对存在"的错误理解（无明）而已。在无明（Avidya）的影响下（商羯罗和他的学派发现这很难解释清楚），梵被"名"与"相"所掩盖，其实这些"名""相"都不存在。在"自我"的洪流之下，唯一真实存在的是真正的自我（the True Self）、至上灵魂（Paramatman）、一（the One）。行动在这一认知过程中是无用的，尽管它可能有助于形成一种合适的氛围，从而帮助本觉意识（Consciousness）的浮现，但其实仅凭本觉意识即可直接解放和拯救灵魂（Mukti）。因此，希腊的那句名言"了解你自己"（Know Thyself）与印度伟大的吠檀多所主张的"看见自我，成为自我"，"你便是一切……"（Tat tvam asi / Thou art That）是相互对立的。

自我，并通过进入三摩地（狂喜）与梵合一。

如果认为一个体验过种种神迷境界的人，会很容易找到这最后一扇窄门的钥匙的话，那就大错特错了。这里应该引用罗摩克里希纳的自述，因为这不仅属于印度圣典，也应作为对精神科学的重要启示而被西方所记录。

"赤裸者多达·布里教我将意识从所有客观世界中撤离，深入地进入阿特曼。虽然竭尽全力，我仍然无法跨越'名'与'相'的堡垒，无法让我的精神进入无条件的状态（Unconditional State）。我的意识可以毫不费力地与客观世界分离，但无法超越圣母[①]那熟悉的熠熠生辉的形象。她是纯粹意识的精华，如此鲜活地出现在我面前，挡住了我前进的道路。我无数次地想集中意识在不二吠檀多的教义上，但每一次都被圣母的形象所干扰。我绝望地和多达·布里说：'不行！我永远也无法将意识提升到无条件的状态去面对阿特曼。'他严厉地回答：'什么？你说你做不到？你必须做到！'他打量四周，捡起来一块玻璃，放在我的双眼之间，厉声说道：'将你的意识集中在这一点上。'于是我全力开始冥想。每当圣母和蔼亲切的形象出现的时候，我便以分辨力（Discrimination）为剑[②]，将她劈成两半。最后的障碍终于被击破，我的精神超越了'有限'（Conditioned）层面，我在三摩地中失去了自我。"

这艰难的大门，在巨大的压力和无尽的痛苦中得以开启。罗摩克

---

① 即他心爱的永远的卡利圣母。
② 这并不是老母鸡僵立在阳光下的阴影交界线自我催眠式的愚行（虽然我能感受到西方读者们的不屑）。此处罗摩克里希纳所描述的是一种精神高度专注的意识状态。这种意识状态包含了敏锐的批判性的分析，且不排除任何事物。

里希纳刚刚跨过这门槛，就直达最后一个阶段——"无种三摩地"，在这里，主体（Subject）和客体（Object）都消融了。

"宇宙消失了，空间也不复存在。最初，思绪的影子还飘浮于意识深处，微弱的自我意识还在单调地滴答作响。之后，这个声音也停止了。除了存在，一切都消失了，灵魂完全融入于自我（Self）之中，二元世界（Dualism）完全被消除，有限与无限的空间合一。超越语言，超越思想，他抵达了梵。"

一天之内，罗摩克里希纳即抵达了多达·布里四十年修习才到达的境界。多达·布里震惊地满怀敬意地打量着这神奇的身体。接连数日，罗摩克里希纳就像尸体一样一动不动，但他身上却散发着庄严和平静，他的精神抵达了所有知识的尽头。

多达·布里原本计划只停留三天的，但因为结识了这位超越了自己的门徒，他在达克希什瓦待了十一个月。他们的角色发生了反转，领略了山巅风景的小鸟，成了从天空的高处返回的雄鹰。比起目光敏锐却有局限的"那伽导师"（Naga）①，雄鹰的眼界更为开阔。现在轮到雄鹰来做蛇的老师了。

发生这样的转变必然会产生抵牾。让我们将这两位先知做个比较。

罗摩克里希纳身材矮小，皮肤棕褐，蓄着短须，有一双漂亮的眼睛，"大大的黑眼睛，闪动着光芒，朝下微微地张着"②。他从不将眼睛瞪得很大，都会保持一段距离微睁着向外和向内看。他总是带着迷人

---

① 多达·布里所属教派的名称。"那伽"也有蛇的意思。
② 引自默克奇（Mukerji）的描述。

的笑容，微张着嘴巴，露出雪白的牙齿。① 他的笑容饱含深情却又略显淘气。因为身材中等，他显得有些消瘦和羸弱。② 他的身体和心灵对于一切的欢喜伤悲都极为敏感，这使得他的性情极为细腻。他的双眼就像一个双面的镜子，一切于内于外的事物都被鲜活地映射出来。独特而温柔的力量使他可以瞬间根据周边的人和事去调整他的精神状态，却没有丢失自己坚固的堡垒（Feste Burg），那永远不变的高尚与优雅。③ 他说话时带有孟加拉口音，还稍有一点口吃，但这并不妨碍他的语言所传达出的博大的精神力量，那无数的比拟和暗喻，无可匹敌的敏锐洞察力，明快而微妙的幽默感，无尽的悲悯心和源源不断的智慧都是那么令人着迷。④

倒影粼粼而深邃的恒河，河水蜿蜒迂回，无数的生命由它孕育滋养。多达·布里临于恒河边，就有如直布罗陀海峡上的海格力斯之柱⑤。他身形魁梧、体格健硕、性格果敢坚毅，就像一块用来雕刻雄狮的岩石。他的品格如他的体魄一样刚毅，他是坚强的领袖，从不知道什么是疾病和痛苦，并对这些嗤之以鼻。云游前，他在旁遮普一座有

---

① 引自摩亨佐纳特·格塔的描述。
② 其后在与马瑟·巴布的旅行中，他一度极为虚弱，需要他人搀扶着才能行走。
③ 这时，他已成功将各种形式和命运的线都统一到一个中心——梵。他修习并亲证了每一种精神体系。
    *《坚固的堡垒》（Ein Feste Burg）是马丁·路德在1520年所作的一首著名的众赞诗，第一句是：上帝是我们坚固的堡垒。（Ein Feste Burg ist unser Gott.）
④ 这一段描述来自现今尚于人世的一个目击者摩亨佐纳特·格塔。（参见《印度觉醒》，1927年3月刊；以及《现代评论》，1927年5月刊）
⑤ 海格力斯之柱，又称直布罗陀巨岩（Rock of Gibraltar），是位于直布罗陀境内的巨型石灰岩。受腓尼基传说的影响，这支柱在古代被认为是已知世界的两个极限之一。——译者注

着七百僧侣的寺庙里做一名严厉的主持，拥有石头一般坚硬的躯体和精神。①对他而言，任何事物，不论是激情、危险、感官刺激还是引起生命骚动的神的异象带来的神秘力量，都不会影响他钢铁般的头脑和意志。对多达·布里来说，摩耶是不存在的，是虚幻、是谎言、是应该被抨击、被永远摒弃的东西。

但对罗摩克里希纳来说，摩耶就是神，一切事物都是神，它是梵的一个面向。当罗摩克里希纳经历了暴风骤雨般的攀越历程，抵达顶峰时，他并没有忘记他所经历的种种苦闷、转折和意外。哪怕是路途中最不起眼的风景，他都铭记在心，每一幕都携带着时间和空间印记，并被妥善安置于他的精神全图中。

但"赤裸者"的记忆里贮存的是什么呢？他的头脑，如同他本人一样，不带丝毫的情感与爱意，就像"一块岩石脑袋"，正如意大利人对最伟大的翁布里亚画家佩鲁吉诺②的评价一样，这块光滑的大理石需要被痛苦这把凿子来雕刻。而这，也恰是他将要面对的。

虽然多达·布里拥有伟大的智慧，但他却并不懂得，爱也是一种引领人们亲近神的途径。他质疑罗摩克里希纳的体验，嘲讽各种仪式，譬如音乐、诵经和宗教舞蹈，对大声唱诵的祈祷者们不屑一顾。黄昏时，看到罗摩克里希纳一边拍手一边诵读诸神的名字，他带着一

---

① 当今的教育心理生理学家们会对他们修炼冥想的方法感兴趣：一开始，冥想者坐在舒适的座位上，后来，座位越来越硬，最后直接坐到地上。同时，冥想者逐步减少衣服和食物，直到达到赤裸和极度匮乏的状态。完成这种入门仪式后，新学徒们开始云游四方。他们先是结伴而行，然后只身一人，直到最后完全断绝与外界的联系。

② 彼得罗·佩鲁吉诺（Pietro Perugino），拉斐尔（Raphael）的导师。此评论出自瓦萨里（Vasari）。

种嘲弄的口吻说:"你这是在做面包吗?"

尽管这样,一种魔力却在逐渐影响着他。不经意间听到朗朗上口的诵经声,他会感动到热泪盈眶。孟加拉闷热而使人疲软的气候也影响着这个旁遮普人,尽管他竭力忽视其影响,但放松的神经已无法再严苛地控制他的情绪。渐渐地,他发现即使最坚强的意识中也会有冲突。这个藐视仪式崇拜的人,却喜欢"火",他总喜欢身边有火。一天,一个仆人移走了火中的一些火炭,多达·布里认为这是对他的不尊重。罗摩克里希纳带着孩子般天真的笑容对他说:"看吧,看吧!你也一样屈服于摩耶不可抗拒的力量之下了。"多达·布里顿时目瞪口呆。难道他真的不自知地受到了幻象的束缚吗?

疾病也使这个骄傲的灵魂意识到他的局限性。在孟加拉省的几个月里,他得了一场严重的痢疾。他本该赶紧离开,但这样做却又表明他在逃避灾难和痛苦。于是,他变得固执起来,"我绝对不会向我的身体屈服!"但这样给他带来更大的麻烦,他的精神无法从身体的痛苦中分离出来。他只好去求医问药,却收效甚微。日渐严重的病症如同阴影笼罩着他,让这位禁欲者完全无法将注意力集中在梵上了。他狂怒于自己日渐衰弱的身体,忍不住冲入恒河去自杀。但这时,一只无形的手拦住了他。当他浸在水中时,既没有决心也没有能力淹死自己,他极其失落地回到岸上。这时,他体会到了摩耶的力量。这种力量无处不在,在生命中、在死亡中、在痛苦中,它就是圣母啊!多达·布里独自冥想了一整夜,第二天早上,他成了另一个人。他向罗摩克里希纳承认,梵与创造力萨克提[①]或摩耶是同一种存在,是圣母

---

① 萨克提意即"神圣的能量",梵的光辉。

安抚并治好了他的病。于是他向这个已成为他导师的门徒道别,以一个觉悟者的身份,重新上路。①

后来,罗摩克里希纳将多达·布里的这段经历记录下来:

"当我认为最高的存在(the Supreme Being)是静止的,既不创造,也不维持,也不破坏时,我称之为梵或普鲁沙(Purusha),即非人格神。当我认为最高的存在是活跃的,在创造、维持、破坏时,我称之为萨克提或摩耶或原质(Prakriti)②,即人格神。它们其实并无二致,人格神和非人格神是同一种存在,如同牛奶和它自身的白色,钻石和它自带的光芒,又如蟒蛇和它蜿蜒前行的方式。只知其一而舍弃其他是不可能的,圣母与梵是一体的。"③

---

① 多达·布里离开的时间大概是在1865年年底。很可能就是在桑雅生入会的仪式上,多达·布里为这个胡迪然(Khudiram)家的孩子取名为罗摩克里希纳,这才有了这一被世人所知的名字。(参见萨拉达南达《室利·罗摩克里希纳:伟大的导师》1956年版,第250页)
② 原质,即"能量,自然的灵魂,在宇宙中行动的意志力"。[其定义出自阿罗频多·高斯(Aurobindo Ghose),他将原质看作沉默而惰性的原人(Purusha)的对立面]
③ 以下这篇文章告诉我们应如何评价罗摩克里希纳对于卡利圣母充满激情的崇拜,以及这种表面上的偶像崇拜背后所蕴含的深刻的整体性。这篇文章虽不太为人所知,但却值得一读:
"卡利是梵。卡利是原初能量(萨克提)。当它静止时,我们称其为梵(字面意义即我们以后来称呼它 we call that...),当它创造、维持或毁灭时,我们称之为萨克提或卡利。你称之为梵,我称之为卡利,它们其实并无分别,正如火焰和燃烧。想到一个时,必然联想到另一个。接纳卡利就意味着接纳梵,接纳梵就意味着接纳卡利。这是我认为的萨克提或卡利。"[出自罗摩克里希纳与纳兰(即辨喜)及摩亨佐纳特·格塔(M)关于商羯罗和罗摩奴遮(Ramanuja)的理论的谈话。有关内容刊登在1916年11月的《吠檀多狮报》(*The Vedanta Kesari*)上]

第四章　与绝对存在同一

"与绝对存在同一"这一伟大思想并非新鲜事物。数世纪以来，它一直滋养着印度灵性的发展，同时与吠檀多哲学（Vedantic Philosophy）在很大程度上相互影响与融合。长久以来，吠檀多的两大派系——商羯罗派（Shankara）和罗摩奴遮派（Ramanuja）——一直在不间断地讨论这一思想。商羯罗派是纯粹的吠檀多派（Advaita）；罗摩奴遮派，或称毗湿奴派（Vishishtadvaita），是有限一元论（Qualified Monism）。前者是绝对不二论（Absolute Non-dualistic），认为这个世界并不真实，而绝对存在才是唯一的真实；后者是相对不二论（Relative Non-dualistic），认为梵是绝对的真实，世间万物，包括个体灵魂、人的思维模式及其变化、思想和能量等人类生命多样性的源头，都是梵的显现，都是梵的光芒的折射，而非虚幻。[①]

虽然两派之间还算相互宽容，但商羯罗派的极端分子们有些蔑视罗摩奴遮派的观点。他们认为罗摩奴遮派的主张只不过是对人性弱点的一种暂时妥协和退让，或者至多是把摩耶当作灵性追求道路上的

---

① 从而形成了自然之梯（Natura Naturans）[即创造自然的自然（Nature which creates nature）]。自然之梯永远在运动，在积累上升的潜在能量。马克斯·缪勒和辨喜都认为其中包含了最初的进化论思想（Evolution）。

一根拐杖而已。一直以来，这两个学派争论的关键就在于如何定义摩耶：摩耶的本质是什么？摩耶是相对的还是绝对的？商羯罗本人并未给出摩耶一个清晰的定义，他只是认为幻象是存在的，并认为绝对不二论的目标就是要去消除这种幻象；而有限不二论的罗摩奴遮派则主张可以在一定程度上借助幻象这根拐杖，以帮助个体灵魂的解脱。

那罗摩克里希纳在这两派之间又处于什么位置呢？天性中柔软的可塑性使他更倾向于罗摩奴遮派的温和态度，但强烈的信念又使他认同"绝对存在"这一极端概念。他用最鲜活的表达和最富创意的比喻来解释那些几乎不可能被解释，也不可能通过理性来理解的概念，这是他的天赋。当他向世人表达自己与"无条件存在"（Unconditioned Being）的亲身接触时，有人表示质疑，认为"绝对存在"这一纯粹认知是不可能脱离认知对象而存在的。他于是引用了商羯罗的太阳的比喻："世间哪怕空无一物，太阳依然普照世间。"但他用了不同的方式来解释。他用极其敏锐的洞察力绕过"世间之物"，尽管他否认"物"的存在。他解释说，太阳同样照耀着好人和恶人，就像一盏灯同样照亮着孜读圣卷之人和作奸犯科之人。他又说，面对一座满满的糖山，倾巢出动的蚂蚁们自以为能将其搬空，而其实不过是动了一个小角。盐娃娃们想丈量海的深度，但一旦到达海边，就会被海水融化消失。"无条件存在"是我们所无法把握的。它巧妙地避开我们，却并不意味着它不存在。它照亮着我们的努力、我们的无知、我们的智慧、我们的善行和恶行。我们舔舐着它的外壳，但终有一日，它会将我们拥入怀中，将我们融化。但在被融化之前，盐娃娃在哪里？那些蚂蚁从何而来？那灯下的隐士或罪犯又在哪里？他在读什么？他的眼神又在哪里呢？

罗摩克里希纳告诉我们，即便是圣典，因为口口相传的原因，或多或少都被污损歪曲过。那么，这污损是真实的吗？（因为所谓的污损，是基于一个预设：梵是纯净的。）那些品尝过圣餐的口与舌又在哪里呢？

"有别之物"（the Differentiated）虽然是"无所依附的"（without Attachments），但也必然是"无别之物"（the Undifferentiated）的一部分，特别是在最后的"依附"中，即"有别之物与无别之物的结合"时。这是罗摩克里希纳所说的"吠檀多真正的认知对象"（the real object of the Vedanta）。①

实际上，罗摩克里希纳很好地区分了这两个不同层次和程度的状态②，即：在摩耶的影响下产生的"有别"的宇宙的真实性，和完美沉思（即三摩地）状态下的超越性。在三摩地的状态下，人与无限之间瞬间的连接，即足以立即消融所有"有别"的自我（我们自己的和他人的）带来的幻象。

但同时，罗摩克里希纳也指出，只要作为世界的一部分而存在，因这个世界而维持身份，我们就很难假装这个世界是不真实的。这是隐匿于我们自身深处的一种认知，即便是从三摩地的狂喜中回到日常

---

① 值得注意的一点是，不二论绝对存在（Advaitic Absolute）的形而上学主张与希腊前亚里士多德派（pre-Socratic Greeks）的理念有着共通之处。譬如，爱奥尼亚的阿那克西曼德（Anaximander）提出的"不确定"原则，主张一切事物的产生都是独立的；它也同于色诺芬尼（Xenophanes）的"神是独一无二"的主张，以及芝诺（Zeno）所持的世界上一切运动、一切变化、一切发展和所有的多样性都不过是幻象的观点。在将希腊哲学先贤与印度哲学家们的思想建立起关联前，我们尚有许多问题需要研究。

② 这是我根据罗摩克里希纳1882年的谈话而做出的判断。他当时已处暮年，因此这些谈话能够体现其思想的精髓。

生活的圣哲，不论曾被怎样地涤荡与净化，也会被抛回到现实世界，回到"有别"的自我的桎梏中去。"只要自我对于他是相对真实的，那么这个世界对于他，也就是真实的。但如果自我被净化，他就能看清这个现象世界是'绝对实在'的多种多样的呈现。"

届时，摩耶将会呈现出它真实的面目，真实与虚幻，真知与无知（明与无明，Vidya and Avidya），一切都指向神，一切又都不指向神。如此是也（Therefore it is）。

这观点与使徒圣多马的说法有异曲同工之妙。圣多马在为维耶拿尼人（Vijnanis）做证时说，他不但能看到，也能感受到神，这个智识超凡的人认知到人格化神和非人格化神——因为他就是神。

他们向内向外都看到了神。神显现并揭示于他们。人格化的神说："我即是绝对存在！我即是'有别'之源。"从"绝对存在"中发散出来的神圣能量（Divine Energy）中，他们领悟到区分至上阿特曼（Supreme Atman）和宇宙的根源属性，也就是分离"绝对的神"（the Absolute God）和摩耶的属性。摩耶、萨克提、原质、自性（Nature）均非幻象。对于纯净的自我而言，摩耶是至上的阿特曼的显现，是鲜活的个体灵魂和宇宙灵魂的传播者。

自此，一切都变得清晰起来。带着梵的智慧，罗摩克里希纳从火噬的深渊退了回来。他欣喜地发现，心爱的圣母在绝壁边等待着他。不过，现在的他用一种全新的眼光来看待女神，因为他理解了她更深刻的意义，明白了她与绝对存在的同一性。她就是绝对存在，以非人格化的人，或者更确切地说，以女性的样子呈现在人们面前。[①] 她是所

---

① 在印度，人格化神的概念被认为是属于阴性范畴，如原质、萨克提。

有化身的源头，是无限与有限之间神圣的调节者（Divine Intercessor）。

于是，罗摩克里希纳吟诵起圣母的赞歌：

"是啊！圣母就是绝对存在！她既是唯一也是众多，但她又超越了这唯一和众多。圣母宣称：'我是宇宙之母，我是吠檀多的梵，我是奥义书的阿特曼。恰因我——梵，才衍生出有别。善与恶皆循着我的法则运作。业力法则（the Law of Karma）确凿存在，而我便是这法则的创造者。我是一切法则的创造者与摧毁者。我掌控一切业力，不论善恶。靠近我吧！不论是通过奉爱之道（虔信瑜伽），还是通过知识之道（智慧瑜伽）或者行动之道（业瑜伽），都可以将你们领向神。我可以引领你们穿越这世界、这行动之海。若你们愿意，我也可授予你们绝对真理。你们无法逃避我，即使是那些在三摩地亲证了绝对真理的人，依然会依着我的意愿回到我这里。"

"我的圣母啊！她是太初的神圣能量。她无所不在。她存在于现象世界的内与外。她是世界之母，存在于世界的中心。她织造世界之网又将自己缚藏于其中。我的圣母既是这世界的容器也是被容纳者。她既是外壳也是内核。"

这智慧源自印度古代灵性，但罗摩克里希纳及其追随者从不自居是这一思想的首创者。① 他用天赋惊醒沉睡中的诸神，他是诸神的化身，他唤醒了沉睡森林②中的清泉，以自己的魔力温暖它。他用语言、

---

① 恰恰相反，他们即使可以对某观点宣称其首创性时，也往往会否认。在我看来，在诸多国家中，现代印度的精神领袖都有这样一个共同点，即他们坚信自己的观点源于古代，且包含着永恒的真理，即真知。达亚南达是创建圣社的中坚力量，每当人们认为某个新的观点是由他提出的时候，他都会很生气。

② 此处引用了著名的童话故事《睡美人》（*The Sleeping Beauty*）。

节奏、曲调，和充满爱与激情的歌声将这一思想传播四方。①

请侧耳倾听吧，这是一首绝妙的歌，绵延不断，和谐悦耳。它不拘泥于任何格式，独具一格，美妙动听。在这歌声里，对绝对真理的崇敬和对摩耶的热忱轻快地合一。让我们将这爱的声音驻留在心，并在他的弟子辨喜的声音中再次感受这深邃！

这时的罗摩克里希纳，是一位竭力去挣脱摩耶之网的伟大战士，但却与女神频频产生冲突。这种情景对罗摩克里希纳而言非常陌生，他从不与人为敌，对他来说，敌人亦是爱人，也会被他的魅力征服，并最终爱上他。终于，摩耶将他揽入怀中，他们的唇触碰到一起。阿米达（Armide）终于找到了她的里纳尔多（Renaud）②。那迷

---

① 我们注意到，这种包含了诗歌和音乐元素的方式在一定程度上借鉴了孟加拉当地的文化宝藏。我们在前面已经得知，罗摩克里希纳的思想中遍布着经典的毗湿奴派诗文的影子，在当地一些流行戏剧（Jatras）中也有这些诗文的踪迹。罗摩克里希纳经常吟唱卡比尔（Kabir）的诗歌，同时，他头脑中也储存着近代诗人和音乐家们的作品。这些人中时间最早，又最受罗摩克里希纳喜爱的一位是18世纪的诗人，拉姆普拉萨德（Ramprasad），罗摩克里希纳经常在对圣母的祷祝中吟唱他的诗文。在他看来，拉姆普拉萨德的诗作里有着最令人动容的比喻，譬如后面将会提到的风筝的比喻，也最符合对圣母的一些特征的描述，比如"当她领她亲爱的孩子进入幻境时，她眼角会闪烁着调皮的光"。

在《室利·罗摩克里希纳福音书》提到的其他诸位音乐诗人中，我注意这几个名字：卡马拉堪塔（Kamalakanta），他是19世纪初的一位博学家，也是卡利圣母的虔信者；与他同一时期的纳兰斯钱德拉（Nareschandra）也是卡利圣母的信徒，库比尔（Kubir），是同一时期孟加拉的毗湿奴派圣者，他创作了众多脍炙人口的歌曲；在其他更近期的人里，普雷达马斯（Premdas，真名为特雷卡亚·桑亚尔）为柯沙布的门徒，其创作的众多歌曲中，许多都是从罗摩克里希纳的即兴吟唱中获取了灵感。吉里什·钱德拉·高希（Girish Chandra Chosh）是罗摩克里希纳门徒中一位了不起的剧作家，其代表作有《柴坦亚与利拉》（*Chaitanya-Lila*）、《佛陀与查瑞塔》（*Buddha-Charita*）等。

② 此处引用的是意大利诗人陀奎托·塔索（Torquato Tasso）的叙事长诗《其被解放的耶路撒冷》（*Jersalem Unbound*）。

惑了其他追求者的喀耳刻（Circe）①对他而言，却变成了带领忒修斯（Theseus）走出迷宫的阿里阿德涅（Ariadne）②。那无比强大的摩耶能迷住猎鹰的眼睛，却挡不住罗摩克里希纳的目光。他挣脱了摩耶之网，迎向了一片无比广阔的天空。摩耶即圣母，她以各种鲜活的形象和化身向她的孩子们展现自己，以她心中无限的热情和爱将自我之壳打磨成为"漫漫无尽却无限宽广"之物，就像一条线，一个点，都在这位精细的打磨师的魔力手指中消融于梵。

所以，让我们赞美手指，赞美海洋，赞美脸庞，也赞美面纱吧！一切皆是神。神蕴于万物之中，既存在于黑暗中，也存在于光明中。雨果曾受17世纪英国"伦理学者"③的启发，认为太阳不过是神的影子。④而罗摩克里希纳则说，阴影亦是光明。

和印度所有真正的思想家一样，罗摩克里希纳不相信任何未经过他自身体验的事物，因为思想源于身体。对他而言，"思想"这一概念是朴素的、身体的，先要去拥抱它，而后再去细细品味其中的果实。

当罗摩克里希纳悟得了真理后，这些思想便不会只储存于他的大脑里，而是很快融入生活中。他的信念滋养着这些思想，使其既不抽象也不空泛，并可以清晰地在生活中得以实践，以解除大众的灵性饥饿之苦，从而在觉悟的花园里结出累累硕果。在所有宗教中，他都能

---

① 喀耳刻，希腊神话中的女巫，常用下药的方式使他人变成怪物。——中译者注
② 阿里阿德涅，希腊神话中一个国王的女儿，爱上了雅典王子忒修斯，用线团帮助他完成任务并走出迷宫。——中译者注
③ 见丹尼斯·索拉特（Denis Saurat）《弥尔顿与英国基督教唯物论》，第52页。
④ 见弥尔顿，"异常的光中露出黑色的衣裾"（弥尔顿：《失乐园》，第Ⅲ卷，第374页。中文引自朱维之《失乐园》译文，吉林出版集团有限公司，2007年12月版）。

找到神的盛宴（the Divine Flesh），他了解所有的神，了解宇宙的实质。他在神的晚餐①中分享不朽的美食，与他同享的人不是十二门徒，而是所有饥饿的灵魂，和整个宇宙。

1865年年底，多达·布里离开了。此后超过六个月的时间里，罗摩克里希纳一直处于神迷状态中，他在烈火中持续与绝对存在同一，直到他的身体状态达到极限。若描述属实的话，在六个月中，他一动不动，沉浸在全然的神迷中。古书中也描述过曾有托钵僧发生过同样的状态，身体就像一个空屋子，被精神所遗弃，任凭摆布。在此期间，若不是有一位侄子在照顾他的基本生活，他或许早就死了，那他也就无法在神迷中与"无形存在"合一了。这种瑜伽出神状态中的极致体验可能会令我的法国读者们感到困惑，不，可能会让你们感觉不快，毕竟你们已经习惯了行走在坚实的大地上，很久没有体验过那种精神火焰的冲击了。所以，请耐心一点！让我们从西奈山（Mount of Sinai）上走下来，到人群中去。

后来，罗摩克里希纳意识到，他的这段经历无异是在试探天意，能返回世间简直就是一个奇迹。所以他警告门徒们决不可轻易去做这种尝试，他甚至对弟子辨喜下了禁令，告诫他，这种求一己之悦的方式是不可取的，高贵灵魂的职责是牺牲自己的享乐去服务众生。②当

---

① 此处指的是耶稣基督与其十二门徒的"最后的晚餐"。
② 他还尽力劝阻一般人做这方面的尝试。因为如果此人的根基太浅，可能会被这巨大的能量淹没而受到伤害，继而危害到其他人。他的侄子，忠诚而务实的赫瑞德（Hriday）和他的资助者马瑟·巴布都渴望能品尝到神迷的禁果，罗摩克里希纳这时让我们看到了他身上塞万提斯式（Cervantes）的幽默和机智。
赫瑞德心地善良，对罗摩克里希纳忠心耿耿，并渴望能像他的叔父一样声名远扬。但他资质平平，他觉得亲缘关系能让自己在叔父那里得到便利，可以体（转下页）

年轻的纳兰（即辨喜）恳求罗摩克里希纳为他打开"无种三摩地"这一通向绝对实在的可怕之门时，罗摩克里希纳生气地拒绝了他。罗摩克里希纳极少发脾气，他一直很注意不去伤害他亲爱的儿子，但这次他对纳兰喊道："我为你有这样的想法感到羞耻！我以为你是一棵能荫泽千万疲惫灵魂的菩提树，没想到你竟是一个只顾追求自己享乐的人！孩子啊！放下这些微不足道的小事。你怎能满足于这狭隘的空想，你应该向所有面向发展，在方方面面都得到神的启示！"（他这里指的是在沉思中和行动中得到神的启示，将最高知识付诸服务人类的高贵行动中去。）

纳兰伤心地哭了，他知道师父的斥责是对的，他为自己弃绝的想法感到羞愧。纳兰一生都谦逊、刚毅而果敢地投身于服务人类的行动中，但直到生命的尽头，在他内心深处，一直有着对深不可测的神的无限向往。

我们的故事讲到这里，我得提醒一下，罗摩克里希纳的学徒时代，或者说学生生涯尚未结束。我们还应注意的是，他人生的收获并

（接上页）验到那种精神胜境。当罗摩克里希纳劝说他放弃这种尝试时，他颇不耐烦，置若罔闻。终于，他的一意孤行令其出现了神志错乱，他开始抽搐，并痛苦地号叫。罗摩克里希纳便说道："圣母啊！让这个傻瓜的感官变迟钝些吧！"赫瑞德倒在地上，对着他的叔父大声喊道："叔叔你都干了什么啊！这样子的话，我就再也体会不了那种难以言喻的快乐了啊！"罗摩克里希纳听后，便故意不再干涉他，任其发展。果然，赫瑞德马上又看到了恐怖的幻象，不得不央求他的叔父来解救他。

同样的事情也发生在富人马瑟·巴布的身上。他央求罗摩克里希纳带他进入三摩地。罗摩克里希纳一直拒绝他，但最后受不住他的央求，只好说："好吧，我的朋友，那就如你愿吧！"结果，痴迷于三摩地的他对自己的生意完全失去了兴趣和理智，这是他始料未及的。他十分焦虑，希望自己能就此止步。他希望罗摩克里希纳帮助他退出神迷状态。罗摩克里希纳知道后笑了笑，把他领了回来。

不是和我们大多数人一样，源自平凡，而是源于他的冒险和付出。他能在险境中反身并非因为自己的美德或意愿，据他说，是圣母通过身体的痛苦令他意识到自己的职责：他被严重的痴疾折磨了六个月之久，而被迫从无种三摩地中返回。

肉体和精神的双重折磨，让他回到了人间。据一名认识罗摩克里希纳的僧人①说，从神迷状态回到日常生活中的最初一段日子里，罗摩克里希纳看到两个渔夫吵架都会痛苦地号啕大哭。如此浑浊和凶险的世界，让他的内心伤痕累累，他将自己和这个世界的痛苦等同。但是他明白，即便是因不同思想而产生冲突的人们依然是同一位母亲的孩子，"无所不在的差异"恰恰是神的不同显现。他必须爱这些以不同方式折射出神的模样的人们。无论人们之间存在着什么样的冲突和敌意，不论人们怎样因不同的思想而剑拔弩张，对他而言，最重要的是，必须去爱千万形态的神（love God in all their Gods）。

也就是说，他意识到了一切宗教都是殊途同归的。因此，他渴望探索所有宗教，在他看来，理解意味着生活和行动。

---

① 参见 D.G. 默克奇所著《沉默的面庞》（*The Face of Silence*）有关内容。

第五章　返回人间

罗摩克里希纳首先选择了伊斯兰教。1866年年底，身体尚未完全恢复的他开始了对伊斯兰教的探究之旅。

在他所居住的庙前，总能看到很多来来往往的穆斯林。达克希什瓦最大的宗教资助者拉妮·拉曼尼是一个低种姓的"新贵"，出于宽容的虔诚之心，她希望自己资助的庙宇能为所有宗教信徒们提供一个栖身之所。于是，罗摩克里希纳遇到了一个名叫戈文达·拉伊（Govinda Rai）的虔诚穆斯林。他被戈文达·拉伊的祷祝所吸引，看着他伏拜的样子，罗摩克里希纳认为他已通过伊斯兰教亲证了神，他便请求戈文达·拉伊教他伊斯兰教义。接下来的几天里，这位卡利圣母的祭司完全忘记了自己的宗教，他既不做祝祷，也不去想自己的神。他住在庙外，穿着穆斯林教袍，反复念着真主阿拉的名字，而且准备去吃印度教所禁食的牛肉。想想这是何其大胆的亵渎神灵啊！他的资助者马瑟·巴布被吓坏了，恳请他不要这么做，并暗中找了一位婆罗门，在一位穆斯林的指导下，给罗摩克里希纳准备食物，以避免任何玷污。

罗摩克里希纳这种完全臣服的做法，使得不同领域的思想能以一种清晰直观的方式显现在他如艺术家一般热忱的精神之旅中。很快，一个容光焕发、面目庄严、蓄着白胡须的形象出现在了他的眼前（这也许就是他见到了先知）。他靠近他，投身其中，亲证了穆斯林的神，"有属性的梵"（Brahman with attributes）。接着，他臻入了"无属性的梵"（Brahman without attributes）。伊斯兰教之河引领他走进了宗教的海洋。

罗摩克里希纳的评论者们认为，与绝对存在同一的神迷经历之后的这段伊斯兰教的宗教体验，对印度而言有着非同一般的意义，这意味着：穆斯林和印度教徒这一对敌对的兄弟，只有在"不二论"的"无形的神"的观念下才能得到和解和同一。后来，喜马拉雅山深处的罗摩克里希纳传道会成为众多不同宗教相互融合的避难所和大本营。

七年后（为清晰起见，我将众多事实综合在一起），类似的经历让罗摩克里希纳"亲证"了基督教。大概在1874年11月，加尔各答的一名印度教徒麦立克（Mallik），在达克希什瓦附近的一个花园里为罗摩克里希纳朗读了《圣经》。这是罗摩克里希纳第一次接触到基督教。很快，《圣经》的文字在他眼前变得鲜活，基督的故事在他的脑海弥漫。一天，罗摩克里希纳来到一位印度富人朋友家中做客，他看到墙上有一幅圣母圣子图。突然间，画中的人物动了起来。随后，就像他以前的出神体验那样，圣灵异象降临在他身上，这次的感受比伊斯兰教更加强烈。他的整个身心都沉浸其中，他的灵魂被庇护，一切藩篱被打破，印度教的观念被清除一空。

罗摩克里希纳在这汹涌的波涛里挣扎，惊恐地大喊："圣母啊，您这是在干什么？救救我吧！"但一切都是徒劳，汹涌的潮水冲刷了以往的一切，这个印度教徒的精神世界骤然全新，除了基督教教义，他心中别无他物。接连好几天，他完全沉浸在基督教的思绪和情感之中，将回神庙的事忘得一干二净。一天傍晚时分，在达克希什瓦的小树林里，他看到一个大眼睛、皮肤白皙、神态从容的人向他走来。他被这位不知名的来访者的魅力所折服。当走近他时，一个声音在罗摩克里希纳灵魂深处唱道：

"看哪！我主，他牺牲自我的血肉以换这世界的救赎。因爱这世间众人而遭受无尽的痛苦。他，瑜伽的上师，永与神同在。他是耶稣，爱的化身。"

就这样，基督教的人子拥抱了印度的先知——卡利圣母之子，并与之合一。罗摩克里希纳再一次进入神迷状态，再一次亲证到梵，并与梵合一。之后，他慢慢回到现实中。自那以后，他相信耶稣基督的神圣性，认同他是神的化身。只不过，在他看来，基督、佛陀、克里希纳都是神的化身。

至此，我可以想象那些毫不妥协的基督教一神论者会不屑地扬起眉毛说：

"他了解我们的上帝吗？他看到的只不过是幻象，是想象臆造的产物罢了。他对我们的教义并不了解，不值一提。"

确实，他对基督教教义知之甚少，但他是奉爱者（Bhakta），遵循的是爱之道。而且，他也并没有宣称自己拥有智慧（Jnanis）。但只要我们紧扣弓弦，不同的两支箭不也能射向同一靶心吗？不同的道路走到最后，不也可以殊途同归吗？罗摩克里希纳博学的弟子辨喜曾这样评价他：

"表面上，他是虔信瑜伽士（Bhakta），但从内心看，他是智慧瑜伽士（Jnani）。"①

修行到一定程度时，高深的智慧易令心意退却，伟大的爱却可以海纳百川……

最后，知识并不在于一个人所读的那几本书。在罗摩克里希纳所处的时代，以及古代印度，文化主要是以口耳相传的形式来传承。罗摩克里希纳一生中与无数的僧侣、朝圣者、梵学家来往，并讨论各种各样的宗教问题，从中获取了广博的宗教知识和哲学理念，这些知识又通过冥想得以不断深化。"一日，一个门徒惊异于他渊博的知识，问道：'您是怎么能够掌握这些古老的知识的呢？'罗摩克里希纳答道：'我靠的不是阅读，而是去听。我将听来的他人的知识编成花环，挂在我的脖子上，并将它供奉于圣母脚下。'"

他对弟子们说：

"我曾修习过所有的宗教。印度教、伊斯兰教、基督教等，我也曾遵循印度教不同教派的教义。我发现，虽然这些都是不同的道路，但都在走向同一位神。你必须尝试不同的道路，实践不同的信念。无论我走到哪里，总会看到印度教徒、伊斯兰教徒、婆罗门教徒、毗湿奴派教徒以及其他教徒们以宗教的名义在争执。但他们却没有想过，被称为原初能量的神（Primitive Energy），我们称之为克里希纳，或湿婆，其他人称之为耶稣，或真主阿拉，就像同一个罗摩神有一千个名字一样。印度教徒将水装在罐子里，叫作 jal；穆斯林教徒将水装在皮袋里，叫作 pani；基督教徒则将水叫作 water。我们会认为水只

---

① 辨喜补充道："而我却是恰恰相反。"另外一位伟大的博学的印度宗教思想家，比同时代人更熟谙欧洲思想的柯沙布·钱德尔·森，也谦卑地坐在罗摩克里希纳的足前。奉爱者源自心灵的直觉启发了柯沙布文字背后的精神。

能被叫作 pani 或 water，而不能被叫作 jal 吗？这岂不是无稽之谈？都是同一个事物，只不过是名字不同罢了。人们追寻的是同一种存在，只不过是情状、禀性、名称各有不同而已。让每个人都遵循各自的道路吧！只要真诚地热切地想认知到神，只要能保持内心的平和，就一定会亲证到神。"

1867 年后的一段时间，没有发生什么影响罗摩克里希纳灵性的大事，但他学会了如何运用自己内在的宝藏。他将获得的启示运用到与外界的连接中，他的灵性成就得以与其他人类经验成果交锋，他愈发意识到自己所获得的精神财富是何其独特。在这段时间里，他逐渐意识到他在人间的职责和行动与当下的责任。

罗摩克里希纳在思想和行动等诸多方面都与圣方济各相似。他是一切生命的温柔兄长，他深深地沉浸在爱的慈悲中，希望将所有快乐分享。在进入精神狂喜深处的门口，在与圣母合一之前，他向圣母祈祷：

"圣母啊，让我保持与人们的接触吧！别让我变成一个干枯的苦行僧！"

圣母将罗摩克里希纳从狂喜的深渊拉回现实，答复道（在半醒状态中，他听到圣母的声音）：

"因着对人类的爱，你且停留在这相对觉悟（Relative Consciousness）的入口吧。"

返回人间，他便沐浴在人性的简单与温暖之中。因为之前的坎坷影响了他的身体健康，1867 年 5 月，罗摩克里希纳回到了阔别八年之久的家乡卡马普库尔，在这里休养了六七个月。他怀着孩童般的纯真与家乡善良热忱的人们融为一体。乡亲们满怀欣喜，很高兴他们的小嘎达达尔满载盛名回到他们身边。在他看来，乡亲们身上的淳朴比城里的博学之士和庙里的信徒们更接近宗教的奥义。

在回乡的这段时间，他开始了解自己的妻子。莎拉达·戴薇已经十四岁了，她一直与自己的父母住在一起，听说丈夫回来了后，她便来到了卡马普库尔。这位心灵纯洁的小妻子，在灵性上的发展远远超过她的年龄。她很快理解了丈夫的使命，视他为自己的导师，并以虔诚的热情和无私的温柔服务于他。

罗摩克里希纳被批评让他的妻子做出了牺牲，有些批评甚至颇为粗俗①。但他的妻子并没有流露任何情绪，实际上，和她接触过的人都能感受到她散发出的平和与沉稳。辨喜曾说过，尽管不为常人所知，实际上罗摩克里希纳非常重视自己对妻子的责任，他总是尽自己最大的努力满足妻子提出的要求。

罗摩克里希纳对妻子说："我把所有女性都看作圣母。这是我与你相处时唯一的想法。但是，因为我与你已结为了夫妻，若你希望带我回到俗世（幻象）中的话，我会尊重你的想法。"②

印度文化里有一种令我们陌生的观念：按照印度教传统，遵循宗教生活的人可以不必承担生活中一切其他责任。但罗摩克里希纳了解人性，他知道妻子有约束他的权力。然而，莎拉达·戴薇大度地放弃了对丈夫的束缚，鼓励他去完成他的使命。辨喜也曾特别指出，正是"在妻子的许可下"，罗摩克里希纳才能自由地去选择自己的生命方

---

① 尤其是梵社的部分成员们。他们很不高兴看到罗摩克里希纳比他们的领袖柯沙布·钱德尔·森更受民众欢迎、更显优势。
② 辨喜《我的导师》(*My Master*)，《辨喜全集》(*The Complete Works of Swami Vivekananda*) 第Ⅳ卷，1955 年第七版，第 173 页。

式。被妻子的纯真和自我牺牲精神所感动，罗摩克里希纳像个兄长一样关怀着她。在他们一起相处的那段时间里，罗摩克里希纳耐心地培养她做一名勤奋的妻子和优秀的家庭主妇。他具有很强的生活常识，这似乎与他神秘的天性有些不符。这个农家儿子成长的环境教会了他乡村生活和居家琐事，所有认识他的人都对他居室的清洁整齐印象深刻。在这方面，出身贫寒的罗摩克里希纳确实给那些来自中上层阶级和知识阶层的门徒们树立了很好的榜样。

1867年年底，罗摩克里希纳返回达克希什瓦。随后的一年里，他与他的资助者和神庙的主管马瑟·巴布一起做了几次朝圣之旅。1868年的上半年，他拜访了湿婆之城瓦拉纳西（Varanasi），和处于恒河（Ganga）和亚穆纳河（Jamuna）神圣交汇处的阿拉哈巴德（Allahabad），以及传说与雅歌之乡温达班（Vrindaban），这也是克里希纳田园歌谣中所描述的地方。在这些地方，他的陶醉和欣喜可想而知。在穿过恒河，抵达瓦拉纳西时，这个"众神之城"对他来说，不再是石块砌起来的城市，而是天堂中的耶路撒冷（Jerusalem）。他在火葬堆中见到了湿婆神，那雪白的身躯缠着褐色锁链，卡利圣母则俯身在火葬堆上，向亡灵发出救赎的启示。暮色降临在亚穆纳河岸时，牧民赶着牲口回家，此情此景触发了他的情感，他一边跑一边大声喊道："克里希纳！克里希纳你在哪里？"

这趟旅程，即便没有让罗摩克里希纳见到神，但他见到了对我们西方人而言更重要、更有意义的事情，那就是人间疾苦。在此之前，他一直生活在衣食无忧的神庙里，陶醉在神迷的狂喜中，卡利圣母长长的头发遮住了世间万象。当他与他富裕的同伴到达德尔（Deoghar）时，看到的几乎都是衣不蔽体食不果腹的百姓，一场严重的瘟疫使桑塔尔城的老百姓们（the Santhals）都饿得形容枯槁。他要求马瑟·巴布救救这些不幸的人们。马瑟·巴布不同意，说自己没有富足到可以拯救世界的程度。罗摩克里希纳于是坐在穷人中，哭着要与穷人们一起分担苦楚。马瑟·巴布不得不答应他的要求。

1870年的夏天，马瑟·巴布又犯了个错误：他带着罗摩克里希纳去了自己的一个庄园收租。因为土地连年歉收，农户们困苦不堪。罗摩克里希纳于是要求马瑟·巴布免除他们的租赋，向农户们提供帮助，并用一顿丰盛的大餐款待他们。马瑟·巴布不同意，但是罗摩克里希纳坚持要求他这样做。

他对富有的马瑟·巴布说："你不过是圣母的管家而已，他们则是圣母的佃农，你必须分发圣母的钱财。当他们遭受不幸时，你怎能袖手旁观呢？你必须得这样做！"马瑟·巴布不得已又让步了。

还有一些不能被遗忘的事情。斯瓦米·希瓦南达，现任罗摩克里希纳教团（罗摩克里希纳道院和传道会）的领袖，也是罗摩克里希纳最早的信徒和直系弟子之一，曾亲眼目睹过这样一个场景：

一日，在达克希什瓦，罗摩克里希纳进入超意识状态时，他讲道：

"吉瓦（Jiva）即湿婆，谁还敢怜悯他们？不是怜悯，而是服务！服务！应该如服务神那般服务人！"

当时，辨喜也在座。当他听到这番意义非凡的话后，他对希瓦南达说："今天，我听到了一个了不起的训诫。我要向世界宣告这个真理。"

斯瓦米·希瓦南达补充道："如果有人问，罗摩克里希纳传道会因何做这么多的服务，答案就在今天的话语中。"

大约在这个时期，几位被罗摩克里希纳视为兄弟的人的离世让他体会到了悲伤与痛苦。在印度，一个人的死亡被看作脱离了此生，去往了极乐世界。罗摩克里希纳在一个如朋友般亲近的侄儿去世之时，开怀大笑，唱着歌祝贺他的转世。但在第二天，他却难过至极，痛哭到肝肠寸断、喘不过气来，并质问道：

"神啊！如果连我都如此，那么，那些失去亲人和孩子的人们该有多痛苦啊！"

圣母于是授予他向悼念者传达心灵慰藉的责任和能量。

斯瓦米·希瓦南达在给我的书信中写道："没有见过的人是无法想象的，他这样一个弃绝世俗的人，会花很多时间去倾听人们诉说尘世间的苦难。不论男女老少，人们纷纷来到他的身边诉说，而他总是能安抚他们的情绪。我们目睹了无数这样的场景。因为他无穷的悲悯之心和缓解人间疾苦的热忱，一些家庭的主人尚还健在时，也来请罗摩克里希纳为他祷祝。"1883年的一天，马尼·马利克（Mani Mallick），一位可敬的富人痛失自己的儿子，他伤心至极，来到罗摩克里希纳身边。罗摩克里希纳深深地陷入了老人的悲痛中，仿佛自己就是那痛失爱子的父亲，其悲恸的程度甚至超过了马利克。接着，罗摩克里希纳开口唱了起来。

他唱的并不是挽歌，也不是悼词，而是一首关于灵魂与死亡搏斗的英雄之歌。

"拿起武器，拿起武器吧！人啊，死亡已入侵了你的家门，家已是战场。快快登上信念的战车，拿起智慧的箭囊吧。拉起爱的高贵之弓，以圣母的名义，射出那神圣之箭！"

希瓦南达最后说道："我清楚地记得，这首歌大大缓解了那位父亲的悲伤，让他找回了生活的勇气，让他的心灵重新归于平静。"

在描述这个场景的时候，我的脑海中出现了贝多芬，他也曾一言不发地走到钢琴边坐下，以他的音乐安抚了一位经历丧子之痛的母亲。

这种饱含爱意的、鲜活的、感同身受的灵性沟通极富激情，却又是纯真而虔诚的。

1872年，罗摩克里希纳的妻子第一次来到达克希什瓦，温柔的罗摩克里希纳（这种温柔出于纯粹的宗教虔诚，并没有掺杂任何感官欲望的成分）认出了莎拉达·戴薇面纱下的女神。他向她宣誓效忠。5月的一个晚上，做好了一切准备后，罗摩克里希纳让莎拉达·戴薇坐在卡利圣母的座上，罗摩克里希纳作为祭司完成了一种名为"索达悉"（Shodashi Puja）的女性崇拜的仪式，其间两个人都处在一种半出神或者完全出神的神迷状态。当罗摩克里希纳清醒过来后，他将莎拉达·戴薇唤作圣母。在他看来，莎拉达·戴薇是纯净人性最鲜活的化身。

他对神的理解也逐渐深入。起初，他认为神是无所不在的，神存在于一切事物中，就像太阳，融入一切事物中。逐渐地，他认为一切事物都是神，就像神存在和活跃于无数个太阳中。两种观点都包含了同样的思想，但第二种更胜一筹。一条连续的双向的链条，不仅从最高到最低，而且从最低到最高，将最高存在和所有存在连接在一起。因此，人的存在也变得神圣起来。

1884年4月5日，在罗摩克里希纳去世前两年，他曾说："我现在能认识到在我身上发生的变化了。很久以前，韦施纳·沙冉（Vaishnav Charan）说，当我能在人身上看到神的时候，我就能获得完美的智慧。现在,我明白了,神运行于各种形式中,有时候他是一个虔诚的信徒,有时候又是个伪君子,有时候甚至是个罪犯。因此我可以说:'那罗衍那是个虔诚的教徒,那罗衍那是个伪君子,那罗衍那是个罪犯,那罗衍那是个浪荡子。'"

为了不让读者们迷失,我必须回到罗摩克里希纳的故事上来。就好比一条大河,有时,那无数蜿蜒的溪流和分支朝着各个方向发散,但最终,又都回到这条大河中。这样,读者们才能知道这条大河的最终流向。

现在,时间大概是在1874年。此时,罗摩克里希纳已经完成了对各种宗教的体验。正如他所言,他已经撷取了智慧之树上的三颗硕果:慈悲(Compassion)、奉献(Devotion)和弃绝(Renunciation)。

也正是在这段时间里,在与很多孟加拉杰出人物的交流中,罗摩克里希纳意识到了印度人民的知识贫乏和灵性饥渴。他从未放过任何能够增加自己知识的机会,无论遇到的是宗教界人士还是博学者、富人或是穷人、云游僧或是科技界的巨匠,他都虚心求教,从不顾忌个人面子。他认为每个"追寻真理的人"都获得了一些特殊的他未曾获得的启迪,所以他急切地希望能拾起他人遗漏的碎屑。他四处寻找这样的人,完全不考虑他会被怎样对待。①

---

① 我在前面已讲到过,他在庙里每天都能接触到各种各样、各门各派的信徒。自从女婆罗门宣称罗摩克里希纳是神的化身后,人们从四面八方赶来拜访他。因此,1868—1871年间,他见到了很多名人,例如,伟大的孟加拉诗人、转信基督教的迈克·马德胡珊·达特(Michael Madhusudan Dutt);吠檀多学者中的大师那拉扬·沙士提(Narayan Shastri)和帕德玛洛禅(Padmalochan)。1872年,他见到了维斯瓦纳特·乌帕德哈亚(Visvanath Upadhyaya)和圣社的创始人达亚南达,这件事我将在下一章讲到。他也曾拜访过德温德拉纳特·泰戈尔,但恕我无法(转下页)

这里，我认为很有必要向欧洲读者们简单介绍一下，在过去六十年间，在印度思想中掀起的一场风暴运动。对于这场伟大的觉醒，我们平时很少听闻。今年（1928年）恰逢梵社创立一百周，这是个极其值得纪念的事情，全人类都应该和印度人民一起为之庆祝。因为纵然有着各种阻挠，他们都有意愿和勇气在平等的基础上，在理智和信仰之间，开启东西方的合作。他们所理解的信仰，并不是从属民族的盲目崇拜，相反，他们的信仰是一种鲜活的、看得见的直觉。

现在，我要讲一下拉姆·莫汉·罗易（Ram Mohum Roy）①。

（接上页）给出具体的日期，因为印度学术界对这次访问的时间所持意见不一致。两人的这次会见大概不迟于1869—1870年。泰戈尔父子给出的大致时间是1864—1865年。受权为罗摩克里希纳作传的摩亨佐纳特·格塔将这个时间定在1863年。其根据是：据罗摩克里希纳描述，他在这次拜访中看到了柯沙布·钱德尔·森主持真梵社（Adi Brahmo Samaj）的活动，而柯沙布仅在1862—1865年的几年间担任了真梵社的领袖。另外还有几个证据说明罗摩克里希纳无法在1864—1865年间出行。但无论如何，他是在1875年，在柯沙布成为改建后的梵社的领袖后，去拜访柯沙布并开启两人真挚的友谊的。

① 整体了解当时的历史背景，我推荐K.T.保罗（K.T. Paul）的新作《英国与印度的关系》(*The British Connection with India*，1927年，伦敦）。其中讲到"学生基督教运动"时，以确凿的证据追溯了19世纪民族运动和印度教宗教运动的演变。K.T.保罗是印度基督徒，也是甘地的朋友。他的思想东西并蓄，他的观点不偏不倚。在这部著作中，保罗把欧洲注重科学事实的历史精确性与印度特有的灵性科学结合在一起。

请参见我于1928年11月15日发表在欧洲《巴黎评论》(*Paris Review*)上一篇名为《运动中的印度》(*India in Movement*)的文章，文中对这个问题有全面的介绍。1928年10月，在印度评论杂志《印度觉醒》上曾刊登过斯瓦米·尼克拉南达（Swami Nikhilananda）的一篇非常有趣的文章，名为《（印度）过去百年宗教之进步》。此前，他曾在1928年8月梵社成立一百周年的宗教大会上朗读过此文。

第六章 建造者们

——拉姆·莫汉·罗易、德温德拉纳特·泰戈尔、
柯沙布·钱德尔·森、达亚南达

拉姆·莫汉·罗易是印度第一位真正的世界主义者，他开辟了这个古老大陆在精神领域的新纪元。在不到六十年的生涯中（1774—1833年），他吸收并融合了从古代亚洲的喜马拉雅神话到现代欧洲的科学理性等各种思想。①

---

① 了解这位伟大先行者的生平和著作，请参见纳特善（Natesan）所著的《拉姆·莫汉·罗易王公文集及演讲录》(*Raja Ram Mohum Roy, His Writings and Speeches*，1925年，马德拉斯)，这本书阅读性颇高，美中不足是时间记载不够准确；以及拉玛南达·查德杰（Ramananda Chatterjee）的一个不错的小册子《拉姆·莫汉·罗易及现代印度》(*Ram Mohum Roy and Modern India*，加尔各答，现代评论出版社，1918年)。这些作品部分基于索菲亚·多布森·科莱特（Sophia Dobson Collett）女士所著的罗易的传记。该女士是罗易的朋友。
另请参见加尔各答《现代评论》(*Modern Review*) 1928年9月刊，其中N. C. 甘古里（N. C. Ganguly）记叙了罗易的一些历史片段。
马尼拉尔·C. 派瑞克（Manilal C. Parekh）所写的《拉姆·莫汉·罗易王公》(*Rajarshi Ram Mohum Roy*，1927年，东方基督出版社，拉杰果德，孟买)，以及迪雷德拉纳特·乔杜里（Dhirendrananth Chowdhuri）教授1928年10月刊登于《现代评论》的《虔信者拉姆·莫汉·罗易》(*Ram Mohum Roy, the Devotee*) 一文。
今年（指作者写此书时的1928年——译者注）是梵社成立一百年，印度出版了很多研究罗易的书籍。

（转下页）

罗易出身于孟加拉的一个世袭贵族家庭，家族姓氏即为罗易。[①]他在莫卧儿王朝（Mogul）的宫廷长大，当时的官方语是波斯语（Persian）。幼年时期，罗易在巴特那（Patna，印度东北部城市）学习阿拉伯语，并阅读了阿拉伯语的亚里士多德（Aristotle）和欧几里得（Euclid）的著作。因此，除了出身于正统婆罗门[②]家庭之外，他也被伊斯兰文化所熏陶。十四岁至十六岁之间，罗易在瓦拉纳西学习梵语，这时他开始接触印度教的神学体系。他的传记作者（印度人）坚称这是他的第二次出生。但可以确定的是，他并不需要吠檀多来帮助他接受一神论，因为自幼年起，伊斯兰教已将一神论深植于他。同样的，印度教的神秘主义思想也只是加深了自幼年起就深刻影响他的苏菲派（Sufism）。[③]

罗易有着好战的激情和战马般的勇猛，十六岁时，他便发起了一场反对偶像崇拜的斗争。他的一生注定是战斗的一生。他用波斯语写

（接上页）关于罗易创立的梵社（Brahmo Samaj），请参见希瓦·麦斯·萨斯特瑞（Siva Math Sastry）所著的两卷《梵社史》（*History of the Brahmo Samaj*，1911年，加尔各答）。

[①] 他的家族最初来自穆尔希达巴德（Murshidabad）。罗易本人则是出生于下孟加拉的柏德旺（Burdwan）。

[②] 他父亲的家族属于毗湿奴派。

[③] 他超强的推理能力和与民族偏见做斗争的社会改革家的名声掩盖了他的直觉和天性中超凡的悟性，这一点在西方尤为明显。他天才中神秘的一面被德伦德拉纳特·乔杜里（Dhirendranath Choudhuri）发现并推崇。如果不是拥有深刻而多样的虔诚信仰，他的自由思想不会如此有价值。很小的时候，他似乎已经开始练习瑜伽的冥想（Yogist meditation），甚至还有一些密教的练习（对此他后来予以否认）。在冥想时，他的意识会连续数日集中在一个神的名字或一种属性上，并反复诵念某一个特定的词，直至神的形象显现（即 Purascharana 修习法）。他坚守梵行僧（Brahmacharya）守贞和禁言的誓约；他还修习过伊斯兰教神秘的苏菲派，因他高傲的性格，这比多愁善感的巴克提更适合他。他坚强的理性和意志力完全控制了他的感性。

了一本书，并在前言中用阿拉伯语抨击正统印度教。他的父亲为此大发雷霆，将他逐出家门。随后四年间，他游历了印度内陆和西藏，冒着被喇嘛教狂热分子攻击的危险研究了佛教，却没能培养出对佛教的热情。二十岁的时候，这个浪子被父亲接回了家中。他们想用婚姻来拴住他，但一切都是徒劳，没有笼子可以锁住这只自由的天鸟。

二十四岁时，罗易开始学习英语、希伯来语、希腊语和拉丁语。他通过结识欧洲人了解欧洲的法律和政体，这使得他逐渐抛弃了对英国的偏见，并产生了深刻的认同。为了民族利益，罗易赢得了英国人的信任并将其当作盟友。他认为，只有依靠欧洲，才有取得印度复兴的可能。他强烈反对诸多印度陋习［譬如殉葬（Sati），即烧死逝者遗孀］[①]，这引发了外界对他的猛烈抨击。1799年，在婆罗门教徒的要求下，他被逐出家族，他最亲近的人，包括他的母亲和妻子们，都拒绝与他生活在一起。其后的十余年，他度过了一段艰辛而勇敢的日子，除了一两个苏格兰朋友外，所有的人都抛弃了他。直到他接受了一份税务员的公职，生活才有了改观，后来，他升任为这个地区的行政长官。

最终，罗易父亲的去世让他与家族的矛盾得以缓解，他继承了一笔可观的财产。他被德里国王封为王公，在加尔各答拥有一座豪华的宫殿和花园，在那里过着奢华的生活。对所有来访者，他都以东方君王般礼乐相待。在英国的布里斯托尔博物馆（Bristol Museum）有他的一幅画像，画中的他有一双棕色的大眼睛，样貌俊美又颇具男子气概，戴着一顶像皇冠一样扁平的头巾，褐色长袍外裹着一条方济

---

① 据说，1811年他亲眼目睹了家中一名年轻女眷被烧死殉葬的场面，殉葬者挣扎的恐怖场景使他痛苦，如果不能废除这项罪行，他的心灵将永远无法平静。

各式的围巾。虽然过着《一千零一夜》里阿拉伯王子般的生活，但并不影响他研读印度教典籍和重拾吠檀多精纯教义。他将这些经典译成孟加拉语和英语，并加以注释。同时，他深入研究了奥义书、佛经（Sutras）和基督教的圣典。据说，他是印度高级种姓人中第一个研究基督教教义的人。

1820年，在研读了一系列的基督教福音书后，他写了一本名为《耶稣的箴言：和平与幸福的指南》（The Precepts of Jesus, a Guide to Peace and Happiness）的书。1826年的一段时间，他加入了一个由欧洲新教牧师亚当（Adam）创立的一神论社团。亚当是罗易的朋友，曾私下吹嘘是他使罗易皈依了基督教，并成为向印度传达基督教教义的伟大使徒。虽然罗易认为自己发现了基督教的真正含义，但他对于正统基督教的投入远不及对于正统印度教。他一直是独立的一神论者，并在本质上是一位理性主义者和一位道德家。他认可基督教的道德体系，但拒绝承认基督的神圣性，他也同样拒绝印度教中的化身说。作为一个激情的一神论者，他攻击"三位一体"说（Trinity），也攻击多神论，这使得印度教的婆罗门和基督教传教士联合起来反对他。

但罗易是不会因为这些而苦恼的。当所有的教堂对他关上大门的时候，他为自己和世间的自由信仰者们建立了一个教堂。

在此之前，即1815年，为了崇拜唯一的无形的神，罗易创建了"众友会"（Atmiya Sabha）。1827年，他印发了一个关于歌雅特瑞（Gayatri，一种神圣的吠陀咒语）的小册子，歌雅特瑞被认为是印度教最古老的关于有神论的阐述。1828年，包括德温德拉纳特·泰戈尔在内的几个好朋友聚集在罗易的家中，创立了一个一神论联盟（Unitarian Association）。这个取名为"梵社"［即"真梵社"（Adi

Brahmo Samaj）］，意为"神之殿堂"的组织，注定日后要在印度取得举世瞩目的成就。它致力于"崇拜不朽的、神秘的、永恒的存在，即宇宙的创始者和维系者"。崇拜这存在，"并不需要像平时人们称呼其他神或人那样，在它前面加上任何的名字、标识或头衔"。这座教堂向所有人开放，无论任何肤色、种姓、国籍乃至宗教差别，拉姆·莫汉·罗易希望梵社成为世界上一切信仰者的殿堂。他定下规矩，"不得以任何方式指责或侮辱任何宗教"。梵社的教义旨在"鼓励沉思于宇宙的创造者和维系者"和"弘扬世间的慈善、道德、虔诚、仁爱，美德，并促进人类各宗教信仰之间的联合"。

罗易希望能创立一个普世的宗教，他的信徒和追随者们称之为"普遍主义"（Universalism）。但从其字面和内涵看，我不同意这种说法，因为罗易不接受任何形式的多神论。当今对宗教没有偏见的有识之士都必须承认一点，那就是：多神论，从其最高形式的基督教三位一体论到最低形式，影响着至少三分之二的人类。罗易自称为"印度一神论"（Hindu Unitarian），并从两个最主要的一神论——伊斯兰教和基督教中吸取精华。对于外界指责他是"折中主义"，罗易及其弟子们并不认同。他认为宗教的教义应该基于最初的综合分析，并应探究宗教体验的深度。他还认为不应该将他的"印度一神论"和吠檀多的一元论或基督教的一神论相混淆。罗易认为自己的一神论有两大支柱，一是基于吠檀多的"绝对实在"即无形之神，二是18世纪的"百科全书派"（Encyclopedic）的理性思想。

罗易的思想很难被准确定义，在他去世后就更难了，因为他的思想蕴含了批判性思维和宗教信仰之间的一种罕见的融合，其高尚的神秘主义启蒙和智慧始终受到理性的控制和支配。不论是道德上还是行动上，罗易的修为都极其高深。他能够抵达很高的冥想境界，但这丝毫不会让他失去与日常生活的平衡。他极其反对像孟加拉的虔信者们那样过度投身于宗教情感中。直到一个世纪后，在罗宾多·高斯（Aurobindo Ghose）身上，再次看到这种高贵的，可以将不同力量连接到最高意识的自由思想。这样的融合确实不易，事实也证明了完整的融合几近不可能。虽然罗易的继任者们都是高贵纯洁之人，但之后的梵社却渐渐改变了罗易的教义。尽管如此，《梵社纲领》(the Magna Carta Dei）中仍包含了他的诸多继任者们认同和吸收的思想，为印度和亚洲开创了一个新的时代，过去的一百年也证明了其理念的伟大。

　　罗易倡导大力的社会改革，并十分注重印度社会的实际问题，他得到了英国政府的支持。① 较之于现今，罗易当年的改革更加开放睿智。② 他的爱国主义没有丝毫狭隘，他关心印度民族的解放、文明和

---

① 在此，我们无法逐一列举他的众多改革运动或倡议，以下几点足以窥见一斑。罗易反对印度的殉葬制度（即焚烧亡者遗孀），他论证了这一陋习与印度圣典中的理念相悖，并说服英国政府于1829年废除了这一制度；他反对一夫多妻制；他提倡保证寡妇再婚的权利；提倡跨种姓婚姻；提倡印度大团结；他促进了印度教徒和穆斯林教徒的友谊；他提倡发展印度教育事业，希望印度效仿欧洲的科学发展路线，为此，他用孟加拉语撰写了许多关于地理、天文、几何、语法等领域的教科书；他提倡恢复古代印度的做法，让女性接受教育；他提倡思想解放和出版自由；提倡印度的法律改革，政治平等；等等。

罗易是印度本土出版业之父。他于1821年创办了一份孟加拉语报纸、一份波斯语报纸，和一份研究吠檀多科学的《吠檀多圣地报》(Ved Mandir）。另外，印度第一所现代化的大学和诸多免费学校的建立也归功于罗易。在他去世十年后，加尔各答建立了印度历史上第一所女子学校（1843年）。

② 如果没有英国总督威廉·本廷克勋爵（Lord William Bentinck）的友谊和支持的话，拉姆·莫汉·罗易恐怕无法对抗狂热的婆罗门教徒的暴力，也无法实现那些最紧迫的社会改革。

宗教的进步，但并不主张将英国从印度驱逐出去，他希望英国能在血统、金钱和思想上与印度交融共存，而不是像吸血鬼那样只一味地掠夺攫取。罗易甚至希望印度能将英语作为通用语言，并采用西方的社会体制，从而最终获得民族独立，并以此启发亚洲其他国家。他的报纸充满激情地报道了世界各国解放的消息：爱尔兰革命、那不勒斯的烧炭党以及1830年法国的七月革命。但是，这位英国人忠实的合作者也极其坦率，他毫不掩饰其最终意图：如果英国不能引领印度取得进步，那么印度也毫不畏惧与英国彻底分裂。

1830年年底，德里大公派罗易担任驻英国大使。罗易希望能参加英国下议院关于修订《东印度公司宪章》的辩论。他于1831年4月抵达英国，在利物浦、曼彻斯特、伦敦受到了热情的接待。这趟行程中，他结识了包括边沁在内的众多杰出的友人，还短暂地访问了法国。1833年9月27日，罗易因脑炎在英国的布里斯托尔逝世，并永远埋葬在那里。他的墓志铭这样写道：

"这是一位对神的同一性坚定而执着的信仰者：他将毕生的精力奉献给——用欧洲人的话来说——人类的大同。"

罗易具有伟大的人格，他的名字没有被写进欧洲和亚洲的"万神殿"是我们的失误。他在印度这片土地上耕耘了六十年，给印度带来了巨大的改变。他是一位精通梵文、孟加拉语、阿拉伯语、波斯语和英语的伟大作家，是现代孟加拉散文诗之父。他创作了一系列广为传唱的赞美诗、诗歌、布道词、哲学专著以及众多（颇有争议的）政治论文。他的思想和激情在孟加拉的土地上生根发芽，开枝散叶，并结出了累累硕果。

罗易去世后，他的好友德瓦卡纳特·泰戈尔（诗人泰戈尔的祖父）成为梵社的主要支持者。① 当时，拉姆尚德拉·维迪瓦什（Ramchandra Vidyabagish）过渡性地负责了一段时间梵社的有关事务，之后罗宾德拉纳特·泰戈尔（Rabindranath Tagore）的父亲德温德拉纳特·泰戈尔（1817—1905年）成为梵社真正意义上的第二任领袖。德温德拉纳特·泰戈尔是一位高贵之士，他在历史上被印度人民尊称为"圣人"（Maharshi），值得我们去探究他的一生。②

德温德拉纳特·泰戈尔智慧超群、品格高洁，他有着完美的贵族气质（这很好地遗传给了他的孩子们），性情中含有深沉而温情的诗意，他的外表和精神世界同样美好。

德温德拉纳特·泰戈尔是加尔各答一个富裕家庭的长子，在印度传统文化中长大。青年时期，他过着声色犬马的生活，直到家中有至亲去世，他才从这种生活中醒悟过来。在步入宗教的殿堂前，他曾有很长的一段时间挣扎在信仰的旋涡中。有意思的是，每当某个偶发的事件激起了他的诗意时，这也往往是他精神道路上一个重要的转折点。譬如，某个满月之夜，恒河边有人在为逝者诵经，一阵风将哈瑞奎师那（Hari Krishna）的名字送到了他的耳边；暴风雨中，一位船夫大喊"不要怕，前进"的声音；或是，一阵风向他脚边吹来一些纸

---

① 德瓦卡纳特·泰戈尔（于1846年）和罗易都是在前往英国的途中去世，这也正标志着两位先驱者为欧洲带去了梵社的思想和影响。

② 德温德拉纳特·泰戈尔留下了一部孟加拉语的自传，由萨蒂亚德拉纳特·泰戈尔（Satyendranath Tagore）和英迪拉·戴薇（Indira Devi）译为英文（1909年，加尔各答），其中讲述了他朝圣之旅的心路历程，如何从幻想和迷信的深渊找到永生之神的过程。这本书实际上是他心灵信仰的日记。

另请参见由 M. 杜加德（M. Dugard）发表在《印度之叶》（Feuilles de l'Inde）上的一篇精彩的论文。（1928年，第Ⅰ卷，C.A. 霍格曼编辑）

片，上面恰好是奥义书梵文的片段。对德温德拉纳特来说，这些似乎都是神的声音在对他说："放下一切，追随神吧，去体会其中妙不可言的精彩……"

1839年，德温德拉纳特与几个兄弟姐妹及好友一起，成立了一个以传播他们所信仰的真理为主旨的社团。三年后，他加入了梵社，继而成为其精神领袖。他制定了梵社的纲领和仪轨，组织定期的礼拜活动，他建立了一所培养神职人员的神学院，并亲自参与布道活动。1848年，他用梵文写成了《梵法》（*Brahmo Dharma*），这是一本宣传宗教伦理的神学手册①，他本人也认为这是灵感的迸发，但他的灵感源泉与拉姆·莫汉·罗易大相径庭，德温德拉纳特几乎完全是受《奥义书》的启发，只是做了更自由的表达而已。②

后来，他为梵社立下了四大信念：

1. 太初无形无质，只有唯一的至尊，至上的存在，创造了宇宙。
2. 这唯一的神是真理之神，是无限的智慧、善和力量，神永恒存在，无处不在，且独一无二。
3. 信神，今生来世都崇拜神，即得救赎。
4. 信神即爱神，并按照神的旨意行事。

---

① 其英文译本刚刚由 H. 钱德拉·萨卡尔（H. Chandra Sarkar）出版。《梵法》在印度传播极广，并被译成了不同的方言。
② 德温德拉纳特对经典圣卷的态度前后并不一致。1844—1846年在瓦拉纳西期间，他似乎认为《吠陀经》是绝对正确的。但1847年后，他放弃了这个观点，转而认为个人灵感是真理的来源。

梵社的信条是信仰唯一的神，这个神从虚无中创造世界，这个神的本质是仁爱，对这个神的绝对信仰让人们在来世获得救赎。

我无意于判断这一教义是否真如德温德拉纳特·泰戈尔所认为的那样，完全源自印度教。但有趣的是，泰戈尔家族属于婆罗门中的被称为首席的一支，其家族成员所担任的官职大多在伊斯兰教徒之下。因为与伊斯兰教的关系，泰戈尔家族一定程度上被边缘化了。① 泰戈尔家族所坚信的严格的神学观，很大程度是受了伊斯兰教的影响。从德瓦卡纳特到罗宾德拉纳特，他们都极为反对各种形式的偶像崇拜。②

据 K.T. 保罗说，德温德拉纳特进行了一场旷日持久的斗争。一方面要反对正统印度教的做法，另一方面又要抵制意欲在梵社中立足的基督教的宣传。这使德温德拉纳特一直保持着高度警觉，以种种坚固的防御工事来捍卫梵社这个堡垒。梵社在印度教两个极端之间架起了一座桥，一边是多神论，这是德温德拉纳特严格反对的③；一边是商羯罗的绝对一元论。因为"梵社堡"（Brahmo Burg）坚持二元论，只认同唯一的、人格化的神和人类的理性这一被神赋予的诠释圣卷的

---

① 参见曼居拉尔·戴维（Manjulal Dave）的《罗宾德拉纳特·泰戈尔诗集》（The Poetry of Rabindranath Tagore），1927 年。
② 在圣提尼克坦（Santiniketan），泰戈尔家族的大门上写着这样的文字："此处不信奉任何偶像。"但又有一句补充："所有人的信仰都应被尊重。"
③ 1846 年，德温德拉纳特的父亲去世，身为长子的他负责丧葬事务。德温德拉纳特拒绝丧葬过程中的偶像崇拜仪式，为此与家人产生分歧和冲突。他坚决不向传统低头，以至于家族成员和朋友都与他断交。我并不想赘述这一场旷日持久的家族纷争，但要说明的是，他的父亲在去世时已因生前的挥霍无度而债台高筑，德温德拉纳特后来完成了一项艰巨的任务，那就是偿还了父亲的所有债务。

能力和权利。理性往往容易与宗教灵感相混淆,这一点我在讲德温德拉纳特时曾阐述过,之后在介绍他的继任者时还会讲到。

1860年前后,德温德拉纳特在靠近西姆拉山(Simla Hills)的喜马拉雅山深处进行了十八个月的静修[①],隐居生活中的沉思冥想令他收获颇丰,这些理念后来成为他的即兴布道,深深地打动了加尔各答的民众。另外,在奥义书的启发下,带着纯挚的热情,他为梵社创作了新的祝祷词。

1862年,从喜马拉雅山回来后不久,德温德拉纳特让柯沙布·钱德尔·森担任了自己的副手。柯沙布·钱德尔·森当时只有二十三岁,他注定要超越德温德拉纳特,并引起梵社的分裂,或者说引起梵社一系列的分裂。

柯沙布·钱德尔·森(1838—1884年),是19世纪下半叶梵社的灵魂人物。他为人优柔寡断,躁动不安,但又满怀激情。在短暂的

---

① 由他的小儿子罗宾德拉纳特陪同。(实际是在1873年——出版方注)
我喜欢把这段充满激情的喜马拉雅山静修的美好回忆和罗宾德拉纳特后来对"众族的牧羊人"发出的美妙呼吁联系起来:
"众族的主宰,印度命运的缔造者。您的名字从喜马拉雅山和文迪雅山脉的峰巅升上天空,流淌在恒河中,歌唱于汹涌的大海里。
以您的名义,唤醒旁遮普和辛德、马拉沙和古吉拉特邦、德拉威德、乌特卡尔和万加的民众。他们聚集在您的脚下,祈求您的祝福,歌颂您的胜利。胜利属于您,赐所有人以恩惠;胜利属于您,印度命运的铸造者。
听到您的呼召,他们就来到您的宝座前,印度教教徒和佛教教徒、耆那教教徒和锡克教徒、帕西人、穆斯林和基督徒。东方和西方在您的圣地相遇,并以爱团结。
胜利属于您,您使万民成一心。胜利属于您,印度命运的缔造者。"
《逃亡者:对祖国的呼唤》(*The Fugitive: Call to the Fatherland*)
事实上,柯沙布·钱德尔·森领导下的早期梵社的主张,使罗宾德拉纳特获得了一种更为宽阔的视野。

一生中，他对梵社进行了诸多的改革和创新，也使梵社的生存变得岌岌可危。

柯沙布是另一个阶级和另一个时代的代表。不同于出身贵族的罗易和德温德拉纳特，柯沙布·钱德尔·森出身于次种姓的医师家庭，属于典型的孟加拉中产阶级和自由民阶层。他长期接触欧洲文化，深受西方的影响。他的祖父是个了不起的人物，曾担任过印度的亚洲协会秘书长，负责所有印度斯坦语书籍的出版发行。柯沙布·钱德尔·森很小的时候就成了孤儿，在一所英语学校长大，这也使得他与前两任梵社领袖有着天壤之别。因为不懂梵文，他很早就与传统的印度教分道扬镳。基督教吸引了他，他以将基督教引入梵社为其毕生使命。他去世时，《印度基督教先驱报》这样评价他："基督教为失去其最伟大的盟友而哀悼。他是上帝的使者，他唤醒了印度人民的基督精神，消除了人们对于基督教的敌意。"

最后这句似乎有失偏颇，因为我们将看到，作为基督教的拥护者，柯沙布遭受了太多的苦难。大多数人在谈到他的成就时都言辞含糊，即便在梵社内部也是如此。柯沙布所主张的异端宗教令梵社成员们颇为不满，但他仍一步步地推行自己的主张。通过阅读他最后二十年所写的文稿，我们发现，有三位伟大的基督教访客——施洗约翰、基督和圣保罗影响了青年时代的柯沙布。在写给他最信任的弟子普拉塔普·钱德尔·莫佐姆达尔（Pratap Chunder Mozoomdar）的一封极其私密的信中（此信由一位非基督教徒的梵社成员私下转达），他说他一直在等待一个成熟的时机，以公开宣告自己的基督教信仰。柯沙布在很长的时间里都过着这种双面生活，一方面是由于他性格中的双重性，另一方面，是因为东西方文化的多样性和不可调和的冲突性。

因此，历史学者们很难对柯沙布做出一个公正客观的评价。印度的传记作家们，几乎都带着强烈的偏见，对他没有丝毫的宽容。①

柯沙布是由他的校友，德温德拉纳特·泰戈尔的儿子引荐进入梵社的。初入社时，他很受欢迎，获得了德温德拉纳特和年轻会员们的青睐，他与年轻会员们的亲密程度远胜于高贵的德温德拉纳特。德温德拉纳特因其贵族出身和理想主义②，有些令人敬而远之。柯沙布却很有社会责任感，他也希望能唤醒印度民众的社会责任感。从本质上讲，他是一个极端个人主义者。正因为如此③，年轻时他就意识到，印度社会中部分的罪恶就是源自极端个人主义，这个国家需要一套新的

---

① 我并不想掩饰对这些历史学家们的不满。因为几乎所有的历史学家都把历史看作是一堆材料，为了达到自己的目的，他们可以随意选择需要的材料而系统性忽略其他素材。（且不谈他们对于科学准确性的极度淡薄，这似乎是所有印度历史学者的通病。如果只是零散地标几个日期就算是历史研究的话，那简直是个奇迹。即便这些日期是真实的，但如此随意和零散的记录也不足为信。）这些重要的证据被那些所谓的官方认可的传记作者们所忽略或篡改，我认为那些关于柯沙布的性格及其生平的论文都应该重写三遍。

② 一位泰戈尔家族的友人在信中说："德温德拉纳特过于沉溺在他与神的关系中，而疏忽了自己在尘世的义务和职责。"

③ 他的大弟子普拉塔普·钱德尔·莫佐姆达尔说，柯沙布"经常与自身的神秘天性做斗争，而且总能将其控制"。其实并不完全如此。他毕生最大的目标就是让宗教深入到每家每户每个人的意识中，"换言之，他想在我们的日常生活中重建信仰"。这是柯沙布矛盾性格的根源之一，而这些矛盾严重影响了他的工作。他在努力调和不可能调和之事：他本性中持续升腾的神秘主义，和他的宗教主张中对社会的道德观和责任感。这里请允许我借用一下西方神秘主义的用词：上帝中心论和人类中心论。亨利·布雷蒙德（Henri Bremond）曾对之做过分析，这两种思想在柯沙布的身上都有极深的烙印。他丰富的性格可塑性极强，愿意接纳所有的精神食粮，哪怕是那些超出了他所能吸收的范围，这造就了他性格中矛盾的一面。据说，大学时的柯沙布就曾在莎士比亚的戏剧中扮演哈姆雷特一角，而事实上，他的一生就是哈姆雷特。

道德规范。"让所有人社会化,并通过大众和实质性的社会团体促进人民之间的团结。"

这种将罗易的贵族一神论与印度大众相结合的观念[①],使得年轻的柯沙布与新兴一代的热切愿望融合在一起。同后来的辨喜一样(辨喜可谓在不经意间受到了柯沙布的影响。思想是时代的必然产物,同时在不同的脑海中孕育),柯沙布认为宗教是印度民族复兴的重要手段。1868年,在孟买的一次演讲中,他希望宗教改革成为"社会改革的基础",梵社内部的宗教改革也必须在实践中结出硕果。柯沙布用他那活跃而又略显不安的双手在印度的大地上撒下了希望的种子。[②] 接着,辨喜用他有力的双臂,继续耕耘在这片已被雷霆般话语所惊醒的土地上。

但是柯沙布走在了时代的前面。他的一些改革的主张与梵社的传统精神相违背。大家普遍认为,柯沙布和德温德拉纳特之间最大的分歧在于对跨种姓婚姻的态度上,但我认为还有比这更重要的分歧。他们对彼此的欣赏掩盖了两人背道而驰的根本原因,但是从随后发生的事情来看,其中的真实原委不难推断。尽管德温德拉纳特非常认可柯沙布的"通过梵社来构建人类和谐"这一伟大理想,但仍难以摆脱印度传统和宗教经典对他的深刻影响[③],同时,他也不能无视基督教对

---

① 至少在理论上是这样。实际上,柯沙布的思想从未真正地影响到印度民众,他的思想对于印度人民来说太过异化而显得难以接受。

② 柯沙布创建了许多为民众服务的社会机构:夜校、技术学校、加尔各答大学、印度女子师范学院、妇女互助协会、印度改革联合会、友好兄弟会以及其他社团。

③ B. 莫佐姆达尔说:"德温德拉纳特的梵社,在理论上是折中主义,但实际上是纯粹印度教的。"我的朋友卡利达斯·纳格(Kalidas Nag)教授与泰戈尔家族有着深厚的感情,他在给我的信中写道:"德温德拉纳特无法接受剧烈的变化。(转下页)

柯沙布的影响。无论怎样，他再也不能把一个宣传《新约》的副手当作盟友了。

1866年，致命的决裂发生了，并直接导致了梵社的分裂。德温德拉纳特遂将梵社改名为"真梵社"①，而柯沙布则创立了"印度梵社"（Brahmo Samaj of India）。对两人来说，这都是一个严峻的考验，对柯沙布尤其如此。他的"异端邪说"招来了人们的憎恨，但他并没有意识到这一点，他沉浸在自己的人气和忠实信众的热情拥护中。分裂后三个月，他发表了名为《耶稣基督，欧洲与亚洲》（Jesus Christ, Europe and Asia）的著名演说，公开宣告信奉基督，但他信奉的是一个不为欧洲人所理解的亚洲基督，"在其华丽的外衣下，能感知到亚洲的本性"。柯沙布尤其关注基督教的道德伦理体系，"宽恕"和"自我牺牲"是他最为信奉的两个原则。他坚信，有了这些原则和上帝的帮助，"欧洲和亚洲可以达到和谐和统一"。

他的热情如新教徒一般高涨，朋友们称他为耶稣会士，或耶稣的仆人。在圣诞节，他会禁食并在小范围内与密友一起庆祝。

但他的演讲引起了公愤，而他本人却没能够在下一次演讲中[《伟大人物》②（Great Men，1886年）]回应这些质疑。如果可以这样

（接上页）他以公正的态度对待西方，高度赞赏芬尼隆（Fenelon）、费希特（Fichte）和维克多·库森（Victor Cousin），但他不能容忍激进的狂热主义。柯沙布是一个狂热分子，他希望带领他的教徒们进行一场反对印度社会罪恶的真正的改革。"

① 没过多久，德温德拉纳特就从活跃的状态中退了下来。他在加尔各答附近的波尔普尔（Bolpur）选了一个静修所，取名圣提尼克坦，意为"和平之所"。他在那里神圣的氛围中度过了余生，直至1905年去世。去世时，他是泰戈尔家族的族长。

② 值得注意的一点是，在年轻的柯沙布的阅读清单中，卡莱尔（Carlyle）和爱默生（Emerson）的作品对他影响很深。

解释，我理解他将耶稣归到了上帝的信使之列，认为信使们各自担当不同的使命，都应该被无条件地接受，且不应局限于某一个。他的教会向所有人开放，不论其国籍和年龄。他节选了部分《圣经》《古兰经》《圣典》列入了梵社的祷告手册①中。但这些举措非但没有消除人们对他的愤怒，反而使得对他的不满愈演愈烈。

然而柯沙布并不是一个不为外界所动的人，他人的不满使得他那敏感脆弱的心灵极其痛苦。公众的误解、同伴的背弃、沉重的经济负担，还有最重要的一个因素，他自己内心的纠结，甚至对于自己使命的怀疑，这些都增添了他的"软弱，罪过和悔恨之感"。尤其是他完全不同于其他印度领袖的性格，使得他的心灵遭遇了前所未有的危机。这样的状况一直持续到1867年。在这段时间里，他极其沮丧地独自与上帝为伴，得不到外界的任何支援。他被矛盾的情绪所折磨，每日独自布道，但他听到了上帝的声音，这让他的宗教理念和表达方式发生了彻底的改变。在此之前，他一直都是宗教精英中的领袖，一个卫道士，一个不会随意流露情感的人，但现在，他心中充满了情感的洪流，完全沉浸在爱与泪交织的狂喜中。

这是梵社新时代来临前的黎明。神秘主义中的巴克提、柴坦亚和齐颂圣名等形式都被引入梵社。从早到晚，柯沙布带领信众在毗湿奴派的礼乐声中唱诵、祷告，向神敬献供品。②在主持这些仪式时，这

---

① 这本名为《斯拉卡桑格拉哈》(*Slokasangraha*，1866年)的手册虽然比德温德拉纳特的《梵法》长得多，但在印度的流传度却远不及《梵法》。

② 值得注意的是，这里并没有涉及基督教。柴坦亚的巴克提是柯沙布宗教主张的另一个方面。P. C. 莫佐姆达尔写道："柯沙布在宗教的大门外徘徊，一边是（转下页）

个据说从来不哭的人经常泪流满面，任由感情的潮水尽情流淌。

柯沙布的诚挚，对世事的理解以及对民生的关注，使他得到了印度和英国名流的认同，包括当时的印度总督（Viceroy）。1870年，柯沙布成功出访了英国，他在英国引起的热情可与科苏特（Lajos Kossuth）① 相媲美。六个月里，他向四万英国民众做了七十次演讲，他简洁的语言和悦耳的嗓音吸引了无数的听众②。人们将他和格莱斯顿③相提并论，被认为是西方人的精神盟友、基督在东方的传道者。

虽然双方在错觉中怀着美好的愿景相互交流，但还是没能避免几年后的分道扬镳，这其中还夹杂着英国人善意的谎言。毕竟柯沙布内心深处有着不可磨灭的印度印记，使他不可能全身投入到西方基督教阵营中去。但另一方面，他又觉得自己可以加入基督教。印度和梵社都从英国政府那里获益颇多。④ 改革中的梵社走向了印度各地，西姆拉、孟买、拉合尔、勒克瑙、蒙吉尔等地都有了梵社的分支。

1873年，柯沙布组织了一个环游印度各地的使团，目的是将印

（接上页）基督教的魅力，另一边又是柴坦亚的影子。"他的反对者早在1884年就意识到了这一点，他们中的一些人不怀好意地告诉罗摩克里希纳，柯沙布称自己是"融基督和柴坦亚于一体的化身"。

① 科苏特，匈牙利1848—1849年革命中最著名的活动家，匈牙利民族解放运动的领袖。曾在其政治流亡期间去往英美等国寻求帮助，因其英语演讲而备受称赞。——中译者注

② 他结识了格莱斯顿（Gladstone）、斯图尔特·密尔（Stuart Mill）、马克斯·缪勒（Max Müller）、弗朗西斯·纽曼（Francis Newman）、迪恩·斯坦利（Dean Stanley）等人。

③ 威廉·尤尔特·格莱斯顿（William Ewart Gladstone），英国政治家，被认为是最伟大的英国首相之一。——译者注

④ 尤其是几项改革。其中一项立法直接涉及梵社：婆罗门婚姻受法律保护。

度民众团结在新的信仰之下。这种形式启发了辨喜，二十年后，辨喜以云游僧的身份进行了一次伟大的探险之旅。环游让柯沙布开拓了视野，他认为他找到了传播多神论的方法。虽然这与梵社的主张相悖，但他相信可以将多神论与一神论统一起来。就在柯沙布尝试用理性的妥协来实现这一目标时，罗摩克里希纳已轻松完成这一任务。柯沙布也不得不说服自己（但他却未能说服多神论者们），众多的神都是同一个神的不同表现形式和名称而已。

他在《周日镜报》(*The Sunday Mirror*)中①写道："他们（印度教）的偶像崇拜，崇拜的不过是神的特性而已。如果去掉外部形式，剩下来的只不过是一种美丽的寓意而已……我们发现印度教所崇拜的是每个神的一种特性，只不过给每个特性冠以一个特定的名字而已。新天道的信徒们崇拜的是拥有所有特性的神，或者按照印度教的说法，无数的特性，三亿三千万的特性。只信奉一个不可分割的神，而不考虑神的本质的各个方面，就是在信奉一个抽象的神，这会将我们带到实用理性主义和无信仰的方向；如果我们信仰神的所有特性和显现形式，我们可以将神的一种特性称为吉祥天女（Lakshmi），另一种特性称为辩才天女（Sarasvati），而另一种称为摩诃提婆（Mahadeva），如此等等。"

这段话是对神理解的一大进步，理应可以团结更多的民众，但却没能做到。因为柯沙布将所有真正的权利赋予一神论，而多神论只剩下表面的光鲜，却没有任何实质力量。另一方面，柯沙布尽力避开梵社一直反对的不二论，绝对一元论。柯沙布试图以宗教理性

---

① 1880年8月1日，《偶像崇拜的哲学》(*The Philosophy of Idol-worship*)。

来调和两个极端对立的信仰体系，但当时两派的势力并不均衡，柯沙布所处的位置也无法长久。柯沙布称自己是受上帝之托，来世间传授新的教义，他于1875年提出了"新天道"。同年，他结识了罗摩克里希纳。

和很多自立为王的人一样，柯沙布发现很难按照自己的想法建立起规则和章法，特别是他希望"新天道"能包容一切：基督教和梵学，福音书和瑜伽，宗教和理性。而罗摩克里希纳仅凭自己纯朴的心智就做到了同样的事情，且从未想过要将自己的成就安置在教义和规则的框架中。他很乐意为他指路，成为榜样，激励他人。

这时的柯沙布也从一位欧洲人，一个比较宗教学派的领袖那里学会了一些鼓舞印度民众和美国人的方法，比如巴克提的眼泪、宗教复兴、公开忏悔等。柯沙布向他喜欢的弟子传授不同的宗教派别和瑜伽形式。在因材施教上，他有着非凡的教师天分。而他本人则徘徊在他敬爱的两个人之间：可以引领他进入神迷状态的罗摩克里希纳，和严格遵循基督教的英国修士卢克·里温顿（Luke Rivington）（此人后来改信罗马天主教）。柯沙布还一直在"神的生活"和"人的生活"之间难以抉择，他无奈地但也是诚恳地宣称这两者并不矛盾。

但混乱的意识折磨着他，也影响到了梵社。更为重要的是，因为他是一个"最透明坦诚的人"，所以总是忘记去掩饰天性中的易变和多样，而其结果，就是1878年梵社新的分裂。柯沙布发现自己在梵社内部成了众矢之的，他被指责背叛了自己的信条。[①] 绝大多数的朋

---

① 这是因为一场婚礼：他的女儿在梵社规定的结婚年龄之前嫁给了一位王公。但就像与德温德拉纳特的决裂一样，这其中是另有隐情的。当时第三个梵社——公共梵社（Sadharan Brahmo Samaj）已创立，这个梵社的主张更为狭隘，完全反对基督教。

友都弃他而去，留下来的几个忠诚的朋友成为柯沙布的依靠，其中最重要的就是罗摩克里希纳和卢克·里温顿神父。

这一新的批判开启了柯沙布对基督教再一轮的表白，他的宣告越来越明确，传达出对基督教哲学理念极深的理解。在一个名为《我是一个神启的先知吗》(Am I an Inspired Prophet，发表于1879年1月)的演讲中，他讲述了自己年轻时见到施洗约翰、基督和圣保罗的故事；在《印度之问，谁是基督》(India asks, Who is Christ?，发表于1879年复活节)中，他又向印度人民宣称："那个新郎……我的基督，我亲爱的基督，那神人之子"已来到印度；在《上帝会亲自显灵吗?》(Does God Manifest Himself Alone?)中[1]，他向众人指出圣子就坐在圣父的右边。

然而，所有的这些宣告并没有妨碍他在梵社成立五十周年之际，在喜马拉雅高地向梵社兄弟们念出他那封著名的《致印度同胞的一封信》(Epistle to Indian Brethren，1880年)，柯沙布以罗马主教"致全城与全球"(Urbi et Orbi)般的口吻宣称是上帝委托他来颁布"新天道"。在这封信中，我们能找到些许《圣经》的影子：

"听着，印度的人们，你们的神与上帝是同一的。"

《致印度同胞的一封信》开篇说道：

"伟大的耶和华，云上传来'我是'，便如雷贯耳，响彻天地……

"亲爱的弟兄们啊，我秉承了圣保罗的精神与胸怀给你们写了这封信，在光辉伟大的主前，我是多么的微不足道……"

他又写道：

---

[1] 他在之后的演讲《19世纪神的异象》(God-vision in the Nineteenth Century，1879年)中致敬科学。这一点，他是辨喜的先驱。

"保罗满怀对基督坚定的信念。我亲爱的谦卑的同胞啊,作为一个有神论者,我写下这封信,并臣服于所有天堂和人间、在世和已逝的先知们的足下……"

他宣称自己是实现基督教义的先驱者。

"新天道是在实现基督的预言……今天,全能的上帝向印度传达了他的旨意,如同他之前在其他国度所做的一样。"

他甚至相信自己是被圣灵感应的。

"圣灵与我的灵魂是一体的。如果你可以看到我,那么你就能看到上帝……"

万能的神,以他的声音,要传达些什么呢?他会带来什么样的"新的爱,新的希望,新的喜乐"呢?("新的福音是何其的美妙")

这是印度耶和华向他的"新摩西"的训诫:

"那无限之灵,没有人亲眼见过,没有人亲耳听过,那就是你的上帝,你不应该有其他的神。世上有两种假的神,他们被印度人民一手捏造出来,却是与万能的主相悖的。一种是无知之人制造的神,另一种是聪明之人臆造的神,这些假神都是我主的敌人,[①] 你必须公开宣布放弃这两种神。不要崇拜已死的事物、人或理念……应该信仰鲜活的神灵,无须观看却能洞察一切的神灵……让你的灵魂与上帝,与逝去的圣徒交流吧,这才是真正的天堂,除此之外,别无他途。在灵

---

① 柯沙布所谴责的第一种神,很容易定义,它们是以木头、金属和石头为偶像的崇拜。第二种,则可以进一步定义为"现代怀疑主义、抽象主义、无意识进化论、盲目的原生质学说等无形偶像的崇拜"。柯沙布这一思想是科学主义、理性主义和吠檀多唯智主义(Advaitist Intellectualism)的体现。正如他在《19世纪神的异象》的演讲中所表现的那样,柯沙布完全没有谴责真正的科学。

魂的狂喜中找到喜乐和神圣……你就离天堂不远了，天堂就在你的内心。尊敬并热爱人类所有的祖先，所有的先知、圣贤、殉道者、哲人、使徒、传教士、慈善家们。不论时代，不分国籍，不带种姓偏见地向他们致敬。不要只敬爱印度的圣者，向一切人类先知奉上他们理该获得的虔诚和爱戴吧。每一个善良伟大的人都是真和善的象征，请谦卑地坐在每一位天堂信使的足前吧……让他们的血肉融入你的身体吧……与他们同在，他们即永远与你同在。"

无法想象更高尚的言辞了！这是对泛神论的最高表达，它非常接近欧洲的自由神论，没有丝毫强迫某种宗教信仰的痕迹。它对世间一切过去、现在、将来的纯净灵魂敞开怀抱。

柯沙布的宣言并没有自诩是获得启示的不二法门。"印度的经典并没有停滞不前①，每年都在添加新的篇章……沉浸在神的知识和爱里吧……谁又能知道，未来十年上帝会带给我们怎样的启示呢？或许只有上帝知道吧……"

这平和坚定的语气所传达出的自由而宽容的神学观，又是如何能与他之前匍匐于基督脚下时的卑微态度融合到一起呢？

"我必须告诉你们……我与耶稣的福音紧密相连，且在其中有着自己的位置。我是耶稣口里的那个浪子，带着忏悔的心，想要回到天父的身边。不，为了教诲我的反对者们，并让他们满意，我要说……我就是犹大，那个背叛了基督的卑鄙小人……那个背叛了真理、罪孽深重的犹大。耶稣永在我心中……"

可以想象，如此这般坦白公开的宣告，对于那些一直跟随他的梵

---

① 这里也体现了辨喜最喜欢的一个理念。

社成员会是多么强烈的震撼①。

但柯沙布一直在与自己斗争。他宣称信奉基督，但否认自己是"基督徒"，他试图将基督与苏格拉底和柴坦亚用一种奇特的方式联系到一起：将他们想象成自己身体或意识的一部分。②他还修改了基督教的仪式，使之印度化后在梵社中推行。1881年3月6日，他用米饭和水代替基督教圣餐中的面包和酒。三个月后，柯沙布在他亲自主持的一个洗礼仪式上赞颂了圣父、圣子和圣灵。

1882年，他终于迈出了决定性的一步。对亚洲人来说，"三位一体"是所有基督教神秘概念中最难以理解的也是最令人排斥的。③柯沙布不但接纳了"三位一体"说，而且对之大加赞美，称从中得到了启示。在他看来，这个谜团是基督教神学的主旨，是宇宙至高的理念，这当然不无道理。"它是世界神圣经典精华之所在，是（全人类的）哲学、神学、诗学领域中最宝贵的精神财富……它是世界宗教意识领域里最崇高的理论……"我认为，他从正统基督教的角度非常准确地解读了"三位一体"，谁还能说他不是基督徒呢？

只有一件事情，是他自己的世界，那就是他所宣扬的印度"新天道"，这是他永远也不会放弃的。柯沙布的确接受了基督，但基督也需要接受印度以及柯沙布的理论。在《走开，偶像崇拜！再见，崇

---

① （据我所知）这是为什么他们关于柯沙布的文章都写得非常谨慎，都不去提及这个公开声明。
② "主耶稣是我的意志，苏格拉底是我的头脑，柴坦亚是我的心灵，印度圣哲是我的灵魂，仁慈的霍华德是我的右手。"
③ 这其中原因比较晦涩，涉及印度吠檀多哲学，因为吠檀多也有"三位一体"说：Sat、Chit、Ananda，即存在、知识、幸福，三者合称为Satchitananda，柯沙布将其译为"真理，智慧和快乐"，并解释为接近基督教的"三位一体"说。

拜偶像的传教士们!》(这些标点符号是针对西方的)中,他说基督是永恒的。"早在上帝来到我们的世界前,基督便像沉睡的理性一样存在于圣父的心中。"在耶稣降生之前,上帝已经出现在希腊和罗马、在埃及和印度、在《梨俱吠陀》的诗歌里、在中国孔家文化里、在释迦牟尼的佛教里。新天道是基督在印度的使徒,要向世人宣告上帝的真理和意义。圣子之后,即有圣灵,"新天道的教堂……即是圣灵所在之地",《新约》和《旧约》在这里得以完满。

梵社上上下下对柯沙布的喜马拉雅神学理论感到震惊,但柯沙布毫不动摇,这渐渐摧毁了梵社的根基。他努力把基督教放入他的神学体系中,给"新天道"冠以基督的名号,并自诩为受命向西方的基督徒们揭示基督真谛的人。

《亚洲给欧洲的信息》(*Asia's Message to Europe*,1883年)是柯沙布去世前的最后一次公开发言。"充斥着宗派主义和世俗欲望的欧洲啊,将你们狭隘的信仰之剑收入剑鞘吧!放弃它,以上帝之子耶稣的名义,加入真正的天主教和普世教会吧……"

"欧洲的基督徒们对基督的话是一知半解的,他们只知道基督和上帝是一体的,但不理解基督和人性是一体的。这就是'新天道'向世人揭示的最大秘密,不仅调和了人类与上帝的关系,而且调和了人与人之间的关系……亚洲对欧洲说:'姐妹们,让我们在基督面前团结起来吧……一切皆真善美,温纯的印度教、率真的穆斯林、慈爱的佛教徒,都是耶稣神圣光辉的体现……'"

这个亚洲的新罗马主教吟唱了一首优美的救赎之歌。

他是真正的主教,认为人类的团结与和解需要他的学说。为了维护他的教义,他常常大发雷霆,拒绝在一神论,即上帝的统一性上,做任何的妥协。

"科学是一回事,宗教是另一回事。"

他的弟子莫佐姆达尔让他对基督教提出一些批判时,他猛烈地驳斥道:

"进入天堂只有一条路,没有后门。不从前门进来的,就是贼、是强盗。"

与之对照的是,罗摩克里希纳在讨论同一话题时的仁慈欢快的语言。①

柯沙布无法调和一神论与宗教普世主义的固有矛盾,不知不觉间常常滑向精神帝国主义。他在生命最后时期完成了《新本集》(*The New Samhita*)②(1883年9月2日),阐明了他所谓的"印度新教会的雅利安国民法则……这是神的道德之法,是在印度民众的天性和传统上,根据新印度的特点和需求而改革后的法则"。这种思想其实质是民族一神论:一个神,一部圣典,一种洗礼,一种婚姻,是对家族、商业、学业、娱乐、慈善、社交等的一套完整的约束。但对于一个尚未成形,且不知是否可以成形的新印度而言,他的这套体系完全是抽象的。

---

① 一天,年轻的纳兰(辨喜)以他一贯的不耐烦态度谴责了某个宗教派别,因为这个教派的行为令其深感厌恶。罗摩克里希纳温柔地看着他说:"孩子,每座房子都有一扇后门。如果一个人愿意,他为什么就不能选择从后门进入这房子呢?不过,我当然同意你的看法,能走前门是最好的。"
罗摩克里希纳的传记作者补充说,这些简单的话语"改变了纳兰作为婆罗门所持的清教徒式的人生观"。室利·罗摩克里希纳教导纳兰以更宽容、更真实的眼光来看待人类的弱点和优点(而不是以罪恶或美德来评判)。(《斯瓦米·辨喜生平》,第Ⅰ卷,第26章)

② Samhita 的意思为收集或杂录。

柯沙布又怎能确定他的体系是可行的呢？所有这些一厢情愿的理性都是建立在不确定的基础之上，建立在东西方无法逾越的鸿沟之上。一场疾病袭来①，这东西方的纽带就断了。但柯沙布灵魂的归处又在哪里呢？是基督还是卡利圣母？当他躺在生命最后的病榻上时，罗摩克里希纳、德温德拉纳特（此时两人已冰释前嫌）和加尔各答的主教都来看望他。1884年1月1日，柯沙布最后一次外出，参加一座圣母神殿的落成仪式。1884年1月8日，他与世长辞。按照他的遗愿，一个弟子为他唱诵了基督在客西马尼（Gethsemane）所受之罪的挽歌。

在频繁的思想震荡中，天性纯净的印度人民很难找到出路，这使得柯沙布对他们来说更显亲切和富有感染力。仔细研究他最深层的思想，我们便能发现他一直以来所遭受的精神折磨。罗摩克里希纳的善良和洞察力，使他比任何人都更能理解柯沙布在苦苦追寻神的过程中隐藏在内心深处的悲伤。人的身躯是神的猎物②，但是，一个天生的领袖，即便他将愤怒深藏于心中，是否可以在他生命的最后时刻屈服于这些动荡的思想呢？

柯沙布的思想是他留给梵社的遗产，虽然丰富了梵社的理念，但也在很长的一段时间里，削弱了梵社在印度的权威（如果不能说永久的话）。我们不妨问问马克斯·缪勒，柯沙布的神学理论的逻辑是否源于基督教，这也是柯沙布的朋友和敌人们在他去世后立即追问的问题。

柯沙布辞世的悲痛使英国和印度西化精英中的中坚力量联合了起来。"他是连接欧洲和印度的纽带。"纽带一旦断裂，就再也无法连接

---

① 糖尿病为孟加拉地区常见的一种疾病。辨喜也死于此病。
② 我会更详细描述罗摩克里希纳在柯沙布临终前的拜访，罗摩克里希纳深邃的话语就像止痛药膏一样，涂抹在这垂死之人深藏的伤疤上。

起来了，印度再也没有第二个精神或宗教领袖像他一样如此真挚地信奉西方思想和上帝。①马克斯·缪勒这样评价他："印度失去了她最伟大的儿子。"而印度人民，在对他的天赋予以一致赞美时，却不得不承认，"他门下众多弟子，竟无人能与他相毗论"②。

他的思想经由西方理想主义和基督教的滋养形成，他希望揠苗助长般地将印度的民智陡然擢升到他的高度，而事实上，他离印度民族精神中那些根深蒂固的东西非常遥远。在社会事务方面，除了罗易，没有一个梵社的领袖像他那样对印度的社会进步做出如此大的贡献。但他迎面遇上的是印度民族觉醒的狂流，在他的对面，是印度的三亿神明和其化身的三亿民众，在如此庞大浩渺的人性丛林中，他西化的观点被湮没得无声无息。他邀请印度人民投入到他的印度基督教中来，但没有人回应他的邀请，甚至没有人听到他的声音。

为了与柯沙布的梵社抗衡，也为了抵制西化思想，印度宗教界创立了一个纯印度教社团，其领袖是有着高尚品格并一生致力于此社团的达亚南达·萨拉斯瓦蒂③（Dayananda Sarasvaty，1824—1883年）。

---

① 《印度帝国》（*The Indian Empire*）称其为"英国教育和基督教文明在印度最好的作品"。《印度爱国者》（*The Hindu Patriot*）称其为"西方教育与文化的最高成果"。但在印度人看来，这样的赞扬本身就是一种贬损。

② 1921年三个梵社的总成员不超过6400人，其中4000人在孟加拉、阿萨姆邦（Assam）和比哈尔-奥里萨邦（Bihar-Orissa），与圣社（我后面还会提到），或纯粹神秘主义的新派别团体，如罗陀斯瓦米布道团（Radhasvami-Satsang）相比，不过只多了一点儿而已。出自《印度爱国者》。

③ 他弃用了真名穆善卡儿（Mulshankar），而改用了他的上师的姓萨拉斯瓦蒂，他视上师为真正的父亲。了解达亚南达的一生，可查阅刚刚去世的伟大的印度民族主义领导人拉杰帕特·拉伊（Lajpat Rai）的经典著作《圣社》（*The Arya Samaj*），西德尼·韦伯（Sidney Webb）为此书写了前言。（朗文出版社，Green & Co.，1915年）

当欧洲人评价印度时，总是忘记这个雄狮一般的人物，但又因为欧洲所付出的历史代价而不得不记起。他是一位罕见的集大成者，如之后的辨喜①一样，是一位天生的领导者，行动的思想家。

我们已提及或将要讲到的印度宗教领袖几乎都来自孟加拉地区，但达亚南达不同，他和半个世纪后的甘地都来自阿拉伯海的西北海岸。达亚南达出生于卡提瓦半岛古吉拉特邦（Gujarat）的摩维市（Morvi），他的家庭颇为富裕，而且属于婆罗门中的最高种姓。②他的父亲在本地的政府部门工作，是个恪守法纪、极其传统的印度教徒，父亲的性格非常固执专横，这令儿子很痛苦。

达亚南达从小在严苛的婆罗门教律中长大，八岁时，他就被授予了"圣线"，接受了家族特权所赋予的严苛的道德规范。③他既精通吠陀智慧，又熟谙政治和商业，按常理他应该成为传统印度教的顶梁柱，但他却成了拆毁这柱子的力士参孙④。在大多数人制造出的某种浮华中，他是特立独行的那一个，当古板强化的教育试图支配新时代的思想时，反抗是必然的结果。

这就是达亚南达值得被历史记载的原因。十四岁时，父亲带他去庙里参加湿婆神的节日庆典。在严格的禁食后，他必须做一晚虔诚的

---

① 虽然两人在传道的能量上，在对于民众的吸引力上可谓势均力敌，但因为深邃的心灵和纯粹的沉思，辨喜似乎显得更有魅力一些，他受挫的内心渴望飞翔，又总是困惑于行动的必要性。达亚南达则无须面对这种灵魂分裂的煎熬，完成使命是他的一切。
② 萨摩吠陀（Sama-Vedi），婆罗门种姓中的最高等级。
③ 在学生生涯中，他遵从"禁欲、贞洁、洁净和清苦"的戒条，每日背诵《吠陀经》，严格遵循仪轨，过着规律而严苛的生活。
④ 参孙是以色列人的英雄，是个大力士。——译者注

"守夜人"。其他的人都睡着了，只有他不能休息。突然，他看到一只老鼠叼着供品，朝湿婆的神像上窜去。这情形立刻激起了他的反叛情绪，他对偶像的信仰完全消失了。达亚南达随即离开了庙宇，回家独自过了一夜。自此以后，他拒绝再参加任何宗教仪式。①

这标志着父子间巨大分歧的开始。两人都是坚持己见毫不退让的人，彼此妥协和解的大门永远是关闭的。十九岁时，为了逃避包办婚姻，达亚南达从家中逃跑，却被抓回去关了起来。后来他又再次逃跑（1845年），从此再也没有回过家，也再没有见过他的父亲。

之后的十五年，这个出身富裕的婆罗门子弟不名一文，依靠他人的施舍度日。他披着僧袍，像苦行僧一样四处云游，这和辨喜早期四处游历印度斯坦的经历颇有几分相似。同样，达亚南达也遍访有学之士和苦行者，学习哲学、吠陀和瑜伽的理论和方法。他几乎走遍了印度的所有圣地，并参加当地的宗教辩论会。这一次亲近祖国的云游之旅比辨喜所花时间多了四倍，但却是同样的历尽饥饿、侮辱、危险和痛苦。

与辨喜不同的是，达亚南达在游历中与周边的人群保持了距离，原因很简单，他只会讲梵语。如果如清教徒一般高傲的辨喜没有遇到罗摩克里希纳，如果没有这位最具人情味的古鲁的包容与慈悲的引领，辨喜恐怕会和达亚南达一样。这趟云游中，达亚南达看到了很多他不愿意看到的状况，迷信、无知、慵懒、放纵、偏执和他痛恨的无数偶像崇拜充斥在印度大地上。

最后，1860年左右，他在马图拉遇见了一位古鲁：斯瓦米·维

---

① 现在，这个夜晚仍是圣社的一个节日。

吉安南达·沙拉斯瓦提（Swami Virjananda Saraswaty）。此人是一位桑雅生，自幼失明，十一岁开始便独存于世，非常博学，但也很可怕，他甚至比达亚南达更加憎恶迷信和人性的弱点。达亚南达拜在他的门下接受"训诫"[①]。他放弃了自己原来的姓氏，改用导师的姓。作为学生，达亚南达服侍这位顽固而倔强的导师约两年半的时间，后来的时间只不过是在满足这位严厉的盲人导师的个人意愿而已。依照17世纪的"训诫"而进行的修行，使达亚南达的身体和精神都备受折磨。当他准备离开的时候，导师嘱咐他要记住自己的承诺，用他的一生去消除异端邪说，重建佛陀之前的古老《往世书》教义，向世人传播真理。

达亚南达随后在印度北部传教，但他不是和蔼可亲的描述天堂美好画面的那种传教士，而是一个《伊利亚特》（Iliad）或者《薄伽梵歌》（The Bhagavad Gita）式的英雄，充满着赫拉克勒斯（Hercules）式的行动派气质[②]。他抨击一切与他的真理和信仰相悖的思想。五年间，他取得了极大的成就，令印度北部地区发生了翻天覆地的变化。但他的生命也曾数次面临危险，有一次他差点被毒死；还有一次，一个宗教狂徒以湿婆神的名义将一条眼镜蛇扔到他的脸上，幸好他抓住并掐死了那条蛇。

在达亚南达面前，其他人根本无法占得上风。因为他无可匹敌的梵学及吠陀知识，激烈澎湃的言辞，总能让他的对手相形见绌。他被

---

① 在早期的印度教中，训诫（Discipline）不仅意味着教导，也指苦行僧用来折磨自己的工具。
② 他的事迹已成为传奇：以一只手拉住了拴着两匹脱缰之马的马车；从对手手中夺过明晃晃的剑，将其劈成两半；等等。他雷鸣般的声音能盖过一切喧嚣声。

视为洪水猛兽，也被誉为自商羯罗之后世间罕见的吠陀贤哲。正统的婆罗门教徒们对他的出现深感惊诧，从瓦拉纳西（印度教的罗马城）向他发出邀请。达亚南达毫无畏惧，只身前往，并于1869年11月在那里展开了一场荷马式的辩论。面对无数恨不得将他打趴下的攻击者，他一人舌战群儒，和传统印度教最有名、最保守的三百名梵学家展开辩论。① 达亚南达证明了现今的吠檀多实际上已经背离了远古的吠陀教义，他宣称自己追踪溯源了两千年前的吠陀经真义。但人们却没有耐心听完他的话，他被赶下台，并被逐出教会。他被孤立了，但这场摩诃婆罗多式的辩论却使他在印度声名远播，家喻户晓。

1872年9月15日到1873年4月15日之间，达亚南达在加尔各答停留了一段时间。他与罗摩克里希纳见了面，也受到了梵社极其诚挚的接待。柯沙布和会员们避而不谈他们之间的分歧，将他视为反对传统教派偏见和印度多神教的一个英勇的盟友，但达亚南达却无法与这些沉浸在西方理念中的人们达成共识。他的源自吠陀经的坚定的民族主义有神论，和梵社否定吠陀经和轮回说的思想毫无共通之处。② 梵社③ 建议达亚南达用印度人自己的语言来传教，否则无法对民众产

---

① 一位基督教传教士出席了这次辩论会，拉杰帕特·拉伊在他的书中做了精彩而公正的记录。[《基督教智慧》(*Christian Intelligence*)，1870年3月]

② 根据圣社成员拉杰帕特·拉伊的说法，这两点（吠陀经的权威性和轮回说）是"区分圣社和梵社最重要的两大原则"。
但我们需留意的是，早于达亚南达（1844—1846年）的20年，德温德拉纳特也曾被"吠陀永无谬误论"所诱惑，但他最终放弃了这一信念，转而选择了神与个人的直接联结。据说，在所有梵社的领袖中，他的观点最接近达亚南达，但却始终无法达成一致。德温德拉纳特的理念是宁静与和谐，他不认为达亚南达这位不懈斗士所倡导的强硬教条主义和纯经院哲学的方法可以处理印度现代的社会冲突。

③ 此处指柯沙布·钱德尔·森。

生什么影响,这令达亚南达极其不快。他与柯沙布不欢而散,很快就去了孟买,并仿效梵社在孟买创立了一个自己的宗派。因为他非凡的组织能力,他的社团很快就在印度社会中站稳了根基。

1875年4月10日,他在孟买正式成立了"第一圣社",或称"印度雅利安联合会"。纯种印度人被认为是雅利安人的后代,是雅利安人最早征服了古代印度河和恒河地区,也正是在这些地区,达亚南达的圣社建立了牢固的群众基础。1877年,他在拉合尔(Lahore)定下了门派纲领。一直到1883年,圣社在印度北部得到了迅猛发展,从拉杰普塔纳、古吉拉特邦,到阿格拉和乌德联合省,以及他最钟爱的旁遮普等地都有圣社的分支机构。除了马德拉斯之外,几乎整个印度都受到了圣社的影响。[①]

然而,就在巅峰之时,他却被人暗杀了。一个王公的小妾,因被这位严苛的先知斥责了几句而记恨在心,便对他下了毒。1883年10月30日,达亚南达在阿杰梅尔去世。

但圣社仍继续勇往直前,社员人数持续上升,从1891年的四万人增长到1901年的十万人,再到1911年的二十四万三千人,到1921年时,人数已高达四十六万八千人。[②] 很多印度名流、政治家和王公都是其社员。相较于柯沙布的梵社在印度的式微,圣社的成功可谓水到渠成且汹涌澎湃。这也证明了达亚南达严苛的教义更符合印度

---

① 与此产生强烈对比的是,辨喜正是在马德拉斯发展了他最热情的弟子和最紧密的组织。

② 其中旁遮普和德里(Delhi)有22.3万人,联邦省份(the United Provinces)有20.5万人,克什米尔(Kashimir)2.3万人,比哈尔邦(Bihar)有4500人。总之,圣社影响着印度北方大部分地区,也成为印度最具活力的宗派之一。

民族主义的萌芽状态。是他，第一次唤醒了印度人的民族意识。

或许，我有必要向欧洲读者们解释一下这场印度民族觉醒运动的根本原因。

印度有些过度西化，印度民众看到的并不都是西方的优点。在文化态度上，西方对印度有些过于轻率，以为印度不需要独立思考，只需要直接将西方的思想移植过来，印度人就可以忘却自己民族的丰厚遗产。殊不知，这却激发了印度人民的自我保护和反抗的本能。达亚南达这一代人看到了印度民族的西化，他们为之焦虑、痛苦和愤怒。一方面，欧洲肤浅的理性主义逐渐渗透到印度人的思想之中，而可笑的傲慢让欧洲根本就不了解印度文化深处的精髓；另一方面，当基督教进入印度的千家万户时，其实也不过是佐证了基督的预言，"上帝带来的是父亲和儿子的分歧……"

当然，我们不能忽视基督教的影响。我出身于一个天主教家庭，从小就受到基督教的熏陶。虽然游离于各种宗教和教堂之外，但我从基督的故事和书籍中了解到生活的意义，因此，我无法将基督教置于其他信仰之下。当人的精神达到了一定的高度时，其实也就无路可走了①。可惜，一个宗教并不是总能以其最好的部分去影响另外一个民族。征服领土的野心常常伴随着文化的傲慢。一旦征服成功，人们会认为结果即可以证明手段方法的正确性。

我想进一步指出的是，一种宗教，即使在其最高层面上，也很少能影响和占据另一个民族的精神领域的最深处（即前面所说的精神的

---

① 此处引用理查德·德·圣维克多（Richard de Saint-Victor）和西方神秘主义者弗朗索瓦·德萨莱斯（Francois de Sales）的话。[参见亨利·布雷蒙德（Henri Bremond）《圣人的形而上学》（*The Metaphysics of the Saints*）]

一定的高度）。外来宗教的影响是多层面的，当然这是非常有意义的，但却不是最重要的。那些仔细研读过基督教形而上学并探究其深度的人，就会明白基督教为人类精神的遨游提供了怎样的无限空间，它所呈现的神圣宇宙的存在和对上帝的爱，与吠檀多的无限存在的概念是同样广袤和崇高的。但是如果只有一个印度人的特例柯沙布悟到了这一点，那似乎表明基督教对印度的影响其实甚为微弱。如果允许我这样说的话，在印度民众看来，基督教更像是一种道德准则、一种行为规范、一种爱的行动标准。尽管这些都是基督教非常重要的方面，但却不是最伟大的那部分。而且值得注意的是：信仰的转变往往发生在那些活跃且精力充沛的人身上，而不是那些擅长在深刻的精神沉思中与灵魂交锋的人！

不论真假，这都是一个很好的讨论话题。当时的历史现实是，达亚南达的思想尚未成熟，印度最高深的宗教精神已是微弱的火苗，而那时的欧洲宗教思想不仅仅想取而代之，还欲将这火苗彻底熄灭。处于此困局中的梵社，无论愿意与否，都染上了西方基督教的色彩。最早的拉姆·莫汉·罗易是新教一神论，虽然不愿承认，但德温德拉纳特已无力阻挡基督教进入梵社，到柯沙布作为继任者执掌梵社时，梵社已经三分天下了。早在1880年，一个针对柯沙布的评论就讲道："那些相信他的人早已不是一神论者，他们越来越像基督教徒。"无论梵社的第三个分支（从柯沙布派中分裂出来的公共梵社）如何反对印度基督教，印度的公众对在半个世纪里接连两度发生教派分裂的梵社失去了信任，并感到寒心。正如我们所看到的那样，在接下来的半个世纪里，印度的公众舆论完全被基督教所影响。

那么，作为古老吠陀智慧的坚定拥护者，伟大的吠陀学者，古印度历史智慧集大成者和印度民族英雄精神的代表者,达亚南达受到印度人民的热烈追捧就不难理解了。他手持一把又大又重的反抗之剑,单枪匹马向基督教宣战,但却没能控制好这把剑的挥舞幅度和准确度。他对《圣经》的批评充满仇恨、偏见和毁谤性,他只是草草读过《圣经》的印度译本,对《圣经》的内容、教义甚至连文字都不求甚解、断章取义。不幸的是,这些严厉的批评①,和伏尔泰的《哲学词典》一样,至今仍然是某些印度教徒恶意攻击基督教的武器。然而,正如格拉塞纳普(Glasenapp)公正地指出,这些思想对欧洲基督教有着非常重要的参考价值,欧洲基督教应该知道自己在亚洲对手眼中的模样。

达亚南达十分鄙视《古兰经》和《往世书》,将正统婆罗门教义也踩在脚下。他毫不同情过去和现在的印度同胞,他认为,在某种程度上,正是印度人自己造成了这个曾经的世界的主人千年来不断的衰落。②他毫不留情地批判那些(在他看来)歪曲和亵渎了真正的吠陀

---

① 这些内容收录在他以北印度语写成的伟大作品《真理的火炬》(*Satyartha Prakash*)中。
② 他对印度历史的全景式描述很有趣,其充满激情的论述大都基于 17 世纪博须埃(Bossuet)的一部著名作品《世界史叙说》(*Discourse on Universal History*)。此书在全球范围内(包括美国和大洋洲岛屿)追溯了人类起源,并阐述了印度在世界的统治地位。根据书中的说法,那加(蛇)和传说中的地狱之灵都来自地球另一边的大洋洲;与阿修罗(Asuras)和罗刹(Rakshasas)的斗争意味着与亚述人(Assyrians)和黑人(Negroids)的战争。达亚南达用重构的神话解释现实世界。他认为,印度所有的不幸和伟大的吠陀精神的消亡,都归结于《摩诃婆罗多》(*Mahabharate*)中所描述的那场百年战争,英勇的印度在战争中毁灭了自己……达亚南达充满了仇恨,他不仅反对唯物论,也反对耆那教(Jainism),他认为耆那教是唆使者。在他看来,商羯罗是第一次印度独立战争中,精神领域的伟大却不幸的英雄。达亚南达希望打破异端邪说的束缚,但他失败了,他在争取自由的运动中被暗杀,但他仍被耆那教的诱饵所束缚,尤其是摩耶,这令他这个从不做梦,深深扎根于现实土壤中的人深感厌恶却又无法战胜。

教的人。① 他是敢于反抗罗马教廷的路德。② 对他来说，最重要的事情是打开圣书之井，以便民众可以自由畅饮。他将吠陀经翻译为地方语言，并做了注释。③ 事实上，这对印度来说具有划时代的意义，这意味着婆罗门教不仅承认所有人都有权了解《吠陀经》（这是被正统婆罗门教所禁止的），而且认为研究和宣扬吠陀经是每个雅利安人的责任。④

---

① 他将所有的偶像崇拜都说成是罪恶，认为神的"化身说"（Divine Incarnation）是荒谬的，也是亵渎神明的。
② 他斥责婆罗门教徒是"教皇"。
③ 1876 年到 1883 年之间，他带领一群梵学家完成了这项工作。他负责用梵文写作，梵学家们则负责将梵文翻译为地方语言。只有他一个人做原文的翻译和注释工作，所以没有时间修改。他总是在每个章节前做语法和词源的分析，然后再解释其大意。
④ 《拉合尔十大纲领》（Ten Principals of Lahore，1877 年）第三条规定：《吠陀经》（Vedas）是真正的知识之书。每个雅利安人的首要职责就是学习和传播吠陀经。
　　机缘巧合使得达亚南达与一个西方社团"神智学会"（the Theosophical Society）形成了长达数年（1879—1881 年）的政治同盟，创造出伟大的成就。在达亚南达为《吠陀经》（Vedas）辩护以反对不断高涨的基督教浪潮时，"神智学会"应运而生。1875 年，一位俄国人布拉瓦茨基夫人（Mme. Blavatsky）和一位美国人奥尔科特上校（Colonel Olcott）在印度南部创立了"神智学会"，这极大地激励了印度人学习印度经典文献，尤其是《薄伽梵歌》和《奥义书》的热情。奥尔科特上校出版了六卷经典文献的梵语版本。神智学会还领导建立印度学校，特别是在锡兰（Ceylon），他们甚至敢于为"贱民"（untouchables）开办学校。他们促进了印度的民族、宗教和社会的觉醒。达亚南达似乎对此举颇为认同，但当"神智学会"接受了他的主张并向他提出合作时，他却拒绝了，从而使神智学会失去了从精神上控制印度的机会。自那以后，神智学会在印度一直扮演着次要的角色。如果 1899 年瓦拉纳西中央印度教学院（the Central Hindu College）的建立应归功于贝桑特夫人（Mrs. Besant）个人的话，那么从对印度社会的影响来看，"神智学会"还是值得肯定的。神智学会的西方背景使其形成了一种东西方文化杂糅的优势，这种优势以一种看似高尚却非常局限的实用主义的独特方式，扭曲了印度形而上学庞大而自（转下页）

而实际上，达亚南达的翻译是一种阐释。他坚信吠陀经源于"史前"或超人的神性，是绝对真理，绝无谬误，但他对节选经文的诠释是否准确，是否过于僵化教条尚有待商榷。① 他对诸多事物的猛烈抨击，他的一神论，战斗信条②和国民神论都有很多值得批判的地方。③

（接上页）由的体系。而且，必须补充说明的是，神智学会将自己树立为永无谬误的宗教权威，看似没有任何诉求，但在这层面纱之下，东西方宗教之间却有着无法调和的矛盾。待到印度的独立意识形成之时，正如我们后面将看到的，当辨喜从美国回来之后，他直截了当地公然抨击了神智学会。

有关这个话题，G. E. 摩蒙德·赫尔岑（G.E. Monod Herzen）在《印度之叶》（*Feuilles de l'Inde*）里有一篇对"神智学会"持认同观点的文章《印欧影响，神智学会》（*An Indo-European Influence, the Theosophical Society*，1928年第1期）。另外，1918年，H. 凯西林伯爵（Count H. Keyserling）在他的《哲学家的旅行日记》（*Travel Diary of a Philosopher*）中写过一章精彩、全面但怀有敌意的文章。

① 但是，他的一腔热情，抵挡了所有的攻击。
② 在《真理的火炬》（*Satyartha Prakash*）结尾处，达亚南达这样命令："去战斗，去羞辱、去消灭恶人，哪怕他们是世界的统治者和当权者。要削弱不公平的权力，要加强正义的力量，哪怕以巨大的痛苦和死亡为代价，这是所有人都应该去做的。"
③ "恰如《吠陀经》所启示的那样，梵在荣耀和祈祷中与唯一的神合一……《吠陀经》和其他圣典告诉我们神和宇宙万物的起源。"他接着列举《吠陀经》的经文以支持他的论述。

然而，奇怪的是，达亚南达的民族主义，与罗易和柯沙布的唯一论一样，都有世界主张（当今世界，不惜一切代价以实现同一的愿望是如此强烈）：

"圣社的目标是人类整体的福祉。"（1875年第一圣社的纲领）

"圣社的主要目标是通过改善人类的物质、精神和社会状况来造福全世界。"（拉合尔《圣社纲领》，于1877年修订）

"我相信一种建立在普遍原则基础上的宗教，我信奉所有被人类现在和将来接纳为真理的东西。这才是宗教：永恒的原始宗教，它超越了人类信仰的敌意……这是所有人、所有时代都应该信仰的宗教，我对此深信不疑。"——《真理的火炬》

如同所有充满激情的信徒一样，纵然出于美好的愿景，达亚南达还是混淆了永恒和普世的"真理"，他的"真理"是他自己颁布并宣誓为之奋斗的"真理"。他仔细归纳了真理的五个检验标准，其中前两条完全依照《吠陀经》的教义，（转下页）

他拒绝内心情感的流露，也缺乏阳光和平和的一面，他无法和民众一起沐浴在神的光辉中。他既没有罗摩克里希纳从生命本身散发出来的温暖诗意，也没有辨喜的雄伟宏大的风度。但他将自己强大的能量、坚定的信念和雄狮般的气度注入了印度慵懒的身躯里，用英雄般的语言告诉这个被世俗绊住脚步、极易屈服于命运的民族：灵魂是自由的，行动是命运的创造者。[①] 他大刀阔斧地清除特权和偏见，为印度人树立起榜样。他的宗教体系可能有些狭隘，在我看来甚至是一种倒退，但他的社会活动力量却是无畏和勇敢的，他对印度社会的影响超过了梵社，甚至超过了罗摩克里希纳传道会。

他所创立的圣社主张一切个人和民族都享有平等的权利，提倡男女平等，否定世袭的种姓制度，只承认个体差异下社会分工的不同。不同宗教之间不应该有任何差异，而只应评价其对国家和社会做出的贡献。只有国家可以从社会利益出发，通过奖励或惩罚的方式提高或降

（接上页）并符合他对神的本质和特征的定义。阿罗频多·高斯（Aurobindo Ghose）认为《吠陀经》是"对宗教、伦理和科学真理的全面揭示"，当达亚南达自诩是诠释《吠陀经》教义的权威时，他又怎么会怀疑自己将《吠陀经》强加于全人类的权利呢？他的教义是一神论，他认为吠陀众神是唯一的神的不同名称，也是神以自然界的不同能量形式的显现。通过《吠陀经》所传达的真理，和当今现代科学研究所认知到的真理，是相互印证的同一真理。（《吠陀的秘密》(The Secret of the Veda，雅利安出版社，1914年11月，本地治里邦）

达亚南达注释的宣传吠陀教义的小册子在印度引起了强烈的反响，他希望恢复和唤醒古印度的哲学、宗教、仪式和习俗，以此来对抗对西方的思想。（参见《印度觉醒》，1928年11月）

① "积极向上的生活比接受命运的安排更可取。命运是行动的结果，行动是命运的创造者，善良的行动胜过被动的顺从……

"自由的心灵可以随心所欲，但若想享受行为的甜美果实，必须仰赖神的恩典。"

——《真理的火炬》

低个人的种姓。达亚南达希望每个人都可以通过获得知识的方式提高自己的社会地位。他最不能容忍贱民（不可接触者）所遭受的不公，在为贱民争取权益方面，他比任何人都更加积极热心。在平等的原则上，贱民可以加入圣社，因为雅利安（Aryas）不是一个种姓，"雅利安人是有崇高原则的人；而达斯尤人（Dasyus）过着邪恶和罪恶的生活"。

达亚南达在改善妇女状况的改革中同样慷慨勇敢，这在印度是极其难能可贵的。他反对虐待妇女，他指出，在印度古老的英雄时代，女性在社会和家庭中的地位至少与男性是平等的。女性应享有平等受教育的权利，并在婚姻①、家庭事务中（包括家庭财务）拥有最高的控制权。事实上，达亚南达主张婚姻中的男女平等。虽然他坚持婚姻家庭的不可分割性，但也支持寡妇再婚，他甚至设想建立一个临时联盟，为在婚姻中没有子女的男性和女性提供生育孩子的机会。

最后，圣社纲领的第八条"传播知识，驱散无知"，在印度的教育史上做出了巨大的贡献，特别是在旁遮普和联合省，圣社创建了很多男女生学校。他们努力建立的教育体系主要有两种形式：拉合尔的达亚南达盎格鲁-吠陀学院（Dayananda Anglo-Vedic College of Lahore）和康里的古鲁库拉学校（Gurukula of Kangri）②。它们是印度

---

① 女性最早的结婚年龄为16岁，男性为25岁。达亚南达坚决反对童婚。
② 这是我们从十年前出版的拉杰帕特·拉伊的书中引用的信息。从那时起，印度的教育一直在不断发展。
拉哈尔的达亚南达盎格鲁-吠陀学院始建于1886年。其教学范围涵盖梵语、印地语、波斯语、英语、东方及欧洲哲学、历史、政治经济、科学、艺术和工艺。古鲁库拉学校建于1902年，在那里，孩子们在十六年间遵守清贫、贞洁、顺从的戒规，其教育主旨是通过印度古老哲学和文化，通过道德能量来激发年轻一代的生机，以期重塑雅利安人的性格。旁遮普还有一所极好的女子学院，在那里，女性学科、国内经济学与知识学习结合在一起，同时，还学习梵语、印地语和英语三种语言。

教育的中坚力量，一方面复兴民族活力，另一方面利用西方的知识与技术，师夷长技以制夷。

此外，圣社还积极开展慈善活动，比如建立孤儿院、青少年工厂、寡妇之家，以及在公共灾难、流行病、饥荒等时期提供社会服务，等等。显然，在这方面，圣社是后来的罗摩克里希纳传道会的劲敌。[1]

对这位刚健的桑雅生，印度人民的精神领袖，我已经讲得够多了，这些足以让读者了解，对于印度民族而言，达亚南达是一位多么振奋人心的人物。事实上，在印度民族意识重生和觉醒的时代，他是最为直接有力的行动者。无论他是否有这样的意图[2]，圣社为1905年的孟加拉起义铺平了道路。他是重建印度的热情倡导者之一，在我看来，他是印度的"守夜人"（Vigil）。但他的优点同时也是他的弱点。他一生以行动为使命，以服务国家为目的，但对于一个视野不够广阔的民族来说，有了行动之力，有了民族独立，也许就够了。但实际上，在印度人民面前，仍有一个宏大的宇宙亟待探索。

---

[1] 这个方面，辨喜及其门徒们似乎已经走在了前面。据拉杰帕特·拉伊记录，圣社的第一次社会服务是参与救助1897—1898年的饥荒。但早在1894年，辨喜同期的阿克汉南达（Akhandananda）就已经开始投身于社会服务中。1897年，罗摩克里希纳传道会的一部分成员就组织起来应对饥荒和疟疾，次年又一起对抗瘟疫。

[2] 他曾公开禁止人们这样说：他一直声称自己不涉及政治，也不反对英国，但英国政府却不这么认为。圣社也因其成员的活动而受到影响。

第七章　罗摩克里希纳和伟大的牧羊人们

印度有诸多神的牧羊人，而罗摩克里希纳是其中最伟大的一位，是印度牧师中的王者，他如同一颗耀眼的明星，冉冉升起在明朗的天空中。①

---

① 在印度的历史长河中，从来都不缺乏神的使者、教派或宗派创始人，我仅提及了其中最伟大的几个。在赫尔穆特·冯·格拉泽纳普（Helmuth Von Glasenapp）最近的论文《印度当代宗教改革运动》[J.C.辛里奇（J. C. Hinrich）主编的《东方系列文集》，*Morgenland Co.*，1928年，莱比锡]中记载了其中最独特的两个：主张超人无神论的德维社（Dev-Samaj）和崇尚神秘主义圣音（或圣言）的罗陀斯瓦米布道团（Radhasvami-Satsag）。[这里的重点是描述"全能者"（the Almighty Being）的神秘用词（著名的吠陀咒语"唵"（OM）已被认为是低层次的概念了）。他们认为，圣音（the Divine Sound）是随着宇宙的振动而律动的和谐之音，源自"地球的音乐"（借用古希腊罗马的说法）。在神秘主义的《弥勒奥义书》（*Maitrayani Upanishd*）中也有以不同形式表达的同一概念。]这两个教派出现得比较晚，不属于我所谈论的范围。

德维社于1887年由施瓦·那拉衍那·阿格里霍特拉（Shiva Narayana Agnihotra）创建，但直到1894年后才提出"超人无神论"。他们在一位"超人"德维古鲁（Dev-Guru）的带领下，以理性、道德和科学的名义反对神，第一步就是让门徒们崇拜"超人"领袖德维古鲁。直到今天，德维社仍然存在并开展活动。罗陀斯瓦米布道团是由三位难以区分的导师（分别于1878年、1898年和1907年去世）相继创立和领导的，直到19世纪末，他们的学说才得以确立。因此，我们没有必要在此赘言。德维社的大本营在拉合尔，其绝大部分信徒在旁遮普。罗陀斯瓦米布道团的两大中心为阿拉哈巴德（Allahabad）和阿格拉（Agra）。

（转下页）

罗摩克里希纳没有见过这四位中的先驱者拉姆·莫汉·罗易，但见过其他的三位。出于对神的强烈渴望，罗摩克里希纳去拜访他们。他总是不停地问自己：世间还有没有神的甘泉是我没有找到也未曾饮过的？见面时，他习惯用自己的双眼去判断，而他的判断从不失误。他满怀热情地向他们求教，但他带着淘气的笑容讲出的话语往往更加深刻。他不会被对方的外表、荣誉或是雄辩的口才所吸引，只有当他在对方的精神深处看到了那一丝光，瞥见那神的真面目，他才会眨一眨眼睛。他的这双眼睛似乎可以穿透对方的身体，并随着热切的好奇心去搜寻宝藏，而搜寻的结果总能给这位率性的拜访者带来发自内心的欢喜。

罗摩克里希纳曾略带喜剧色彩地讲述他拜访威严的德温德拉纳特·泰戈尔的经历。对伟大的宗教领袖和"迦纳卡王"（King Janaka），这位"仁兄"轻松表达了暗含幽默的批判和戏谑的敬意。

一天，有人①问他："世界与神，可以融合在一起吗？你怎么看圣人德温德拉纳特·泰戈尔？"

罗摩克里希纳边点头边喃喃自语道："德温德拉纳特·泰戈尔……

（接上页）可以看出，这两个教派都在印度北部。格拉泽纳普（Glasenapp）对印度南部新出现的宗教只字未提，但其实南方并不逊于北方。例如伟大的古鲁室利·那罗延纳（Sri Narayana）（1928年逝世）在达万柯邦（Travancore）创立的宣扬灵性思想的教派，拥有超过百万的信众，传教长达四十余年。他的教义充满了商羯罗的一元论，但更注重实际行动，显示出与孟加拉神秘主义显著的区别。室利·那罗延纳对孟加拉神秘主义中的巴克提充满了怀疑。如果要归类的话，他的教义应该属于行动派的智慧瑜伽，是一种极具智慧的宗教，对民众及其社会需求都有非常清楚的认识。它大大促进了印度南部被压迫阶级的崛起，其活动在某种程度上与甘地派有关。[请参见其弟子P.那达兰吉（P. Natarajan）于1928年12月及其后几个月在日内瓦《苏菲派季刊》（*The Sufi Quarterly*）上发表的几篇文章]

① 提问的人是柯沙布·钱德尔·森。他们之间的这次对话被一位目击者A.库玛·达特（A. Kumar Dutt）所记录。（参见《室利·罗摩克里希纳传》）

德温德拉纳特……德温德拉纳特……"然后说：

"你知道吗？曾有个人，每次去参加杜嘉女神节（Durga Puja）盛大的庆祝仪式，都会带来美味的羊作为献祭。若干年后，他却不再带羊来了。于是有人就问他：'为什么不带了呢？'这人说：'我的牙都掉了……'"

这个大胆的叙述人接着说："所以嘛，德温德拉纳特·泰戈尔到晚年会去做冥想修行也就不奇怪了。"①

他停顿片刻……点了点头，又说："当然，他绝对是个非常杰出的人物……"

他讲起了拜访德温德拉纳特的经历：②

---

① 必须指出的是，罗摩克里希纳对德温德拉纳特·泰戈尔的嘲讽非常有失公允。或许是因为不知道，他并没有看到"圣人"超然物外的精神以及他多年来所做的高尚而艰难的牺牲。从中我看出一个平民对于一位贵族的态度。

萨西·布珊·高希（Sashi Bhusan Ghosh）在孟加拉语的回忆录中，记载了罗摩克里希纳对这位贵族理想主义者更为公允的评价（第245—247页），既无损罗摩克里希纳识人的敏锐，又没有对德温德拉纳特·泰戈尔过强的讽刺。

罗摩克里希纳说，当初拜访德温德拉纳特时，他被介绍为"神的疯子"。"在我看来，他似乎沉浸在自己的世界中。他拥有如此多的知识、名望、财富和众人的尊敬，他又怎会不沉溺于其中呢？但我发现Yoga（瑜伽）和Bhoga（物质享受）在他的生活中并存。我和他说：'你是这个罪恶年代里真正的迦纳卡王，可以看到事物的两面，所以你的灵魂属于神，你的身体属于这个物质世界。这是我来拜访你的原因，请告诉我神的启示吧！'……"

② 在罗宾德拉纳特·泰戈尔（Rabindranath Tagore）四岁时，罗摩克里希纳经由资助人马瑟·巴布介绍，会见了德温德拉纳特（马瑟·巴布是德温德拉纳特·泰戈尔的学生）。这次见面中一个有趣的细节，可能会引起我们欧洲精神生理学家们的兴趣。一见面，罗摩克里希纳就要求德温德拉纳特脱掉外套露出胸膛，德温德拉纳特对此并不惊讶，顺从地脱掉外套。罗摩克里希纳看到他胸前的皮肤呈深红色，很明显，这是练习某种瑜伽留下的印迹。罗摩克里希纳在允许或禁止弟子进行精神高度集中的练习前，通常都要检查他们的胸膛、呼吸的能力以及整体循环系统的健康状况。

"我最初见到他时,觉得他非常高傲。嗯,那也是挺自然的事,他拥有如此多令人向往的东西:出身、名望、财富……但我突然发现,我进入了一种可以看穿他的状态……如果我看不到神,那么,即便是最伟大、最富有、最博学的人,在我眼中也无异于一枝草芥……于是,一不小心,我就笑了出来……我发现这个人一边享受着这个世界,一边过着宗教的生活。他有很多孩子,年纪都不大。所以,虽然他是个智慧瑜伽士,却是个融入尘世的人。我和他说:'您是当今的"迦纳卡王",虽立身尘俗,精神却栖息在神的高度。请告诉我神的知识吧!'"

德温德拉纳特背诵了《吠陀经》里一些优美的段落①,接下来的谈话在一种亲切礼貌的氛围中进行。这个来访者眼中的火焰令德温德拉纳特深有感触,他邀请罗摩克里希纳参加第二日的宴会,但他又说,如果愿意来的话,还请"稍微注意一下自己的着装",因为这位来访者对自己的形象完全不在乎。罗摩克里希纳顽皮地笑了笑,说自己不一定能去,他自始至终都是这样的率性自我。这两人注定不可能成为朋友。第二天早上,这位贵族托人送来了一张措辞委婉的纸条,请他不必麻烦来参加宴会了。一切就此结束。这位高贵的贵族向罗摩克里希纳表达了亲近之后,便恢复了一贯的冷淡,回到了他自己的理想主义天堂。

---

① "这个宇宙如同一个大烛台,我们每一个人便是那蜡烛。我们若不燃烧自己,大烛台将会熄灭。神创造人即是为了放射他的光芒……"
萨西就曾记载过罗摩克里希纳的一段有趣的回忆:
"真奇怪!当我在潘查瓦蒂(Panchavati,达克希什瓦的果园)冥想时,也看到了一个烛台的意象……德温德拉纳特一定是个修为很深的人。"

与达亚南达的见面似乎更加不值得多谈，罗摩克里希纳三言两语便做了总结、概括和评判。但必须承认的是，当达亚南达与罗摩克里希纳在1873年年底相遇时，圣社尚未成立，达亚南达正处在他的事业中期。罗摩克里希纳打量他时，觉得他"有一点道行"，意思是"他能真正接触到神"。但在罗摩克里希纳眼里，达亚南达饱受折磨又令人痛苦的个性，在维护《吠陀经》时的激进和好斗，以及将自己的意志和永远正确的观点强加于他人的狂热和强势，都是他有辱自身使命的缺点。他日夜与人争辩圣典，曲解其意，并不惜一切代价来创建一个新的教派。这种对自我和世俗成就的关注玷污了他对神的真爱。于是罗摩克里希纳便弃达亚南达而去。

罗摩克里希纳与柯沙布·钱德尔·森的关系却完全不同。他们的友谊非常亲密、深情而持久。

在介绍之前，我不得不遗憾地说，关于这段友谊，两人的弟子留下了很多有失公允的记录，他们都不愿意将自己的导师描绘为"追随者"。罗摩克里希纳的弟子感谢柯沙布对罗摩克里希纳的敬意，所做的记录还算客观。而柯沙布的一些弟子却不能容忍罗摩克里希纳的任何（表面或实质的）优势，为了否定两位导师之间曾有的相互影响，在两人的思想之间架起一道不可逾越的藩篱。他们故意曲解罗摩克里希纳的真正价值，并对承袭了罗摩克里希纳思想而凯旋的辨喜满怀恶意。①

---

① 我记得B.莫佐姆达尔有一名本为《马克斯·缪勒教授论罗摩克里希纳和柯沙布·钱德尔·森的世界》（1900年，加尔各答）的小册子，其中有一些记载。（请参见第2章"罗摩克里希纳弟子对马克斯·缪勒所捏造的谎言"，及第3章"两个教派的差异"，以及最污蔑的第5章"有关辨喜：向马克斯·缪勒提供信息的人"，文章毫不犹豫地与那些被这位雷霆般的宗教演说家撕碎的英美教士们站在了一边。）

但只要读过柯沙布那些清新优美的文章，就能发现他对辨喜的思想和行动的影响，也就能明白为何梵社的成员会认为是罗摩克里希纳让梵社日渐式微，并对此倍感恼怒。因此，我会尽可能地消除双方有失公允的看法，因为我相信这并非二人的本意。在柯沙布令人尊敬和爱戴的一生中，从声望和思想的巅峰直到生命的最后，他始终对这位来自达克希什瓦的小人物表现出深深的敬意和喜爱。但梵社的一些人以自己的狭隘之心曲解了柯沙布。其实，他们越是觉得自己的骄傲感被这"神的疯子"与"博识王子"之间的友谊而伤害，越是努力去在柯沙布的文章中寻找影射鄙视罗摩克里希纳的神迷修行的证据①，就越能证明两人实际关系的和谐。对两人之间这极其珍贵的友谊，我们既不必含糊其词，也无须曲解捏造。

柯沙布没有追随过任何的古鲁，这一点有别于印度大多数的宗教人士。在他与神之间没有任何中间人。所以，不能说他是罗摩克里希纳的门徒，纵然罗摩克里希纳的追随者中有部分人这样宣称。柯沙布

---

① 参见前所引 B. 莫佐姆达尔的书目，第 2 章。在关于瑜伽的论文中，柯沙布说："知识和虔敬是可以互换的词语。虔敬只有在有知识的人身上才有可能，没有知识的人是不可能成为神的奉爱者的。"柯沙布并不是在谴责罗摩克里希纳的宗教神迷，因为谴责之前需要证明罗摩克里希纳的神迷中并不包含更高形式的知识。这一言论仅仅能说明柯沙布的沉思冥想是不同的方式。对他而言，最高的境界是意识与永恒的合一，而真正的智慧并不会被生活、社会和家庭的重重事务所遮蔽。柯沙布的思想与梵社的灵性传统是一脉相承的。在第 3 章中，莫佐姆达尔引用柯沙布的话："因为爱瑜伽而放弃其他一切的瑜伽士应该被唾弃一百次！……如果不珍惜神赋予我们的，那便是有罪的。"莫佐姆达尔认为柯沙布是在暗指罗摩克里希纳忽视了对妻子的责任。但如果说罗摩克里希纳未对妻子尽责的话，那就不对了。他不但对妻子怀着非常深厚而纯净的爱，而且知道如何用爱来鼓励她，这是妻子获得平静和愉悦的源泉。我前面已经讲过罗摩克里希纳是如何郑重地担负起对妻子的责任，而且他也不允许他的弟子为了追随他而放弃对父母和妻儿应尽的责任。

宽阔的胸襟欣赏所有的伟大，他对真理的热爱使他的信仰中没有任何虚妄。因此，这位老师永远在学习①，他曾说过："我生来就是一个学生……一切事物都是我的老师，我从万物中学习。"他又怎么会错过向"人神"罗摩克里希纳学习的机会？

1875年上半年，柯沙布恰好与几个弟子住在达克希什瓦附近的一个别墅里。罗摩克里希纳听说后便前往拜访②，并说：

"我听说你曾见过神，我想知道其中的究竟。"

他开始吟诵一首著名的献给卡利圣母的赞美诗，唱着唱着，便进入了神迷状态。即便对于印度教徒来说，这也是十分离奇的场景。但柯沙布颇为怀疑这种病态的表现，对此毫无触动。当罗摩克里希纳的侄儿将他从三摩地中唤醒后③，他开始滔滔不绝地讲起了那"唯一且永恒的神"。在这样灵感涌动中，他反讽的语言令柯沙布深感震撼。

---

① 很高兴有人与我观点一致。有一位柯沙布的弟子，名为马尼拉·C. 帕拉克（Manilal C. Parekh）的基督徒。在他精彩的书中（《圣者柯沙布·钱德尔·森》*Brahmarshi Keshab Chunder Sen*），1926年，东方基督出版社，拉杰果德，孟买），他清楚地意识到罗摩克里希纳对柯沙布有很大的影响，可能多过于柯沙布对罗摩克里希纳的影响。我们都认为这正是柯沙布值得钦佩的地方：他有着高远的精神和宽广的胸襟。

② 早在1865年，罗摩克里希纳就注意到了在梵社做德温德拉纳特副手的柯沙布。柯沙布个子很高，有一张椭圆形的令人印象深刻的脸。"他干净的面容就像一个意大利人。"（默克奇语）但是，即便他的精神如同他的肤色一样被西方温柔的阳光所照射，他的灵魂仍然属于印度。罗摩克里希纳回忆1865年他见到柯沙布时的情景："当时在梵社的平台上，几个人正在冥想，中间的那个年轻人就是柯沙布，他一动不动完全沉浸在冥想中，就像一块木头一样。唯有他撒下的鱼饵，那鱼才吃……"

③ 欧洲的科学界可能会对此感到好奇。唯一能把罗摩克里希纳从神迷的状态唤醒的方法，是根据他神迷的程度，在他的耳边念某一个神的名字或某些咒语（祈祷词）。在神迷的过程中，人的精神是高度集中并完全受控的，绝非精神失常。

他让弟子们仔细观察，很快，他就确信面前的这个人与众不同。现在，轮到柯沙布来探其究竟了。

他们成了朋友。柯沙布经常邀请罗摩克里希纳参加梵社的仪式，或是一起乘船漫游恒河。柯沙布胸怀宽广并乐于与人分享，他在布道中、日记和访谈中都以英语和当地语言提到罗摩克里希纳。他的名望似乎完全供罗摩克里希纳使用。在这之前，只有极少数人知道罗摩克里希纳，而借着柯沙布的名望，罗摩克里希纳这个名字很快在孟加拉以及更远地区的中层阶级和知识分子中传播开来。

柯沙布，高贵的梵社领袖，学富五车、声名远扬，却谦逊地俯身在不识典籍、不懂梵文，甚至读书写字都很困难的无名之人面前，这是何等令人钦佩啊！但罗摩克里希纳深刻的洞察力确实令他困惑，所以他像一名真正的学生一样坐在了老师的足前。

但这些都不足以说明柯沙布是罗摩克里希纳的弟子，纵然罗摩克里希纳的狂热追随者中有人这样认为。柯沙布的基本思想在他们第一次见面前已经形成，所以不能说是源自罗摩克里希纳。1862年后，柯沙布开始接受宗教和谐观及源本同一性。1863年，他说："真理对所有人都是共同的，一切真理源自神。真理既不是亚洲人的也不是欧洲人的，不是你的也不是我的。"1869年，在一场关于未来宗教的演讲中，他将所有宗教比喻为一首宏大的交响曲，每一件乐器都有不同的音调、音域和特点，但却能合奏出同一首世界赞歌，赞颂天父和人子弟兄。

另一方面，柯沙布并不需要罗摩克里希纳的帮助才接纳圣母。卡利圣母并不是罗摩克里希纳创造出来的，她在印度是家喻户晓的神，正如上帝在西方是无人不知的。献给神的赞歌拉姆普拉萨德

(Ramprasad)早已存在于柯沙布的脑海并被反复唱诵。在德温德拉纳特担任领袖时期，梵社已经接纳了母性神的概念。柯沙布的弟子们可以轻而易举地在导师的文章中找到大量献给圣母的祈祷词。

毫无疑问，柯沙布与罗摩克里希纳有着同样的观点，那就是：无论对神的崇拜仪式和表达方式有多不同，神的所有崇拜者皆为兄弟。柯沙布的这一观念早已成熟，并通过他真挚的信仰得以复兴。同样的观点，罗摩克里希纳的阐发却是鲜活和充满生机的。他并不为理论所困扰，他就是理论本身！他是神与信仰者之间的连接；他是圣母，也是她的爱人；他看见圣母，圣母通过他得以显现，得以被感知。这个心灵的天才，将圣母温暖的呼吸和美丽的臂膀传达给众人，这对柯沙布来说是一个多么伟大的发现啊！柯沙布深深感受到这情感的力量，因为他也是一名虔信者，一个爱的信仰者。

一位柯沙布传记的作者，奇兰吉布·萨尔马（Chiranjib Sarma）这样写道："罗摩克里希纳温柔、朴实、迷人又带着孩子气的天性，为柯沙布纯洁的瑜伽和宗教理念增添了一抹色彩。"

而另一位柯沙布教会的教士巴布·吉里什·钱德尔·森写道："恰是从罗摩克里希纳那里，柯沙布学会了像孩子那样，用最纯真和甜美的声音去呼唤圣母的名字。"[1]

只有最后一句需要稍加评论：在见到罗摩克里希纳之前，柯沙

---

[1] 出自巴布·吉里什·钱德尔·森和奇兰吉布·萨尔马，被罗摩克里希纳的弟子们用来支持其观点，其中夸大了罗摩克里希纳对柯沙布和梵社的影响，过犹不及的引证尤其值得怀疑。奇兰吉布·萨尔马在文章中认为"是罗摩克里希纳让梵社将圣母信奉为神"，这与事实不符，最多只能说罗摩克里希纳的做法促进了梵社对圣母的接纳。梵社的膜拜礼仪是非常严格的，借用巴布·吉里什·钱德尔·森的一个比喻："是罗摩克里希纳的影子软化了梵社严苛的仪式。"

布已经知道如何向圣母祈求。但罗摩克里希纳给他带来了如童心一般的，对信仰，对神更加鲜活的热爱和更加直接的确信。可以这样说，柯沙布在同一年（1875年）所提出的"新天道"并没有在教义上受到罗摩克里希纳的影响[①]，但他的信仰和喜悦产生了无法抑制的奔涌的情感，让他向全世界大声喊出自己的声音。

对梵社来说，罗摩克里希纳是可贵的兴奋剂，正如圣灵降临节（Pentecost）喷射向信徒的圣火焰一样，燃烧着、启迪着梵社。他既是真诚的朋友，又是公平的法官，他既不吝于表扬，也不掩藏批判。第一次拜访梵社时，罗摩克里希纳就满怀笑意地洞察了一切，看穿了这些梵社精英们的套路。他曾非常幽默地回忆道[②]：

"主持人说：'让我们开始与神交流吧。'我以为他们会进入长时间的冥想。结果，没几分钟，所有人都睁开了双眼。我很吃惊，在如此浅薄的冥想中，谁能与神交流呢？仪式结束后，只有我和柯沙布两个人的时候，我说：'我刚才看到你们都闭着眼睛和神沟通，你知道我想到了什么吗？以前我在达克希什瓦时，常看到一群猴子聚在树下，面无表情一动不动地呆坐着，它们在心里盘算着，一会儿到某

[①] 然而，普拉塔普·钱德尔·莫佐姆达尔在他满怀悲悯的《柯沙布传》中承认，与罗摩克里希纳的相遇并没有从本质上改变"新天道"的有神论特征，但让柯沙布以一种更温和、更平易近人的方式来传达他的教义。

罗摩克里希纳"融合了印度多神论的精髓，而发展出一种折中的灵性论……这种新的折中主义启发和拓宽了柯沙布的宗教精神结构……印度教关于神的概念自然而然地认为神是美丽而真实的，而且认为自己的神学主张是最浅显易懂和平易近人的。当然，他原封不动地保留了一神论的基础"。但莫佐姆达尔遗憾地说，这一"神的多重性"的神学观，后来却被套用到了流行偶像的崇拜上。

[②] 参见达恩·葛帕·默克奇：《沉默的面庞》（1926年）。萨拉达南达在关于梵社和罗摩克里希纳的记载中也有类似的叙述。

个庄园里去抢点水果、树根或其他吃的东西。今天我看你们与神的交流，不见得比那群猴子严肃多少啊！'"

在一次梵社仪式上，有这样一句祈祷词："每时每刻都要想到神，每时每刻都要膜拜神。"罗摩克里希纳立即喊停了唱诵者："你应该把这祝祷词换成'每天向神祷告两次，每天向神祭拜两次'，说你真实会做的，为什么要和神说谎呢？"

柯沙布领导下的梵社，会有意识地在赞颂神的仪式中营造出一种生硬、抽象而庄重的氛围，令人联想到圣公会。他们非常警觉，极力避免任何偶像崇拜的嫌疑。罗摩克里希纳却将这事当笑柄，他不无中肯地指出，这其实也是变相的偶像崇拜。一天，当他听到柯沙布在一个祝祷中罗列神的美德时，就问道：

"你何必罗列这么多呢？儿子会对着他父亲说，'父亲啊，你有这么多房子，这么多花园，这么多马匹吗？'父亲将自己的财富都交给孩子是再自然不过的事。如果你认为神和神的美德都是非凡的，那你永远都无法亲近神，也无法靠近神！不要以为神是遥不可及的，想象神就在你身边，那样神才会向你显现真容……你有没有发现，当你将神的各种特质说得天花乱坠时，你就变成了个偶像崇拜者？"

对于这个敏感的话题，柯沙布极力反驳，他宣称自己憎恶偶像崇拜，自己所崇拜的神是一个无形的神。罗摩克里希纳平静地回答道：

"神是有形的，也是无形的。那些所谓的形象或符号和你赋予神的特质是一样的。而崇拜这些特质与偶像崇拜并无二致，只是更明显、更僵化的偶像崇拜而已。"

他又说道：

"你希望将它们严格区分开来，而我却极其渴望能以所有可能的方法爱慕神，即便倾我所能也还不满足。我要用水果鲜花供奉他，我要不断念诵他的名字，我想为他唱诵赞美诗，我想在他的喜悦中跳舞，我要在冥想中见到他，无论你相信无形的神，还是有形的神，都能找到神抵达神，你所需要的只是相信和臣服。"

我的文字是如此苍白，无法表达出罗摩克里希纳真实的光彩，他的声音、他的眼神，和迷人的笑容，让所有见过他的人都无法抗拒。而最重要的、最让人印象深刻的，还是他那鲜活而坚定的信念。他说出的话，不是随意而华丽的词语堆砌，而是对深不可测的生命奥秘的揭示，犹如在幽处绽放的花朵。对于大多数人来说，神只不过是一个笼统的概念，而他却能透过"不为人知的杰作"[①]上那层难以穿透的面纱看到神。正如他说的那样，他在神的海洋中畅游，像一个潜水者，深入海底后又浮出海面，带着海草的气息和海水的咸味。谁又能抹掉这深海的印记呢？西方科学完全可以分析这印记的成分，但不论结果如何，有一点是毋庸置疑的，那就是这印记一定是综合多样的。西方伟大的怀疑论者会去研究从深度睡眠中醒来的人，并从其眼神中捕捉梦之深海里的感受。柯沙布和他的弟子都被罗摩克里希纳所描述的意境迷住了。

柯沙布和印度的柏拉图经常一起乘船在恒河上遨游[②]，两人之间有过许多值得记录的对话。这些对话的叙述者，也是后来罗摩克里希纳的传道者，惊异于两个如此不同的人之间这样的对话。一个属于神

---

① 此处指的是法国作家巴尔扎克的著名小说《不为人知的杰作》。
② 对此，《室利·罗摩克里希纳福音书》的作者 M 曾两次提及此事。其书中记载的时间为 1882 年 10 月 27 日。而另一位目击者那贞德拉纳特·古普塔（Nagendranath Gupta）则记录了 1881 年的另一次出游。（参见《现代评论》，加尔各答，1927 年 5 月）

的人，和一个属于这个世界的人，有什么共通之处呢？柯沙布，一个亲英的高级知识分子，一直用他的理性在反对神，他的弟子们却像蜂群一样挤在船的舷窗旁，罗摩克里希纳的话语，就像蜜糖一样吸引着他们。

"这已是四十五年前的事了，但我还清晰记得当时罗摩克里希纳所说的话。我从未见过像他那样说话的人……他总是一边说话一边不停向柯沙布靠近，直到他部分身体无意识地搭在了柯沙布的大腿上。而柯沙布却一直坐在那里一动不动，并不将腿挪开。"

罗摩克里希纳亲切地看着围绕着他的人群，并通过描述每个人的相貌特征来判断他们的品德和性格。首先是眼睛，接着是额头、鼻子、牙齿和耳朵，这些构成了一种只有他能读懂的语言。接着，他用略微结巴但甜美动人的口吻开始讲述无形之梵（Nirakara Brahman），即无形之神。

"他重复了几声 Nirakara[①]之后便安静地进入了三摩地，犹如一个潜水者滑入深不可测的海底……我们目不转睛地看着他。他整个身体非常放松，而后稍显僵硬，没有任何的肌肉或神经的抽搐。他的四肢一动不动，双手十指交叉很自然地放置在大腿上，整个坐姿非常舒适但纹丝不动。他的脸微微上扬，表情安然，双眼微闭，目光止定，眼珠没有任何移动。他的双唇微启，带着一种难以描述的微笑，露出洁白的牙齿。这美妙的微笑里有种任何摄影师都拍不出来的东西。"[②]

---

① 意为无形。
② 参见那贞德拉纳特·古普塔书目。
在另一次 M 所记录的神迷状态中，罗摩克里希纳对圣母说："圣母啊！他们都被关在牢笼里，没有自由，能释放他们吗？"

直到有人在他耳边唱神的赞歌，罗摩克里希纳才从三摩地反身回来。

"他睁开眼睛，打量着周围，好像身处异地一般。歌声停后，罗摩克里希纳看着我们问道：'这些是什么人？'然后，他猛地拍了几下自己的脑门，大声喝道：'下去，下去……'这时他已完全清醒，随即愉快地唱起了献给卡利圣母的赞歌。"

他在歌声里赞美着圣母与绝对者（the Absolute）的同一性，他赞颂圣母放飞了人们灵魂的风筝，但仍以幻象之线彼此紧紧相连。①

"这世界是圣母的玩物。有时她会玩笑般地让一两只风筝脱离幻象之线，这是她的游戏。"她对这一两只风筝眨了眨眼睛，说："去吧，投身到世间生活中去吧！我会让你做点别的事情的……"

罗摩克里希纳模仿着圣母的样子转向柯沙布的徒弟们，以一种惹人发笑的讥讽口吻说道：

"你们生活在这世间，就安心待着吧，切不可弃绝尘世。你们现在的样子很好。纯金与合金，糖与蜜糖……我们有时玩一种游戏，必须得十七分才能赢。有人已经超过了最高分，有人已经输了，但你们这些还没有赚够分数的聪明人，还可以继续玩下去……实际上，无论是居家生活还是在尘世奔波，都没有关系，只要你不要失去与神的交流。"

---

① "放飞的风筝"的意象也曾出现在拉姆普拉萨德（孟加拉神秘主义者，也是众多卡利女神的赞美诗的作者。——译者注）的赞美诗中。罗摩克里希纳非常喜欢唱那首《圣母与自由的心灵》。在《福音书》中引用的纳兰斯钱德拉（Nareschandra）的赞美诗中也有这个意象。几乎所有的比喻，尤其是潜入生命海洋深处的比喻，自15世纪开始就在孟加拉的诗歌和民谣里以各种形式被引用。

正是在他的这些话语中，观察、狂喜、嘲讽和高度的思辨都极好地融合在一起。罗摩克里希纳自创的寓言都极其优美而深刻，譬如沿着山路石阶抵达的圣池，将卡利圣母比喻为蜘蛛。他对现实有着极其敏锐的感知力，仿佛能看到众人的灵魂最深处，并带领他们一起提升到和他一样高度的解脱。他不会有任何超过他们的智慧和能力的要求，但他要求他们付出全部努力。最重要的是，他向柯沙布和他的弟子们传达了生命的精神、创造性的气息，以及广博理智的宽容。秉持这种宽容，人们可以通过那些被认为是不可调和的不同道路去认识真理。他解放了他们理性的肢体，惊醒了他们麻木的思维，从而让他们变得柔软。他把他们从空洞的讨论中拉了出来，"去生活、去热爱、去创造"！鲜活的血液又开始在他们的血管里流淌。

　　当时，柯沙布正陷入与他人无休无止且毫无结果的宗教争论中。罗摩克里希纳对他："像神那样去创造吧！当你自己充满了存在的本质时，你讲出来的一切就会成为现实。所有从古至今的诗人们都在赞颂真理和美德，但能让读者成为善良和诚实的人吗？当一个人舍弃自我融入人群中，他的行为便是美德的显现。他为他人所做的一切，会让他们最单调的梦想变得伟大，会让这个世界变得更加真实而纯净；他们会成为现实之父[①]，他们所创造的永远不会消亡。这是我希望你

---

① 此处请对比甘地（Gandhi），他反对一切语言或文字形式的宗教宣传。有人问他："那我们如何与他人分享经验呢？"他回答道："不论我们是否相信，灵性的经验必然会与他人分享和交流的，但不是通过语言这个乏力的工具。灵性的体验比思想本身要深刻得多。只要我们活着，灵性的体验就会流露出来。但你若刻意去与他人分享，你其实是设起了一道智力的壁垒。"［英联邦国际联谊会理事会的讨论稿，非暴力不合作主义修习所（Satyagraha Ashrama），萨巴尔马提，1928年1月15日］

做到的,让谩骂的吠犬安静下来,让存在之象吹响胜利的号角,将祝福送给所有生灵!你拥有这样的能力,你是打算去好好运用它?还是打算将这短暂的生命浪费在与他人的争斗中呢?"①

柯沙布听从了他的劝诫,在这个温暖的世界里向下深深地扎根,沐浴在宇宙存在的元气中。罗摩克里希纳让他去感受,这元气一直存在,存在于一草一木中,丝毫不会丢失。柯沙布以共情之心重新认识了其他形式的信仰,甚至包括某些他之前回避的外化的修行方式。他认识到这些不同的名称——湿婆、萨克提、辩才天女、吉祥天女、哈瑞(Hari)等,只是在表达神的不同属性。

两年间,他研究了各大宗教及代表其精神的英雄人物——耶稣、佛陀、柴坦亚,每一个都是人类多棱镜的一面。他试图将这些宗教融会贯通起来,以便在其中找到宇宙的真理。在他生病期间,柯沙布被罗摩克里希纳最为熟悉的虔信瑜伽所吸引,即对卡利圣母热烈的爱。在最后的那几天里,罗摩克里希纳曾看望过他,他的弟子们说他"性情大变","他在和圣母说话,哭泣着等待圣母的到来"。罗摩克里希纳听到这个消息深感欣喜,很快进入了神迷状态。

在这次最后的相见中,柯沙布的举止令人动容。②尽管咳嗽得厉害,但他依然扶着墙出来,倚在家具上,拜在罗摩克里希纳足前。而罗摩克里希纳则在半出神状态中与他交谈。柯沙布安静地听着那似乎是来自圣母的神秘话语,这些平和冷静的话语给了他最后的慰藉,揭

---

① 参见 D.G. 默克奇著作《沉默的面庞》有关内容。
② 1883年11月28日黄昏时分,罗摩克里希纳带着他的几个弟子来到了柯沙布的住处。(见《室利·罗摩克里希纳福音书》第Ⅰ卷,第5部分,第1、2章)

示了他的苦难和即将到来的死亡的深刻含义。① 罗摩克里希纳以他极高的洞察力,看穿了柯沙布在这一生深藏于信仰与爱中的困惑:

他亲切地对柯沙布说:

"你病了,这其中意义深远。借着这身体,你已经在寻求神的路途上经历过无数的骇浪,这病痛便是这些情感的见证。无法知道它们对你身体造成了什么样的伤害,就好像安然漂游在恒河的一条船,突然间一个大浪打来,打乱了它的路线,船撞向河岸,船身的一部分被恒河水冲走了。神的异象之火进入你虚弱的身体,先烧掉了你的热情,然后烧掉虚妄的自我,最后便带走了一切……你还没有抵达终点……怎么能把自己的名字登记在神的医院里了呢?在被标为'治愈'前,你永远都不会被允许出院。"

他随后援引了著名的"神的园丁"的寓言:为了让一棵名贵的玫瑰能饮到夜晚的露水,神的园丁在树根周围挖了一个大坑。

"疾病在你生命之树周围挖了一个深坑。"

柯沙布默默地听着,笑了。罗摩克里希纳的微笑给这个笼罩在死亡气息中的屋子和病痛中的柯沙布带来了一种神秘的宁静。罗摩克里希纳一直避免用太严肃的口吻说话,直到柯沙布非常疲惫准备离开时,他才告诉他,在最后的日子里,不要与那么多的妇女和孩子挤在一起,而是应该与神单独相处。

---

① 罗摩克里希纳似乎还沉浸在神迷的状态中。他环顾四周,看到客厅里摆着漂亮的家具和镜子,微笑着自言自语道:"是啊,以前这些东西都是各有用途的,但现在都没用了……您来啦,圣母!您真美丽……"这时,柯沙布进来了,俯在罗摩克里希纳的足前。"我来了。"他说道。罗摩克里希纳似乎并没有认出他来,而是继续自言自语地谈着圣母和人生。虽然罗摩克里希纳是来探病的,但两人之间并没有谈及柯沙布的健康。过了一会儿,罗摩克里希纳才说出了上面的那些话。

据说，柯沙布在痛苦中去世时，口中最后喃喃的是"圣母……圣母……"

不难理解，这个伟大的理想主义者，这个信仰上帝，崇尚理性、善良、正义和真理的人，在生命最后的悲惨时光却发现他离崇高的、难以企及的神竟然如此遥远，他只有通过罗摩克里希纳脚下的尘土才能接近神、触摸神、看到神、聆听神的意旨，并恢复对神的热爱。这是一种很普遍的情形，但却正是因为这一点，让一些傲慢的柯沙布的弟子嫉恨罗摩克里希纳。而另一方面，我也要恳请罗摩克里希纳的弟子们不必拿此事大作文章，而应该向可爱的导师们学习。

在柯沙布离开后，罗摩克里希纳又非常谦逊地表达了对柯沙布伟大品格的钦佩。他说柯沙布的伟大赢得了整个印度，包括社会精英以及像他这样的普通信众的尊敬。继而，他也对梵社表达了敬意[①]，梵

[①] 1878年，当梵社发生新的分裂后，柯沙布被一部分弟子所抛弃，但罗摩克里希纳依然保持着对柯沙布的忠诚。但他并不会区别对待三个梵社的分支，他会去参加所有的祝祷仪式。《室利·罗摩克里希纳福音书》中曾记录过几次这样的活动，特别是1882年10月28日，当他去参加柯沙布的梵社的年度庆典时，众人将他团团围住，问他各种宗教问题，而他秉持一贯的宽广的胸襟，一一作答。他还参与到社员们的唱诵［印度诗人卡比尔（Kabir）的歌曲］和舞蹈中。在他离开时，他用各种形式的礼仪与众人告别，结束时，他向梵社致敬："向智慧瑜伽士足前致敬！向虔信瑜伽士足前致敬！向无形之神的笃信者致敬！向有形之神的笃信者致敬！向历史上获得梵知的人致敬！向梵社明了真理的人致敬！"
而另外两个梵社对罗摩克里希纳则缺少尊重。最新分裂出去的"公共梵社"，因罗摩克里希纳对柯沙布的影响而对他怀恨在心，德温德拉纳特所领导的"真梵社"又认为他是不入流的人物。1883年5月2日，罗摩克里希纳拜访"真梵社"时，对他的接待恐怕连"客气"都算不上。（幼小的罗宾德拉纳特·泰戈尔参加了那次接待，也许他还能记得一些。）（参见《室利·罗摩克里希纳福音书》）

社弟子们也对他回致敬意[①]，因为他们知道，没有任何人像罗摩克里希纳那样拓宽了梵社的眼界和心胸，让梵社的理念与印度人民的期望结合在一起，从而使印度文化在被西方科学主义同化和被自身疏离的过程中，能形成自己的精神和思想。

一个例子就足以证明这一点：来自梵社的罗摩克里希纳的大弟子辨喜。有一段时间，他极力提倡以西方理性打破印度传统，但后来转为尊崇和捍卫印度文化。在印度精神觉醒的过程中，西方精神的要义并未失去，而东方思想变得更为独立。因此，在平等自由的基础上，东西方文化和文明是可以相互融合的，而不是一方压倒或消灭另一方。

---

① 特别是柯沙布的继任者普拉塔普·钱德尔·莫佐姆达尔和维诘·克里希纳·葛萨万尼（Vijay Krishna Goswami，后来脱离了梵社）。在柯沙布的梵社里，还有一位伟大的作曲家和歌者特洛克亚·纳什·单亚尔（Trailokya Nath Sannyal），他创作的许多优美的歌曲的灵感，都源自罗摩克里希纳的神迷状态。

第八章　呼唤弟子

不难看出，罗摩克里希纳与梵社的相遇给印度带来了什么。他在其中的个人收获虽然不多，但却不可小觑，因为这是他第一次近距离接触受过良好教育的印度中产阶级，进而又接触到印度社会的进步人士和西方理念。在此之前，他对西方人的精神世界几乎是一无所知的。

罗摩克里希纳既不狭隘古板，也不故步自封，相反，他的胸怀永远是敞开的。他洞察人性、有强烈的好奇心和求知欲，他想尝遍生命之树上所有鲜美的果实。他探索的目光就像藤蔓一样，慢慢地从屋子的缝隙蔓延上去，仔细地研究每一个房间的人们，领悟他们不同的灵性精神。为了能更好地理解，他将自己看成和他们一样的人。于是，他深知他们的意义，了解他们的局限，并深刻地理解每一种灵性精神都有其符合人类本性的一面，也都会赋予人们不同的生活理念和个人职责。他从来没有想过将不符合个人本性的观点或行动强加于人。对罗摩克里希纳个人而言，现在或永久的弃绝是最初和最终的真理。但他也知道，绝大多数人都不会像他这样做，对此，他既不惊讶也不难过。在他看来，人与人之间的差异，就好像是同一块田地里开出的不同的花，正是这些花组成花园里缤纷的藩篱，让花园的景致更加多姿多彩。他爱这所有的花朵。

他能看到并指出适合不同人的不同道路。在与他人交谈时，他可以瞬间转换为对方的思维和表达方式，这并不仅仅是一项技巧，而是他最令人惊叹的能力！他的精神有笃定的方向，总能帮助并引领人们凭借自身的力量抵达神之所在的彼岸。他的指引并不是基于自身的意志，因为他相信每个人的天性都源于神，他的职责只是顺应每个人的天性而给予指引，使其臻至至善。意大利文艺复兴时期，有一句西方谚语说："有志者，事竟成。"（Vouloir c'est pouvoir.）这是年轻人语言的炫耀，只立志，还没有行动，更成熟的人则不会只满足于立志，而是更注重行动，这句谚语应改为："成事者，志之行。"（Pouvoir, c'est vouloir.）

罗摩克里希纳察觉到自身的能力和世人的召唤，他在与那些印度最有思想的人的交往中看到了知识分子的弱点和渴求，科学并不能为他们提供所有问题的答案。这时，罗摩克里希纳的出现和能力就尤为必要。而梵社使他看到了灵性团体的美和力量，他看到年轻的心灵们簇拥在一位兄长周围，他们一起编织爱的花篮，供奉给最爱的圣母。

于是，他的使命立刻变得清晰起来。首先，需要确立一个核心理念，然后，下定决心付诸行动。

首先，从整体上，他看清了自己与神的关系。他明白，他心中的神不会让他像其他灵性修行者那样，只满足于个人的救赎，而是让他去关爱并服务于全人类[1]。他的精神努力、他的神迷狂喜、他的自我

---

[1] "服务"（service）一词虽然没有被罗摩克里希纳明确提出，但却被其弟子们视为第一使命。罗摩克里希纳的教义核心中，以"爱"之名竭尽个人全力为他人奉献的宗旨，其实质就是"服务"。正如斯瓦米·阿索卡南达所阐释，服务是人类行动的原动力。[参见《印度觉醒》，阿尔莫拉，1928 年 2 月所发表的一篇名为《斯瓦米·辨喜的服务思想的源头》（*The Origin of Swami Vivekananda's Doctrine of Service*）的文章，之后会再次讨论这个话题。]

觉悟,都不是为了一己之私,而是为人类的发展寻求一条道路,为灵性觉悟的新时代做准备。其他人可以通过渴望和追求获得解脱,但他不行,这条途径对他无效。世纪更迭,人们面临信仰危机,他的使命是帮助全人类。①

"去工作,但不是为了你自己。"(Sic vos non vobis.②)

下面所列,即是罗摩克里希纳传递给时代和大众的团结战斗的口号和个人救赎的道路:

1. 一切宗教的本质都是真实的,都是源于教徒的虔诚信仰。它们揭示着宇宙的真理。罗摩克里希纳凭着常识和直觉臻达真理之境,这是他来到人间的目的。

2. 形而上学的三大分支——二元论、有限一元论和绝对一元论是通往终极真理的不同阶段。它们之间相辅相成,并不矛盾,每种观点都服务于人类不同的精神需求。人主要是依赖感官来获得认知的,所以,以仪式、音乐、图像和符号为主的二元论宗教很符合大众的需求。智性可以抵达有限一元论之境,但还有比这更高的境界,那就是对神的亲证,是更加超越的绝对一元论的层面,瑜伽将其称为对那无形的无法解释的绝对存在的亲证。它超出了语言与精神的逻辑范畴,是"亲证"的终极层面,即与"唯一实在"同一。

3. 对应这些不同精神层面,每个人都有一系列的责任。普通人要做的是,满怀热情,努力生活,尽心尽力履行自己的职责,做神的忠实仆人,为神尽心尽力照看好不属于自己的房子。凭着纯净与爱,即

---

① 我注意到一件奇特的事:罗摩克里希纳曾指着西北方向说,两百年后,他会在那里重生(俄国吗?)。

② 古罗马诗人维吉尔(Virgil)的一句诗,意思是:去工作,但不是为了你自己。

可摆脱欲望，获得解脱。不要执着于自我，要保持耐心和谦卑，一步一步来。

"只做那些在你的精神和梦想范围内的事情吧！去完成那些看起来很小的职责，比如将自己托付于神，不要吹嘘自己可以做更大的事情。随着弃绝之心和纯净之灵的成长（心灵的成长是非常迅速的），你的灵性之光会超越物质世界，照亮他人，就像恒河的水，从喜马拉雅坚硬的岩石间奔涌而来，润泽万千土地。"①

不要着急，按照原本的节奏来！你会抵达目的地，没有必要跑，但也不能停。"宗教是通向神的道路，是一条路，而非一座房子……'那这条路会很长吗？''要看情况，这条路对所有人都一样长，只不过有的人走得久一些，就离终点近一些……'"

"陶匠在太阳下晒罐子，有的罐子晒干了，有的还没有。这时，一群牛走过来，将陶罐踩在脚下（这是暗指死亡的来临），陶匠捡起这些破损的罐子，将那些没有晒好的碎片重新放回到转轮里，而不是扔掉。而那些被神的阳光晒好的碎片，会被保留下来，这些碎片在摩耶世界里已经没有太多的意义了。如果有一两个已成形的陶罐，那便是人类的楷模。"②

罗摩克里希纳就是一个陶罐，他的使命是寻找并引领身后的人们③，一起实现圣母的意愿：建立人类的新秩序。告知世人一个蕴含所有真相的词语，那就是"合一性"：神的各个面向与特性的联合与统一，所有爱与智慧的传递方式的联合与统一，人性的各种形式的联

---

① 参见 D.G. 默克奇著作《沉默的面庞》有关内容。
② 1884 年 12 月 6 日与班金·钱德拉·查德杰（Bankim Chandra Chatterjee）的谈话。
③ 他曾说过："是那些最后一次重生的人们。"

合与统一。在此之前,没有人能从多个面向认识存在,并确定所有面向、所有道路都会通往亲证与解脱。这是当今时代的任务。罗摩克里希纳与他的同胞们感同身受,见他们之所见、感他们之所感、想他们之所想、思他们之所思。他是这个新时代的引路人。①

明白了自己此生的使命后,罗摩克里希纳便满怀热情地去实现它。②他像捕鸟人一样,热切地呼唤天空中的灵性之鸟聚集在他的鸟舍。时机已经成熟,他不能再等,他必须找到弟子们并将他们集结在自己身边,无数个日夜,他为此寝食难安,他的内心在呐喊哭泣……

"我热切的愿望没有尽头,我必须去实现它,我不会理会周遭的话语,我只有这一个念头。我看到我的孩子们了,我知道他们肯定会来到我的身旁,我已经准备好对他们每个人要说的话了。一天天就这么过去了,他们却还没有出现……每想到他们,我就满心焦虑。钟已经敲响了,海螺也吹响了……我登上屋顶,在暗淡的夕阳中,我泣血的心在大声呼唤:我的孩子们,你们在哪里啊?我不能没有你们啊……我对你们的爱,胜过对母亲、对朋友、对爱人的爱;我渴望你们的出现,没有你们,我就要死去了!……"

---

① 参见斯瓦米·阿索卡南达的前引书目。
② 大概在1863年,室利·罗摩克里希纳得到启示,他会迎来众多忠实而纯洁的弟子。(参见《室利·罗摩克里希纳传》第203页)但在1866年之前,罗摩克里希纳从未考虑过此事。据萨拉达南达回忆,那一年,罗摩克里希纳在一次三摩地中停留了很长时间,之后便有了寻找弟子的强烈愿望。每天晚上,他都会向神大声祈求弟子的降临。接下来的六年(1866—1872年)是极为重要的一段时间,他达到了一位导师的最高境界,并更加了解当时印度人民的精神世界。1872年年底,他在一次异象里看到了未来的弟子。(参见《斯瓦米·辨喜生平》第I卷,第360页)1874年年底或1875年年初,他结识了柯沙布,并开始传道。他的传教活动主要集中在1874年到1886年8月的十二年间。

这来自灵魂的有力呼喊直冲夜空,犹如一条圣蛇,向心有灵犀的人们发出讯息。来自四面八方的弟子们,被这神秘的指令或力量所引领,被一条无形的线牵引着,一个个接踵而来。

最早的两个弟子(1879年)是来自加尔各答中产阶级的知识分子,他们是一对表兄弟:拉姆钱德拉·达特(Ramchandra Dutt),加尔各答医学院的医科学生[1],绝对唯物主义者和无神论者;另一个是曼罗莫汗·米特拉(Manomohan Mitra),一位已婚的一家之主。他们在梵社刊物中读到了一些关于罗摩克里希纳的文字,很感兴趣。他们见到罗摩克里希纳后,立即被他的魅力和人格所征服,拜倒在他的门下。但他们并没有弃绝世俗生活,罗摩克里希纳也没有要求他们这么做。也正是这两位最早的追随者,带来了罗摩克里希纳最了不起的两位大弟子:一位是罗摩克里希纳教团的第一任主持婆罗门南达;另一位,是以智慧之光照耀印度和全世界的辨喜。

下面是最广为人知的二十五名弟子的名字和简要信息,1879年到1885年间[2],他们陆续到来并聚集在罗摩克里希纳的身边:

1879年:

1. 拉姆钱德拉·达特医生。

2. 曼罗莫汗·米特拉。

3. 拉图(Latu),拉姆钱德拉的仆人,来自比哈尔邦的低种姓家庭,后来的阿达布坦南达(Adbhutananda)。

4. 苏伦德拉纳特·米特拉(Surendranath Mitra),就职于一家英

---

[1] 实际上,他当时是在做医生。——英译版出版者注
[2] 据萨拉达南达说,罗摩克里希纳的弟子都是在1884年年底前抵达,其中大部分是在1883年中到1884年中之间到来。

国商贸公司，家境富裕，一家之主，梵社成员。

1881 年：

5. 拉罕尔·钱德拉·高希（Rakhal Chandra Ghosh），一个地主的儿子，后来的婆罗门南达（Brahmananda），罗摩克里希纳教团的首任主持。

6. 大葛帕（Gopal the Elder），一位纸品商人，后来的阿德韦塔南达（Advaitananda）。

7. 纳兰德拉纳特·达塔（Narendranath Dutt），一位青年知识分子，来自卡莎特里亚家族，后来的辨喜（Vivekananda）。

1882 年：

8. 摩亨佐纳特·格塔（Mahendranath Gupta），来自加尔各答闪巴匠，是维德雅瑟格高中的校长。他曾以 M 的名字撰写了《室利·罗摩克里希纳福音书》。如果我没记错的话，他创建了莫顿学院（Morton Institution）并任校长。

9. 塔拉克·纳特·古萨尔（Tarak Nath Ghoshal），一个律师的儿子，梵社成员，后来的希瓦南达（Shivananda），罗摩克里希纳教团的现任主持。

10. 乔根德拉·纳特·乔杜里（Jogendra Nath Chaundhury），来自达克希什瓦的一个婆罗门贵族家庭，后来的尤加南达（Yogananda）。

1883 年：

11. 沙施布珊（Sasibhurshan），后来的罗摩克里希纳南达（Ramakrishnananda）。

12. 萨拉德钱德拉·查科拉瓦提（Saratchandra Chakravarti），后来的萨拉达南达（Saradananda），担任罗摩克里希纳传道会的秘书长达二十五年，是罗摩克里希纳生平最重要的记录者。加尔各答的婆罗门，梵社成员。

13. 卡里普拉萨达·钱德拉（Kaliprasad Chandra），一位英语教授的儿子，后来的阿比达南达（Abhedananda）。

14. 哈瑞纳特·查托帕达雅亚（Narinath Chattopadhyaya），一名婆罗门，后来的图利亚安南达（Turiyananda）。

15. 哈瑞帕拉撒纳·查特吉（Hariparasnna Chatterjee），一名学生，后来的维念那南达（Vijnananda）。

1884年：

16. 冈加达尔·加塔克（Gangadhar Ghatak），一名十四岁的小学生，后来的阿克汉南达（Akhandananda）。

17. 吉里什·钱德拉·高希（Girish Chandra Ghosh），一位伟大的演员和剧作家，现代孟加拉剧院的创始人，加尔各答星剧院导演。

1885年：

18. 撒博达·高希（Subodh Ghosh），一名十七岁的学生，是加尔各答卡利圣母寺创建者的儿子，后来的苏博达南达（Subodhananda）。

19. 普纳钱德拉·高希（Purnachandra Ghosh），罗摩克里希纳六大弟子之一，十三岁时即拜到罗摩克里希纳门下。

以下弟子到来的具体时间无法考证：

20. 巴拉拉姆·博斯（Balaram Bose），一名富翁，性格慎重，极其虔诚，他的捐赠帮助了罗摩克里希纳传道会的成立。

21. 尼提亚·尼兰扬·高希（Nitya Niranjan Ghosh），一位年轻的巫师，后来的尼兰亚纳南达（Niranjanananda）。当时罗摩克里希纳将他从邪教中挽救了回来①。

22. 德文德拉·马宗达（Devendra Mazundar），一位沉稳的已婚男士，受雇于一位地主，孟加拉诗人萨仁德拉纳斯（Surendranath）的兄弟。

23. 巴博然·高希（Baburam Gosh），一名二十岁左右的学生，后来的普瑞曼南达（Premananda）。

24. 图拉西·查兰·杜塔（Tulasi Chanran Dutt），一名十八岁的学生，后来的尼玛拉南达（Nirmalananda）。

25. 杜尔加·查兰·纳格（Durga Charan Nag），他是现今仍在世的罗摩克里希纳大弟子，是金色传奇中真正的圣人。

在这份名单中②，只有拉图是贫苦的仆人，其他大多数人，从婆罗门贵族到孟加拉的富庶中产阶级，都属于自由职业阶层。他们或者非常年轻，或者正处于人生的鼎盛时期，其中有几人还受过梵社的熏陶。他们只是罗摩克里希纳众多门徒的一部分，他们是罗摩克里希纳最亲密的弟子，也是他思想的最忠诚的拥护者。

不同阶层、不同种姓的人川流不息地向他涌来，王公贵族、乞

---

① "如果你总想着魔鬼，你就会变成魔鬼。如果你总想着神，你就会成为神。选择吧！"
② 萨拉帕萨纳·米特拉（Saradaprasanna Mitra），即斯瓦米·特里古纳蒂塔南达（Swami Trigunatitananda）也是罗摩克里希纳的得道弟子之一，在名单中被漏掉了。斯瓦米·尼玛拉南达（Swami Nirmalananda）虽然见过罗摩克里希纳，但实际上是辨喜的弟子。
根据孟加拉语版的《室利·罗摩克里希纳福音书》第Ⅰ卷，第6页的记载，一些弟子与罗摩克里希纳的相见时间如下：
葛帕（Gopal）：1879年之前；塔拉克（Tarak）：1881年之前；巴博然（Baburam）、巴拉拉姆（Balaram）、尼提亚·尼兰扬（Nitya Niranjan）：1881年年末或1882年年初；德文德拉（Devendra）：1884年。——英译版出版者注

丐、记者、梵学者、艺术家、虔信者、梵社成员、基督教徒、伊斯兰教徒、坚定的信仰者、忙碌的生意人、老人、妇女、小孩……都来了！他们远道而来，日夜围绕在罗摩克里希纳周围，向他提出各种问题。一天二十四小时中，罗摩克里希纳要用二十个小时回答问题，这令他极为疲劳，健康也受到了影响。但他从不拒绝任何来访者，他将悲悯和智慧，以及灵魂深处的力量传播给每一个人，有时即使他一个字也不说，也能完全征服来访者的心，给他们带来改变。他赢得了所有人的尊敬，也赢得了持不同宗教观点的人的信任，这些人会在他面前争论，他也非常乐意调和他们的矛盾。

但对罗摩克里希纳来说，这仅仅是诸多创造和谐的方式之一，他渴望完成比调和宗教纷争更为高远的事情，那就是，人与人之间的和谐与合一。不论人与人之间有多大的差异，人类应该成为一个整体，彼此理解、彼此同情、彼此关爱。我们愈是爱他人，就离神愈近。每个人都有内在的神性，日常生活即是也应该是人的宗教。人们根本无须去庙堂中寻求神灵，或者祈求神迹和启示，神每时每刻都在我们身边，我们能看到他，能触摸到他，因为他就是我们的兄弟、朋友、敌人，就是我们自己。

这无所不在的神性之光从罗摩克里希纳的灵魂深处向外散发，照耀着聚集在他身边的人们，润物细无声地赋予人们智慧与力量。

他对弟子们说：

"我们必须确立新的宗教基础。我们必须努力过一种向内的生活，成为一种存在。这存在将点燃无数真理的火把……河流之所以奔涌向前，是因为源头所在的高山岿然耸立……让我们在人性中立起一座神性的高山吧！这山在哪里？需要多久才能建好？这都无关紧要……润泽人类的光明与慈悲之河水将由这神性的高山倾泻而出,源源不断,永不枯竭。"[①]

罗摩克里希纳并没有创立或阐释出一套新的信仰,他告诫弟子们必须反对任何形式的罗摩克里希纳主义(Ramakrishnaism)。

普瑞曼南达曾听到他祈祷说:"圣母啊!请不要让我因为引领他人的信仰而闻名,请不要用我的声音来传达信仰!"

在所有事物之上,必须没有任何界限。"一条涌动的河流是不能有障碍的,如果河水被拦截了,它就会淤堵腐臭。"所有通向自我与他人的大门都应敞开,创造出所向无敌的团结和大同(Unity),这是他和弟子们的使命:勠力同心去"创造一种世世代代哺育和滋养全人类的存在(Being)"。在这个过程中,需要参与者极高的天赋、积极的行动、宽广包容的心胸,和毫不吝惜毫无保留的自我奉献精神。

这就是罗摩克里希纳在挑选加入圣团(the Divine Community)的弟子时极其严格的原因,因为是他们将要铺就人性进步的道路。罗摩克里希纳说,是圣母选择了他们,而不是他。但是,圣母与人内心深处的本质有什么不同吗?正是这本质,让罗摩克里希纳和弟子们获得了超凡的能量,在拥挤的人群和无尽的孤寂中坚守本心;正是这本质,让他们拥有了敏锐的感知力,彼此寻觅吸引拥有同样内在灵性的人;正是这本质,让他们在最隐秘的接触中,能分辨出深与浅、优与劣、善与恶,以及看到常人看不到的现在和未来。

人们常常会质疑这种基于直觉的看穿现在和未来的感知天赋是否真的存在,这就好比一个人将木棒放入水中,以此来判断水的深浅,

---

① 参见 D.G. 默克奇著作《沉默的面庞》有关内容。

水到底有多深是完全超出这个人的理解范畴的。

罗摩克里希纳是圣母手中的一根神奇的魔杖，民间流传着很多关于他高度敏感的身体和精神的故事。晚年时，他极度惧怕金钱，哪怕被金币稍微碰了一下，他都会有被灼伤的感觉。如果被不洁净的人触碰到，他就会痛苦得如同被毒蛇咬过一样。

他能一眼看穿身边的人，他完全了解他的弟子们。他曾在一个性格尚未成熟的青少年身上清楚地看到了他与生俱来的使命，也曾在某个不被认可的人身上看到他将来的命运。或许正是他的点醒帮助这些人去完成他们的使命。这个伟大的灵魂塑造者，用他那点石成金的手指，塑造了辨喜这块金子，也点燃了尤加南达和婆罗门南达这样细腻而柔和的蜡烛。更加不可思议的是，当初对他怀着最大敌意的人，最终都信服他、追随他，并沿着他为他们选择的灵性道路前进。当时的敌意有多强，后来的信服就有多深。罗摩克里希纳能理解、引领并升华人们的心灵去完成神的任务，这位"至尊天鹅"鹰一般敏锐的眼光从来都没有错过。

第九章 大师和他的孩子们

在罗摩克里希纳身边的这些杰出人物可以分为两类：第一类，第三会（Third Order）修行者，即在世俗生活中侍奉神灵的人；另一类，是那些天选的传道者。

我们先看第一类：这些信徒或受教者属于次一级（第三会）的修行。他们体现了罗摩克里希纳所倡导的宗教包容精神，提倡人们履行对自己、对他人和对全人类应尽的职责。

他从不要求他人放弃一切来追随他。相反，对于那些已有世俗职责的人，譬如已婚人士或是一家之主，他绝不会要求他们"为了获得个人救赎而弃绝一切"。他禁止弟子不顾自己对他人的责任而"仅仅想着自己成为圣人"。很多时候，个人的弃绝不过是自私罢了，只能带来灵魂的死亡。

"我们亏欠于神，我们亏欠于父母，我们亏欠于妻子……除非我们偿还了对父母所欠的债，否则做什么事情都是徒劳……哈里什抛弃了他的妻子来到这里，如果他没有安排好妻子的生活，我就认为他是个邪恶的人。有些人总是引经据典，但却言行不一。罗摩·普拉桑纳（Rama Prasana）说《摩奴法典》（Manu）规定苦行者应该被奉养，可他的老母亲却忍痛挨饿，沿街乞讨……这令我愤怒至极！难道年迈的母亲不应该被奉养吗？只要父母还需要照顾，就不能弃世修行。"

"S的哥哥来了好几天了，他把妻子和孩子交给妹夫照看。我狠狠地骂了他一顿！这样贸然抛妻弃子难道不是一种罪过吗？他有好几个孩子要抚养，难道要别人去照顾他的孩子们吗？这真是一桩丑闻啊……所以我把他赶走了，让他去好好找份活干。"

"你应该抚养自己的孩子，照顾自己的妻子，为她安排好你过世后的生活。如果你不这么做，你就是无情；一个没有同情心的人不配为人。"

"我对人们说，心中想着神，但同时也要履行世俗的职责，我不会让他们弃绝一切的。有一次，柯沙布在祝祷时说：'神啊，请允许我们投身于奉献之河，并且能臻达存在、知识、喜悦之境吧！（Satchidananda; Being, Knowledge, Eternal Felicity.）'我指着屏风后的女人们，对他说：'如果男人们都"投河"了，这些女人该怎么办呢？所以啊，男人们应该时不时地从水中探出头来，一会儿潜下去，一会儿探出来……'柯沙布和其他人都笑了起来。"

"一个已婚男士的责任，是与妻子如兄妹般相处，生一两个孩子，然后向神祈祷，请求神赋予你自控的能力，去追求完美的精神生活。"

"毫无疑问，一个曾尝过神之喜乐的人，会觉得这个世界毫无趣味，在世俗中过着宗教生活，就好像是身处一间只有一点微弱光线的房间，适应了野外的人是无法待在监狱里的。① 但是，如果在这个房子里有责任需要承担，那就请你在承担责任的同时，学会享受这微弱的光线吧。不要错过任何一点微小的光芒，触摸它，追随它。记得，

---

① 与崔洛卡亚·纳什·善亚尔（Trailokya Nath Sanyal）的谈话。

用你的一只手工作，另一只手去触碰神的足下，当你不再需要工作时，再用双手紧紧抱住神的双脚，贴近你的胸膛……① 弃绝尘世，你又能获得什么呢？家庭是你的堡垒。那些获得真知的人，身心永远是自由的，只有傻子才会口口声声说'我被束缚了'，他们也真的会被束缚至死……意识是最重要的，意识自由，你便自由，不论是在森林里，还是在俗世间，你都是自由的！我是神之子，万王之王，谁又能束缚我呢？"

这是罗摩克里希纳所传达的自由的意义，源自内心的清泉，分享宇宙存在的喜乐。真正的神蕴藏于每个人心中，神不会对抗、压抑、残害人的本性，最重要的是，神不会对任何托付于他的人有一丝一毫的伤害。罗摩克里希纳从不阻止任何正常的人类感情的流露，他认为这是人们获得启迪的一种方式，就像一条平静的映出美丽倒影的水渠，能将纯洁和单纯的心灵引领到神的身边。

有一个非常美丽的故事：

一个弟子（马尼拉·麦立克）的女儿非常困惑，因为她在祈祷时完全无法集中精神。罗摩克里希纳问她："在这个世界上，你最喜欢的是什么呢？"

她回答说是她哥哥的小孩。

温柔的导师说："很好，那每次祈祷时，你就想着这个孩子吧。"

她这样做了，通过这个孩子的形象，她渐渐成了童年克里希纳神的虔信者。

我是多么喜欢罗摩克里希纳思想中的亲切与柔和啊！这其中蕴含

---

① 1882年与柯沙布及其弟子的谈话。

着深刻而无穷的意义！所有的道路都是好的，哪怕是那些坏的道路。每个人都有自己的命运之路，只要能诚恳地坚守自己的路，余下的事便交给神吧。你只需充满信心，迈步向前！

罗摩克里希纳有一双能洞察一切的眼睛，有如母亲一般深厚宽容的胸怀，他知道如何引领那些迷失的孩子们和他们痛苦的灵魂。他与喜剧家吉里什·钱德拉·高希之间的故事即充分地体现了这一点。

吉里什是一位伟大的演员和剧作家，也是一个玩世不恭的浪荡子。虽然天赋使他偶尔创作出精彩的宗教作品[1]，但他只是觉得好玩，他根本不相信神。他完全没有意识到自己只是神的一个玩物而已。罗摩克里希纳第一眼见到他，就看穿了这一点。

吉里什听说罗摩克里希纳被尊称为"至尊天鹅"，便好奇地想一睹真容，就像人们好奇马戏团里的怪人一样。两人第一次见面时，吉里什喝醉了，对罗摩克里希纳极其无礼，但罗摩克里希纳却始终用一种平静诙谐的语气和他交谈：

"你至少和神喝一杯嘛！或许神也能喝点酒……"

这个醉汉张着嘴，嚷嚷道："你怎么知道神喝不喝酒？"

"如果神不喝酒的话，那他是怎么创造出这个乱七八糟的世界的呢？"

吉里什呆住了，半晌都没发声。他离开后，罗摩克里希纳对一旁震惊的弟子们说：

"这个人是神的虔信者。"

后来，罗摩克里希纳去加尔各答剧院看了吉里什的演出[2]。吉里

---

[1] 他的一些戏剧被译为英文，他是最伟大的孟加拉语剧作家之一。
[2] 1884年年底时，他观看了《柴坦亚与利拉》的首演。

什极其自负,等着罗摩克里希纳来恭维他,但罗摩克里希纳却对他说:"孩子,这扭曲的灵魂让你遭了多少罪啊!"

吉里什勃然大怒,破口大骂。罗摩克里希纳平静地祝福了他,便转身离开了。第二天,吉里什跑来请求罗摩克里希纳的原谅,并成为他的一个门徒。吉里什有个嗜酒的毛病,罗摩克里希纳从来没有要求过他什么,但后来吉里什自己戒了酒。因为罗摩克里希纳让他感到他是绝对自由的,这增强了他的决断力。

不仅如此,罗摩克里希纳还对他说,不作恶算不上美德,靠近神才是美德。但这对吉里什来说很难,因为他从来不遵守规矩。他感到极其无望,说宁愿自杀也不愿做祝祷和冥想。

"我对你的要求并不高,"罗摩克里希纳说,"只要每天饭前做一次祝祷,睡觉前再做一次,你看可以吗?"

"不行!我讨厌规矩,祈祷和冥想我都做不来,我想神超不过一秒钟。"

罗摩克里希纳答道:"好吧,如果你真想见到神,又不肯走近神的话,那就让我来当你的代理人吧!我来替你向神祈祷,你还继续过你的自由自在的生活。但是你得答应我:从此以后,你要完全听候神的差遣。"

吉里什完全没有考虑后果就答应了。于是,他的生活不再被自己的意志所控制,而是被一种内在的力量所支配,就像一片风中的叶子,或者一只被母猫叼着扔到国王床榻上的小猫。他被迫接受这样的条件,这对他来说并不容易。他也曾反抗过,但有一次他却说:

"好吧,我会做的。"

"怎么回事?"罗摩克里希纳严厉地说,"你现在已经没有做或不做的意愿了。记着,我是你的代理人,你的行动是遵循你内心神的意志的。我为你祈祷,但是,如果你不放弃自己的意志,我的祈祷就是无用的。"

吉里什服从了,这次训诫后,过了一段时间,他即臣服于非人格化的自我,他被神征服了。

但他并没有放弃戏剧家和演员的工作,罗摩克里希纳也从未这样要求过他,相反,他的工作更加纯粹。他是将女性带入孟加拉的舞台的第一人,他帮助并改变了许多女性的悲苦命运,他还进一步将女性带入罗摩克里希纳修道院。吉里什是罗摩克里希纳最虔诚的追随者之一,也是最伟大的俗家弟子之一。尽管他嬉笑怒骂性格不羁,但在罗摩克里希纳死后,他受到了罗摩克里希纳道院的弟子们的尊崇。

吉里什在临终前说:"愚蠢的物质是可怕的面纱!罗摩克里希纳,请将它从我的眼前拿走吧!"

***

吉里什有着比一般人强烈的宗教意识和第六感,这也让罗摩克里希纳看到,那些看似与神擦肩而过的人,其实内心都有神的存在,他们也注定要传播神的种子。一个眼神,一个手势,就足以唤醒他们内在的神性。几乎所有的弟子们,在第一次见到罗摩克里希纳的时候,不论是否愿意,都因与他产生的内在共振而折服于他,而他则会再三仔细地考察他们。有些人只能获得自己个体的救赎,而真正的弟子,则能成为掌管他人灵魂的领袖。这就是为什么,罗摩克里希纳在招纳弟子的时候,都会考察他们的体格和道德,一旦入门,他便如父亲一般严格地教导他们。

选弟子时,他偏向于那些涉世不深且未婚的年轻人,他们是"尚未坠入欲望之网的人、尚未被金钱羁绊的人、了无牵挂的人"。如果是像婆罗门南达一样的已婚者，罗摩克里希纳还会考察他的妻子，以确保妻子不会妨碍丈夫的修行。这位文盲的弟子大都接受过良好的教育，除了梵语之外，大多数人还至少掌握另外一门外语。但也有例外，比如拉图就是一个典型的例外，他来自孟加拉之外的比哈尔，一个贫穷的农民，一个目不识丁的用人。罗摩克里希纳唤醒了他对永生的信仰，不知不觉间，他拥有了和导师一样超凡的智慧。

斯瓦米·图利亚安南达说："我们中的大多数，都要在智慧的泥沼里跋涉很久才能抵达神。而拉图却像神猴哈努曼一样，轻松地跳跃过这泥沼。"

罗摩克里希纳传授给弟子什么呢？辨喜曾说，罗摩克里希纳的教学方法在那个时代是最独特的原创。在当时的印度，导师（Guru）的话是金科玉律，学生（Chelas）对老师的尊敬远胜于对父母。而罗摩克里希纳却根本不理这一套，他和年轻的弟子们平起平坐，是他们的同伴和兄弟，他和弟子们亲切自然地交谈，毫无优越感。他的教导都来自圣母，只是通过他来传达："我所说的与我这个人没什么关系。"后来，他的一些教育原则被欧洲的新学派采纳并系统化。

他认为，语言只是附属品，并不是教义本身。真正的教义并不在那些训导的话语中，而是在"传导"的过程中。但是，传导的是什么呢？是一个人的"自我"吗？并非如此，是更高的真我（the One Self），或者，我们可以将其描述为一种内在富足的状态，内在充满了丰沛的活跃的被称为"灵性"的东西，这是我们应该要去"传导"，去"授人以玫瑰"的东西。就像一个好园丁，让园中的幼芽得到适宜的阳光和树荫，最终开出鲜艳花朵，吐露宜人芬芳。仅此而已，其他的一切都源自他们的内心。"莲花盛开时,蜜蜂自然会飞来汲取蜂蜜,让品格的莲花自然绽放吧!"

因此,这位大师非常谨慎,不让自己挡住成长中的花朵所需要的阳光。他尊重和热爱人的个性,不愿个性被奴役,他甚至不愿意自己受到他人的过度喜爱,不希望弟子们被爱的温情所束缚。

"让蜜蜂到你们的心灵中采蜜吧。但要小心,你们美丽的心灵是俘虏不了任何一只蜜蜂的!"

罗摩克里希纳从不将自己的观点强加于人,也没有任何固定的教条。我再次引用他的这句话:"圣母啊,不要让我的声音来传达您的信仰。"

至于仪式,就更少了。"繁复的仪式不能带领我们靠近神",只有通过爱与虔诚,我们才可以走近神。

他从来不做形而上学或神学的空洞讨论。"我不喜欢争辩。神在理性力量之上,我在所有存在中看到神。理性又有什么用呢?……走进果园,吃一颗芒果,然后走出来,就这样,没有必要去数芒果树上有多少片叶子啊!何必要浪费时间去争论转世再生或偶像崇拜呢?"

那么,什么才是真正重要的呢?是个人的体验。首先是体验,然后再去相信神。信仰应在体验之后,而不是之前。如若信仰产生于个人体验之前,便是前后矛盾的。

然而,罗摩克里希纳预先设定了他自己的信仰,即神存在于万物中,神即万物,万物即神。人只要张开双眼,环顾四周,必能找到神。对他而言,这种与神合一的方式是如此地深刻而持久,完全无须证明给他人。他也从未想到过将这一理念强加于人,他毫不怀疑每一位心智健全且虔诚的神的追随者,都能通过自我亲证到神。而他唯一要做的，是帮助弟子们保持健全和虔诚。

谁能想到这样一个完全沉浸于神的人，会产生如此强大的道德影响力呢？显然，他所散发出的始终如一的平和与视见，就像秋天里松蜜的香气，沁润着年轻弟子们饥渴的舌头。弟子们热切地在罗摩克里希纳的一举一动中捕捉信息，而他却让弟子们享有充分的自由。他对自己的教学方式深信不疑，他相信神在通过他散播芬芳，就像百里香的花香被阵阵微风吹散一样，百里香并不曾试图去做什么，而人们只需尽情嗅闻那芬芳的花香就好。

这就是罗摩克里希纳的核心教义。人应该拥有并保持身体、感官和灵魂的诚实与纯净，不染纤尘，毫无瑕疵，像亚当一样纯真。

做到这样，第一条准则便是禁欲。

对于这一点，那些天真的西方反教会分子无知地认为这是罗马教会的专制，他们不知疲倦地对此发起攻击，而这种攻击在历史中一直存在（如果整个世界都严格奉行禁欲的话，那么此类的攻击就不会如此长久）。那些伟大的神秘主义者、理想主义者和灵性创造者们都知道，也都曾本能地体验到这一点，那就是，通过弃绝性欲带来的感官和精神上的能量消耗，人可以产生并积累更专注的灵性冲动和更蓬勃的创造力，继而迸发出更巨大的生命能量。

这一点，诸如贝多芬、巴尔扎克和福楼拜等信仰自由的思想家和感觉论者，都曾深有体会。贝多芬在一次控制自己的肉欲冲动时喊道："让我为了更高的目标（神和艺术的灵感），保留这能量吧！"另外一个更具有说服力的理由是：对神的热情是不能被分散的，神是不会光临一个充满欲望的房间的。（关于性欲的行为和想法都是被禁止的。）如果只是将性欲深藏于内心，这其实并不是禁欲，而是一种性无能，是另一种原罪，而非自由。禁欲是印度的遁世者们必须遵守的基本准则，不同的灵性导师有不同的风格，罗摩克里希纳是温柔的、平和的、接近女性气质的，辨喜则是热烈的、激情的、充满男子气概的。但无论怎样，这种坚持如同风中的火炬，它会随风摆动，却绝不会被风吹灭。

"若想亲证神，就必须修炼绝对的禁欲。如果一个人保持十二年的绝对禁欲，他便能获得超人般的能量，他的身上会生发出新的'智慧'神经，他了解并知晓一切事物。所以，弃绝金钱和女人是极为重要的。"

"贫困""贞洁""圣方济各的神秘婚姻"，这些教会和圣书开出的方子完全是多余的。因为共通的东西方精神已得出了同样的结论，那就是，一个致力于内在世界的人（无论这内在世界被称为基督、湿婆，或是克里希纳，或是纯粹的思想和艺术），"必须对自己的感官有绝对的控制力"。

但这还不够！对那些与世界保持紧密联系并行动于世间的大多数人来说，他们还要"控制"行动的目的和动机。不论行动本身如何高尚，必须小心不要成为行动的奴隶。[①]

"你不可能不行动，因为原质会驱使你行动。既然如此，那就按照该有的样子去行动吧。不执的行动会将人引向神，这是抵达终点抵达神的方式之一。"

[①] 即使是在怀疑论充斥的18世纪，西方最优雅高傲的基督教学者们也很好地诠释了这种不被行动所束缚的精神。我在格鲁克（Gluck）和亨德尔（Handel）的傲气，哈塞（Hasse）和莫扎特的艺术中都能感受到这一点。他们毫不关心自己的作品在生前和死后的价值，就像拉辛（Racine），在去世前仍有着饱满的创作激情。我敢冒昧地说，一个人，除非能达到这样的精神高度，否则不会创造出绝世之作。

"不执"并不是无觉知地行动,也不是无热情地工作,而是超然地去行动。

"不执的行动,是既不期望行动的回报,也不恐惧行动的惩罚,无论这些回报和惩罚是在今生或是来世。"

但是,罗摩克里希纳太仁慈了,他不了解人性的脆弱,他不知道这样的理想是很难实现的。

"不执的行动是极其困难的,尤其是在当下这个时代,仅有少数神选之人才能做到。"

但必须鼓励人们去追求不执的行动。在行动的过程中,虔诚的祈祷和真正的慈善都会有所帮助。

可是!等一等!"慈善"这个词有点模棱两可。慈善常常被认为是博爱,但罗摩克里希纳却对慈善有着极度的不信任,其程度甚至远超过西方著名的讽刺家们,譬如狄更斯和米拉波等人。虽然这样可能会吓到很多善良的人,但他毫不掩饰地嘲讽和挖苦那些虚伪的"慈善家"。他曾不止一次地告诫弟子们,要警惕招摇炫耀的慈善。内在修行带来的直觉让他发现,众多以慈善为名的活动,只不过是好大喜功的虚荣和浮华而已,而那些所谓的职业"慈善家"们,也只不过是极端的利己主义者。他们只有一腔虚假的热情,并没有真正的发自内心的爱。他们的"慈善"只是为了打发生活中的无聊,如果遇到哪怕一丁点的困难,他们只会关心如何让自己摆脱麻烦,而不是真正去帮助那些不幸的人。当善良的麦立克(Mallik)说他要去创建一所救死扶伤的医院时,罗摩克里希纳说:"好啊!但你首先要到'不执'(Detached,即完全无私)。"

罗摩克里希纳对那些世故的人毫无兴趣,譬如小说家班金·钱德拉·查德杰（Bankim Chandra Chatterjee）和《印度爱国者报》（The Hindu Patriot）的经理。在聊天时，罗摩克里希纳对他们的想法、精神的深度，尤其是他们口口声声提到的诸如修路、兴建公共设施等善行全部不置可否。他认为，污浊的心灵是不可能产生真正的善念和持续的善行的。人必须首先去除自己的利己心，才能有效地服务于这个世界。

为了能将罗摩克里希纳的观点阐释清楚，我曾请教他最权威的在世弟子斯瓦米·希瓦南达和斯瓦米·阿索卡南达。尽管他们努力为我做了解释，也列举了一些罗摩克里希纳关于慈善理念的积极事例，但却没能阐明"善良的行动"这一理念在罗摩克里希纳的整体教义中的重要地位。我认为这是一个非常重要的问题。在西方的理念中，行动高于意识，他人的福祉高于个人的救赎。罗摩克里希纳首先否定个体救赎中的利己主义和没有真爱的慈善；其次，他的目标是点亮每个人心中那盏慈爱之灯。

那慈善与自恋（Self-love）①之间有什么差别呢？慈善是我们自发的爱，不局限于自我、家庭、教派和国家。因此，培养慈善的精神，能提升并引领人靠近神。

对罗摩克里希纳而言，慈善意味爱所有人身上的神性，因为神显现在人的身上。任何人都无法真正地去爱他人，帮助他人，除非能爱他人身上的神性。同样，没有人可以真正认识神，除非他能在所有人的身上看到神。

下面的文字摘自罗摩克里希纳修道院现任院长希瓦南达写给我的

---

① 毫无疑问，这里的"自恋"就是我们常说的"利己主义"。

一封信。① 他一直致力于传播罗摩克里希纳真正的思想精髓，信中流露出的思想会让帕斯卡尔（Pascal）的读者们有种似曾相识的感觉：

"可能在您看来，认识人身上的神性和以服务之心去解除世间疾苦是两件不同的事情。但在我看来，这是同一理念的两个面向，并无二致。只有认识到他人身上内在的神性，我们才能真正地了解他的痛苦。因为只有这样，他的精神困境、他的不完美和神性喜悦才会触动我们的良知，从而使我们真切感受到他的痛苦。他的神性和他在无知状态所产生的痛苦之间的强烈反差，会让我们心生悲悯并愿意服务于他。如果意识不到他人身上的神性，真正的同情、真正的爱和真心诚意地为他人服务都是不可能的。这就是为什么罗摩克里希纳希望他的弟子们能亲证自我（Self-realization），否则，他们不可能奉献自己去服务于全人类。"

但是，人类正在遭受苦难，人性正在消亡，被舍弃，我们能坐视不管吗？当然不能！事实上，因自身业力和生命的限制（那时他已接近生命的终点），这是罗摩克里希纳未能完成也无法完成的事业。他将此重任留给了他最伟大的弟子，思想的继承者辨喜，而辨喜也不负众望，振臂高呼，以人类救赎为己任，以世间行动来"减轻贫困大众的苦难"。② 辨喜有着巨大的热情和行动的能量。他与他的导师是完全不同的模子里出来的人物。对于他人的痛苦，他总是感同身受，坐立不安；为了帮助他人摆脱苦难，他总是迫不及待，大声疾呼。他并没有他的老师在晚年时所呈现出的那种奇特的平静的力量。罗摩克里希纳在晚年时，精神变得游离，进入了一种无善无恶的超越境界。

---

① 写于 1927 年 12 月 7 日。
② 后面一章将讲到他在 1886 年的精彩故事，由亲历者斯瓦米·希瓦南达讲述。

"在'绝对存在'状态里,既不执着于善,也不执着于恶,就好像在一盏灯的光线下,人既可以阅读圣卷,也可以做坏事一样。我们在世间所看到的罪、恶和痛苦,不过是与我们相关的罪、恶和痛苦罢了。而'绝对存在'是超越这一切的,它的光芒既照耀善,也照耀恶。恐怕你得接受这宇宙本来的样子,它不是让人们去洞察神的法则的。我意识到,牺牲者、断头台和刽子手,这三件事物本质上都是一样的。这是多么伟大的洞见啊!"

是的,这景象像大海一般悲壮与广阔,所有刚健的灵魂都应时常投身其中,以重塑自身的力量。罗摩克里希纳温柔的内心仍然保留着海浪的恢宏和海水的咸味,但这不适合一般的凡夫俗子,他们可能会被这景象吓傻或是逼疯,他们的脆弱无法糅合"绝对存在"和"自我"。为了使他们的生命之火不至于熄灭,"那迷失于存在—知识—喜悦(Satchidananda)海洋之上的自我也有存在的必要"。它可能只是这大海上的"一道水波"而已,但"若是将水波都抹去,就只剩下整片的海洋了"。所以,保留这水波吧,以免灵魂在大海中迷失!是神允许这样的安排,以帮助我们这些蹒跚学步的神的孩子们。

有人急切地问罗摩克里希纳:"尊者,您和那些与神同一的人说'我即是神'……但是那些不能与神同一的人,那些对神说'您不是我,我在苦苦寻觅您'的人该怎么办呢?"罗摩克里希纳笑了,安慰地说道:"这并没有什么不同啊;无论你把神称作'您',或是对神说'我即是神',其实都是一样的。那些借由'您'而认识神的人,也是很亲近神的。这就如同一个服务主人多年的老仆,当主人和他都老了,主人会越来越亲近和信赖他,每每遇事时,都要与他商议。一日,主人拉着老仆的手,让他坐到自己尊贵的座位上去,仆人不知所措:'主人啊,您这是干什么呢?'主人拉着他一起坐到自己的华座上,说:'亲爱的人啊,你就是我,我就是你啊。'"①

罗摩克里希纳总能根据每个弟子不同的资质因材施教,他细致而巧妙地把握着人性的诸多元素,不会去打破其中脆弱的平衡。他机智且精准地知道每个弟子对他的教学的反应,他经常因为弟子们不同的性情和气质而改变教授的方法,变化如此之大,以致有时会让人怀疑他的教义是自相矛盾的。

对善良的尤加南达,罗摩克里希纳建议他要刚健,一味地好脾气只会让他犯错,当尤加南达不知道如何保护自己时,罗摩克里希纳会非常严厉地批评他:"一个虔信者不应该像个傻子!"但对于脾气火暴的尼兰亚纳南达,罗摩克里希纳却严禁他使用暴力,因为,只要稍微被激怒,尼兰亚纳南达就会摩拳擦掌,剑拔弩张。罗摩克里希纳要求他在受到伤害时,培养自己的温柔和宽容之心。对于那些"有英雄气概"的弟子,他会容忍他们的某些弱点,因为他觉得这些弱点不会有长久的影响。但同样的弱点出现在那些"柔弱"的弟子身上,他则不会容忍。

一般而言,那些经常出入"绝对存在"状态的人,会超越日常生活规范、无法理解世间的凡尘琐事。罗摩克里希纳却是个例外。他在摆脱幻象的锁链时,便抛弃了自己所有的偏见、虚妄和狭隘,没有任何事物可以妨碍他自由而坦率的情感。他以轻松和幽默看待一切的人和事,他的苏格拉底式的讨论可能会让今天的听众都深感惊诧,其风格更接近蒙田和伊拉斯谟斯(Erasmus),而不是加利利人。他言谈中的幽默反讽、嬉笑怒骂,都令人耳目一新,而孟加拉湾特有的热烈

---

① 参见 D.G. 默克奇著作《沉默的面庞》有关内容,第 161 页。

的氛围，使那些年轻人更加崇拜并着迷于他的思想。

  我举两个鲜活的例子：象和蛇的两则寓言。在第一则寓言中，罗摩克里希纳以讽刺的方式委婉地告诫弟子们，要警惕暴力和绝对不抵抗这两种截然相反的极端。而在后一则寓言中，他似乎有点自嘲地意识到了非道德主义和不作为的危害。这两种错误的理念很容易让年轻人被无所不在的神的光芒灼伤。同时，他还戏谑地估测了神在人和事物中显现的层级、形式和法则。

大象

  从前，森林里住着一位圣人，他有很多弟子。一天，他教导弟子们说："神存在于万物之中，因此我们要向世间万物鞠躬致敬。"一个弟子出门捡拾祭火用的木柴，突然听到有人大喊："闪开！闪开！一头疯象冲过来啦！"大家都四散奔逃，只有这个弟子站在那里寻思："这大象是神的化身，我为什么要跑开呢？"他待在原地，像对神一样对着大象鞠了一躬，口中还吟诵起赞歌来。赶象人见状忙向他喊道："快逃命吧！快逃啊！"但他却仍然一动不动。疯象用鼻子一把将他卷住，远远地抛了出去。这个可怜人被摔得动弹不得，遍体鳞伤，昏了过去。

  他的老师闻讯赶来，和其他弟子一起将他救起，抬回住处，为他疗伤。等他醒来后，大家问他："为什么听到赶象人的叫喊还不知躲闪呢？"年轻人回答道："我们的老师不是说神在一切事物中显现吗？我想那大象是神的化身，就待在那里不想离开了。"他的古鲁说："孩子啊，大象的确是神的化身，神在一切事物中显现。如果神能显现在大象上，不也能显现在赶象人身上吗？那个赶象人不是让你逃命吗?那是神通过赶象人给你的警告啊!为什么你不听呢?"

下面的故事,出自罗摩克里希纳(导师)和年轻的辨喜(纳兰)的一段戏谑的对话。

毒蛇

导师(微笑着)问:"纳兰[①]你怎么看这个问题:生活于尘俗中的人往往对于生活在神的世界中的人颇有微词。一头大象走在路上,总会有一群杂狗和其他动物跟在后面,冲着大象狂吠或撕咬大象的脚踝。但大象不以为然,继续迈着自己的步子向前。孩子,假如有人在你的身后恶语相加,你会怎么办呢?"

纳兰(轻蔑地)回答:"那我就把他们当作在我脚跟后狂吠的野狗。"

导师(大笑着)说:"不,我的孩子啊,你不应该那么超然。记住,神栖居于一切有生命和无生命的事物中,所有事物都值得我们尊敬。……我们在和人打交道的时候,唯一能做的是亲善避恶。是啊,神是存在于老虎身上,但这并不意味着我们要将老虎揽入怀中吧。"

(弟子们都大笑起来。)

纳兰:"那如果有人被流氓辱骂,他应该保持沉默吗?"

导师:"从前啊,有一群牧童常去一片草地放牛,这片草地

---

① 在此提醒一下诸位读者:纳兰德拉纳特或纳兰都是辨喜的俗家名字。

上住着一条可怕的毒蛇。一天,一个圣人恰好由此经过。孩子们跑到他面前,说:'圣人啊,不要往那边走,那里有条毒蛇。'圣人说:'我不怕你们说的毒蛇。我会咒语,可以让我免受所有伤害。'说着,他便继续前行……毒蛇看到圣人后,对他摆出了攻击的姿态。圣人念了几句咒语,这条毒蛇就变成蚯蚓一样瘫软在圣人的脚下。圣人对蛇说:'你又何苦这般,去做害人的事呢?我现在教你一个圣名(即神的名字),你反复念诵这个名字,就会懂得如何去爱神,然后你就可以见到神,所有恶的念头都会离你远去。'圣人在蛇的耳边轻声念诵神的名字。蛇听后,点头说道:'老师啊,我要怎么做才能获得救赎呢?'圣人回答道:'只需反复念诵神的名字,而且不要对任何生灵作恶即可。我会回来看你做得怎么样的。'说罢,圣人便离开了……

"一段时间后,牧童们发现这毒蛇不咬人了。他们便向蛇扔石头,但蛇就像蚯蚓一样沉默安静。一个顽皮的孩子干脆揪起蛇的尾巴,将它甩过头顶,朝着大石头狠狠地砸了几下。蛇被砸得吐血,晕了过去,被孩子们扔在那里等死。夜晚来临时,蛇才醒了过来。遍体鳞伤的它慢慢地爬回洞穴,如同死了一般。休养了很久后,它才能拖着身子去洞外觅食。因为害怕那些孩子们,蛇要等到晚上才敢出门。自从在圣人那里受戒之后,他就不再做任何伤害生命的事情了,仅仅以吃草和树叶为生。

"过了一段时间,圣人回来了,他到处寻找这条蛇。牧童们说那蛇已经死了。圣人深感诧异,他知道念诵神的名字会创造一种灵性的力量,在完成此生的修行之前,蛇是不会死的。他便喊着蛇的名字四处寻找。蛇听到后,爬出洞穴,向它的老师行礼致敬，并有了下面这段对话：

圣人：你还好吗？

蛇：谢谢您啊，导师，凭着神的眷顾，我很好呢。

圣人：这是怎么回事，你怎么瘦得皮包骨头了呢？发生什么事了？

蛇：导师啊，我听从您的教导，尽力不去伤害任何生灵，以叶子和残渣为生。可能是因为这个我瘦了一些吧。

圣人：我看恐怕不仅仅是食物让你变成这样吧。肯定有其他的原因，赶紧告诉我！

蛇：哦……那么……大概……是这样子的……有一天，那群牧童对我很不友善。他们揪着我的尾巴，用力地将我砸在石头上。可怜的孩子们，不知道我已经有所改变，他们不知道我早已不再咬人了呢。

圣人：你简直是疯了！疯了！受到虐待，你竟然不反抗，你真是个傻子！……我禁止你做的是伤害任何神的生灵。但当有人要取你性命的时候，你怎么不知道发出你的嘶嘶声，把他们吓走呢？"

罗摩克里希纳的眼睛里闪着光芒，对弟子们说：

"所以，挥舞你的头巾……但并不真的去咬人！……一个人生存在社会上，尤其作为一个公民和家长时，应该'假装'对抗邪恶，以保护好自己。但同时也要小心，不能以恶制恶。"

对于他所给出的这一策略，我不敢说有多大的实用性和道德价值。它听来颇有几分"想要和平，就做好战斗的准备"（Si vis pacem, para bellum）的意味。我们这一代人都被这种谬论所影响，并为之付出了代价。但是我能领会这个灵性故事的寓意，这让我想到了拉·封丹①。我们也必须明白，罗摩克里希纳的本意是用一种符合常理的观点在两种极端思想之间做调停，让被狂风吹乱的横冲直撞的行动之船重新获得平衡。

很显然，罗摩克里希纳和甘地一样，是主张"不伤害"（Ahimsa）的。他还特别指出，不伤害，不仅是对人，更是对世间万物。但罗摩克里希纳比甘地更加幽默和多面。他从来不急于制定明确的规则，而是仔细衡量问题的正反两面。作为一名"绝对存在"的热爱者，却能在摩耶世界里恰如其分地保有一条中间道路。就像卡利圣母一样，他能将灵魂的风筝放飞到天堂，也能以常理的细绳将那些还没有准备好独自高飞的灵魂带回大地。

他让这些灵魂停留在凡间以教化众人。但他们首先要获得真知，清晰地认知到自己和他人的天性，以及渗透在人身上的神性。他们中的大多数只有通过艰辛的持之以恒才能获得真知。虽然有如父般的导师的帮助，但导师只是帮助他们发现自身的潜力，永远替代不了他们，而真知只能靠自己的努力才能获得。

在弟子们的初级阶段，为了培养他们的意志，让他们成为自己的铸造者，罗摩克里希纳不会去干涉弟子们的修行（有极个别的例外）。他只是以自己内心的暖阳滋养他们，令其能量得以成倍地增长。只有当弟子们凭着自己的努力攀爬至抵达喜乐之境的最后阶段时，老师才会出手，做画龙点睛般的启发。这一点点便足矣！一句话，一个眼神，一次触碰，便犹如醍醐灌顶。但这一切仅对那些

---

① 17世纪法国著名的寓言作家。

已抵达一定高度的灵魂才有效。并没有什么新的知识被发现、被传授，都是在岁月中日积月累的已知的知识，化作了闪光的有形的生命和鲜活的生活。"这时，你会意识到，一切的生命，包括你自己，都生活在神的世界里。你便是意志力，你便是良知，你便是整个宇宙……"

这是亲证神的最后一个阶段。在这短暂启示之后，便是"绝对存在"的最高境界，最高阶的入迷状态：无种三摩地。只有完成了自己的世间使命的人才能臻入这禁区一般的终极喜乐状态。除了极少数像罗摩克里希纳这样的人之外，没人能反身回到世间。无论弟子们如何恳求，罗摩克里希纳都极力反对他们去做这种尝试，因为他们的修行还没有到达那种高度。他十分清楚，一旦"盐娃娃"触碰到大海的波浪，就会瞬间被融化，有去无回。当初他热切地寻求与"唯一实在"的同一，现在能抽身返回，这真是一个奇迹啊！

因此，弟子们在抵达这最后阶段之前，必须停留在这个世界上，在这里找到与实在的同一。确切地说，这是一个启示的阶段，在这个阶段中，我们尽力去实现自我，并引领他人去抵达同样的境地。

而我们，秉持自由精神的西方人，意在通过理性和爱实现生命的统一，与他们有什么本质的区别吗？他们的目标不也是我们不懈努力的目标吗？鼓舞着我们的热情不也同样鼓舞着他们吗？人与人之间血腥的仇恨也无法动摇的信念，不也正是他们赖以生存的根基吗？我们和他们，不都是怀着同样的目标和信仰，认为终有一日，一切终将过去，所有国家、种族和宗教都会联合在一起吗？从这个意义上说，虽然我们不曾意识到，但我们都是罗摩克里希纳的弟子！

第十章　最钟爱的弟子：辨喜

在罗摩克里希纳所有弟子中，有一位颇为与众不同。当罗摩克里希纳第一次见到这个年轻人时，在完全不了解他的情况下，就预见到他将成为人类的精神领袖。罗摩克里希纳选定他作为自己思想的继承人，并用不同寻常的方法指引他。这个年轻人就是纳兰德拉纳特·达塔，后来的辨喜。（之后我会介绍罗摩克里希纳其他弟子的修行和成就。）

"至尊天鹅"罗摩克里希纳有着洞察灵魂的直觉和天分，他能在一眼之间洞悉未来，在这一点上，他并不需要时间的帮助。罗摩克里希纳深信，在与年轻的纳兰见面之前，他就曾在神的母腹中见过这个神选之人。

我将描述罗摩克里希纳看到的幻象，我试着用心理学家那样的普通语气来叙述，但其实如何描述并不重要。我们知道，人类强大的视觉创造了我们所看到的一切，在更深的层面上，先知们是那些游走在存在边缘的未发生之事的真正创造者。如果不是罗摩克里希纳那敏锐的洞察力，犹如开山巨斧般劈开阻挡辨喜灵性河流的岩石，辨喜那卓越非凡的生命灵性之洪流将会消失在大地上。

"在一次三摩地中，我的意识沿着一条发光的路径向上攀升，很快就穿越了星河宇宙，进入了微妙的意识世界。随着持续的攀升，我在这条路径的两边看到很多男神和女神。接着，我的意识越过了边界，我看到一道发光的屏障将相对存在与绝对存在一分为二。越过了那道屏障后，我进入到超验领域，那里没有任何有形物质的存在，众神也不敢窥探这庄严之境，而只安身于其下。我看到了七位正处于三摩地中的圣人。我想，这些圣人在智慧、圣洁、弃绝和慈爱的修行上一定超越了所有的凡人，甚至超越了神。我带着崇敬之心冥思他们的伟大和庄严。这时，这无别光芒慢慢聚合在一起，幻化成一个孩童的模样。这个小孩走到其中一位圣者面前，抬起他可爱的小手，温柔地搂着圣者的脖子，用甜美的声音说话，想将圣人从三摩地中带出来。圣童那神奇的触碰果然将圣人从超意识状态中唤醒，圣人微微张开眼睛看了看小孩，脸上露出了愉悦的微笑。这个陌生的小孩开心地对圣人说：'我要下去了，你和我一起走吧。'圣人一言不发地看着小孩，从他温柔的眼神和怜爱的神情看得出，他同意了小孩的请求。圣人又看了一眼圣童，再一次进入三摩地。这时，我惊奇地发现，这位圣人的一部分身体和意识化成一道光，降临到世间。很快，我就见到了纳兰，第一眼我就知道纳兰就是那位圣人。"

罗摩克里希纳并没有说那个圣童是谁，但我们完全可以猜到，他也曾向弟子[1]承认过，那个圣童就是他自己。纵观其一生，罗摩克里希纳就好比是班比诺（Bambino）[2]，他吮吸着圣母的乳汁，极少离开圣母的怀抱。他知道自己此生最大的使命是带给世界一位比他更能引

---

[1] 即萨拉达南达。
[2] Bambino：意大利语。意大利文艺复兴时期的一幅画中，圣母玛利亚怀抱的婴儿基督被称为班比诺。

领全人类的灵性领袖。这位新领袖需要强壮的手臂去转动寰宇，结实的双腿去披荆斩棘，他将是世间所有行动者的守护人和领路人，他宽广的胸怀中充满着对整个世界的爱，他炙热的信念能让理想在这个时代得以实现。孟加拉的土地已经准备好了，只待他带着卓识的远见和梦想的力量，振臂高呼！

罗摩克里希纳令人赞叹之处就在于，他第一次见到这位任性的、痛苦且焦躁不安的年轻人时，就已预见此人将是未来的领袖，是可以寄予厚望的传道者。罗摩克里希纳的判断是正确的，他已经准备好将手中的指挥棒交接出去。辨喜在这个世纪的出现，是人类精神和宇宙天地的风云际会。

两人最早见面的情形，值得一番详细完整地记述。在其中，读者将会感受到纳兰和罗摩克里希纳之间那种强大的吸引力，正是这种吸引力，将两人紧密地连接起来，并将辨喜这颗跨越天际的流星纳入了罗摩克里希纳的轨道。

让我们首先了解一下这位年轻的天才吧。[①]

1863年1月12日，纳兰德拉纳特·达塔出生在加尔各答的一个刹帝利贵族家庭，他一生都带着种姓赋予他的武士气质。他的母亲是一位受过高等教育的王室成员，有一种印度史诗熏陶下的英武气

---

① 在这段记叙中，我借鉴了最著名的一本关于辨喜的传记《斯瓦米·辨喜生平》，该书由辨喜的东西方弟子联合撰写，由位于喜马拉雅的不二论道院出版社出版，共四卷。
我补充了一些珍贵的细节，部分摘自萨拉达南达所写的一本关于罗摩克里希纳的传记，另外一些摘自辨喜最重要的美国弟子克里斯汀修女未出版的回忆录。感谢克里斯汀修女的慷慨和善意。

质①。他的父亲颇有18世纪法国贵族的风格，以伏尔泰式的独立精神过着浮华不安的生活，因其浓厚的人文情怀和自身的优越感而对种姓制度嗤之以鼻。纳兰的祖父是一个富有且有教养的人，二十五岁时即抛弃了家庭、财富和显赫的社会地位，遁世于森林成为一名"桑雅生"，从此音信全无。

在童年和少年时期，纳兰过着文艺复兴时期的青年艺术家一般的生活②。他天赋异禀，多才多艺，有着狮子般健朗的外形和小鹿般优雅的气质，兼有运动员般的体格和果敢。他精通搏击、游泳、划船，并极其爱好马术。他是年轻人中的宠儿，时尚的主人。他能以精湛的舞艺跳出经典的宗教舞蹈，他的歌声也非常悦耳。他花了四五年的时间，跟随著名的印度和穆斯林教授学习声乐和器乐，他还会创作乐曲，并曾就印度音乐的科学性及哲学内涵发表过研究论文，不论走到哪里，他都被认为是一个音乐权威。对纳兰而言，音乐是他进入神

---

① 母亲对辨喜有非常重要的影响。小时候的辨喜很难管教，这让母亲吃了不少苦头，但辨喜一生中都对母亲怀着满满的温情。1894年年底在美国时，他曾公开向母亲表达敬意，每当他在演讲中赞美印度女性时，总是提及自己的母亲，赞美她的自制、虔诚和高贵的品格。他曾说："我的母亲，是我生活和行动源源不断的动力。"
在克里斯汀修女未发表的回忆录中，她记录了辨喜在美国时的一些私人谈话，从中我们可以了解辨喜父母的一些性格特点。
母亲给了辨喜高贵的品格、出众的智力、超凡的记忆力和纯净的心灵。
父亲给了辨喜才智、天分、艺术品位和善感悲悯之心。
他的父亲是个印度贵族，受到那个时代的西方实证主义的影响，失去了自己的信仰。他认为宗教都是迷信。他像喜爱文艺作品那样喜爱《圣经》和哈菲兹（Hafiz）的伊斯兰宗教诗歌。他在辨喜谈论《新约》和《旧约》时，说过一句奇怪的话："如果这世上还有宗教的话，那就在这本书里。"他并不相信灵魂或来世之说。他处事大方，近乎挥霍，似乎是一名过着妥协的世俗生活的怀疑论者。
② 这里指意大利的文艺复兴。

庙①的大门，也是抵达至高者（the Most High）殿堂的路径。这些都深深地吸引了罗摩克里希纳。

纳兰在大学时便因为卓越的才赋而引人注目。他对科学、天文、数学、哲学、印度语及西方其他语言都有着浓厚的兴趣。他阅读英文和梵语的诗歌，酷爱格林和吉本的历史著作，法国革命和拿破仑的故事令他激动不已。和大多数印度小孩一样，纳兰从小就开始练习静坐冥想。他喜欢晚上阅读《效法基督》(Imitation of Jesus Christ)和吠檀多典籍。他非常喜欢哲学讨论，因为热衷于辩论和批评（discrimination / viveka），他后来获得了"辨喜"的名号。他试着将希腊美学与印欧思想融会贯通。这时，他已经建立了以灵性驾驭诸多生活形式的普世思想，更冠之以宗教精神和绝对纯净，其思想高度可比肩达·芬奇和阿尔伯蒂。

对这个美少年而言，生活中的美好和愉悦似乎全部唾手可得。虽然有着自由热情的性格，但他却严格地坚守了纯贞。他似乎已经有了某种感知（我后面会讲其中的原委），认为身体和灵魂的纯净是一种精神力量，这种力量产生的内在之火能穿透生命的各个层面，哪怕一点点的玷污都会让这烈焰熄灭。而且，冥冥之中他已预见到自己的使命。虽然还没有明确的方向，但他希望能找到并亲证有价值的宗教信仰，在这之前，他不想皈依任何宗派。

从十七岁到二十一岁期间（1880年到1884年末），天赋异禀、性格炽热的年轻纳兰正处于性格多变和灵性混乱的阶段。经历了一系列激烈的认知危机后，他最终确定了自己的宗教信仰，这一痛苦的过

---

① 这殿堂指的是女神辩才天女的神庙，她是艺术的保护神。

程才得以结束。

纳兰最早持有一种肤浅的乐观主义的一神论观点,这在当时的梵社中颇为风行。后来受到斯图尔特·密尔(Stuart Mill)的《关于宗教的三篇论文》的影响,他抛弃了这一观点。他渐渐看到人性的恶,并极力去抵制它,但他却无力抵抗人类无穷无尽的幻灭感和亘古不变的忧郁[①](根据阿尔布雷特·丢勒对"忧郁"的理解)。他曾试图接受赫伯特·斯宾塞(Herbert Spencer)的理论,甚至还曾与斯宾塞通过信[②],但以无果而告终。

他曾求助于大学的学长们,特别是布拉杰德拉·赖斯·希尔(Brajendra Nath Seal)[③]。他向希尔吐露自己的疑惑,并请求他引领自己找寻真理。希尔带领他阅读雪莱的作品,这让他全身心投入了诗人主张的泛神论中(Pantheism)[④]。希尔希望能继续将他引入自己提出的理性之神超梵(Parabrahman)的殿堂。希尔宣称,他所主张的这

---

① 这里指的是阿尔布雷特·丢勒著名的版画《忧郁》。画中描绘了一个坐在科学混沌中沉思的大天使,其中所展现的忧郁超出了日常的意义,它象征着对那些徒劳的知识研究感到疲惫和厌倦的心灵。
② 据说,斯宾塞对这个敢于提出批评的年轻人颇感诧异,并对其早熟的哲学智慧表示欣赏。据萨拉达南达说,纳兰在 1881 年首次参加大学考试到 1884 年间一直在学习西方哲学,其造诣大概达到了"硕士"的程度。他读过笛卡尔、休谟、康德、费希特、斯宾诺莎、黑格尔、叔本华、奥古斯特·孔德和达尔文的著作。但在我看来,他应该只是从概述性的文章中有一些粗略的了解,并没有研读原著。他还进修了医学课程,研究了人体大脑和神经系统的生理机能。"西方分析性的科学方法征服了他,他希望能将其应用到印度宗教理念的研究中。"(萨拉达南达)
③ 这位伟大的智者,现任迈索尔大学的副校长,是印度最严谨和博学的哲学家之一。1907 年,他在为《印度觉醒》写的一篇文章中回忆了青年辨喜的故事,在《斯瓦米·辨喜生平》一书中也有类似的记录。(第 I 卷,第 172—177 页)当时在大学里,他是辨喜的学长,但略比辨喜年轻。
④ 他也读过华兹华斯的诗。在当时的远东地区,华兹华斯似乎是最受欢迎的英国诗人。

一理性主义融合了吠檀多纯粹一元论、黑格尔的绝对理念辩证法以及法国大革命时期的"自由、平等、博爱"的信条。他认为个人主义（Individualism）是"恶"，普遍的理性（Universal Reason）是"善"，因此，纯粹的理性精神应该得到彰显。这其实是一个很大的现代社会问题，希尔认为解决的方法是革命（Revolution）。

虽然希尔的革命气概和至高无上的理性主义在一定程度上符合纳兰当时的性格，但激昂的纳兰是不可能被限制的。尽管他的智性愿意接纳（或受影响于）这样的普遍理性主义，并专横地否定一切个人主义，但他的生活却不赞同。他是如此热爱世间的美好与人情，剥夺他对生活的热情，就如同强迫食肉动物吃素一样，令他痛苦。僵化的理性主义，就像没有生命的神一样，对纳兰来说是没有意义的。对一个真正的印度教徒来说，生活是最重要的事情，是真理的本质所在。纳兰需要鲜活的启示，需要亲证绝对存在，需要古鲁告诉他："我见到过神，我触摸过神，我便是神。"然而，他又有欧洲思想培养出的理性和继承于父亲的批评精神，这些都使当时的纳兰极为抵触由心灵和感知直接产生的渴望和激情。这一点在他第一次见到罗摩克里希纳时便显露无遗。

和当时所有孟加拉的知识青年一样，纳兰也被柯沙布·钱德尔·森纯粹而耀眼的光芒所吸引。纳兰非常羡慕正处于鼎盛时期的柯沙布，希望自己能成为和他一样的人物。他认同并加入了柯沙布的新教团，他的名字被登记在了新梵社的入社成员名单中[①]。罗摩克里希纳

---

① 在成为辨喜后，他的名字在很长的一段时间内还一直被保留在名单上。他曾告诉弟子们，他从来没有从柯沙布的梵社退出。多年后，有人问他："你曾抨击过梵社吗？"他说："从来没有。"他认为梵社是一个更高形式的印度教会。（参见《斯瓦米·辨喜生平》第Ⅰ卷，第38章，"投身梵社"的有关内容）
辨喜加入的是公共梵社，而非柯沙布的梵社。——英文出版者注

传道会的人一直坚称,他是不可能真正遵循梵社的绝对改革思想的,因为这与正统印度教最重要的一些观点背道而驰。但是我却不这么认为。以纳兰当时飞扬的性格,他很可能会去做一些摧枯拉朽的事情,也不会去责备同伴们的偶像破坏和打破旧习的行为。

直到后来,受罗摩克里希纳的影响,他才开始逐渐接纳并信奉印度古老的信仰和习俗,这些古老的传统已深深地融进了印度的民族精神中[①]。但我认为这个转变的过程一定是充满挣扎的,这也是他最初不信任罗摩克里希纳的原因。当时,他参加了梵社在孟加拉地区的教育改革运动和反对种姓、种族和宗教差别的民族团结运动。他们中的一些人对传统印度教进行猛烈的抨击,其程度甚至超过基督教教士。但以纳兰当时活跃自由的心智,他应该能看得出这些愚蠢和狭隘的抨击中所折射出的狂热心态。他是不可能认同这种彻底抛弃印度民族智慧而被西方完全同化的思想的[②],他的心灵和民族自豪感受到了深深的伤害。他仍然参加梵社的集会,但内心却是波涛汹涌。

后来,他尝试了一种苦行僧的生活方式。他独居在一间阴暗潮湿的房子里,在地板上喝茶睡觉,散乱的书籍是他的被子。他不分昼夜地读书和打坐,却头疼欲裂,痛苦不堪。他无法调和天性中相互矛盾的情感,这种冲突甚至进入了他的梦境。

他回忆道:"年轻时,我每晚都会做两种梦。在第一种梦中,我

---

① 在他的思想完全成熟后,他坚持认为自己并不是否定印度思想,而是将真正的印度思想发扬光大。他赞同彻底的宗教改革,但他认为应以保守的方式来进行。(同上)柯沙布其实也有同样的观点:"以自由开明的精神传播印度的保守主义。"[《印度帝国》(*Indian Empire*),1884年]

② 这表明,纳兰并不完全赞同梵社的绝对改革的主张。——英译版出版者注

是世间最伟大的人，拥有财富、名望、权力和荣誉，我觉得自己能轻而易举地获得这一切。但转眼间，我看到自己弃绝了这所有的一切，我穿着最简单的衣服，在大树下睡觉，靠他人的施舍为生，就像古代的圣人一样，我觉得我也可以这样生活。我更喜欢第二个梦，我觉得只有如此，人才能获得最高的喜乐……我在那种喜乐中入眠，每晚我都能在梦中品尝到这喜乐的味道……"①

此前，他曾去到印度与欧洲文化交汇的各大城市，遍访宗教名家②，其结果都令他失望，他徒劳地寻觅着、接受考验、遭到拒绝……他迷惘了……

就在这个时候，他遇到了影响他余生的导师。

***

当时纳兰十八岁，正在准备他的第一场大学考试。1881年③11月，他参加了一个朋友苏伦德拉纳特·米特拉（Surendranath Mitra）的家庭聚会，米特拉是一名富有的税吏，转信了印度基督教。纳兰在聚会上唱了一首优美的宗教赞美诗。有着"鹰眼"般敏锐眼光的罗摩克里希纳第一眼见到纳兰，就看穿了他灵魂深处的躁动，并选定他做自己的弟子。他邀请纳兰到达克希什瓦去。

于是，年轻的纳兰带着一群行为轻佻、思想肤浅的年轻人一起来到达克希什瓦。他走进屋子，很随意地坐了下来，一副心不在焉的样

---

① 摘自萨拉达南达所写的孟加拉语的罗摩克里希纳传的最后一卷"神的化身罗摩克里希纳"（Divya Bhava）第3章。
② 据说，他曾拜访过德温德拉纳特·泰戈尔。德温德拉纳特极为认可辨喜的天赋。
③ 原文1880年，是不正确的。罗摩克里希纳和辨喜的第一次见面是在1881年。——中译者注

子，完全沉浸于自己的世界里，完全不理会周围的事物。罗摩克里希纳看着他，请他唱首歌，纳兰答应了。他的歌声如此动情，让同样热爱音乐的罗摩克里希纳听着便进入了神迷的状态。

来听听纳兰自己的讲述吧：

"我唱完歌后，他突然站了起来，拉着我的手走到北面的阳台上，关上了门，只有我们俩人，也没人能看到我们……令我大为吃惊的是，他竟然高兴地哭了起来。他非常亲切地拉着我的手，就像我们早就认识一样。他说：'你啊！来得太晚了啊！你怎么让我等了那么久呢？我已经厌倦了其他人的那些废话了，我多么渴望能将我的灵魂和所有的内在经验都传给你啊！'他这样啜泣了一阵后，双手合十，站到我面前说：'神啊，我知道你就是古代圣哲纳拉亚纳（Narayana）的化身，现在投身凡间来祛除人类的疾苦。'我愣住了，自己想着："这是什么意思？我遇到了什么？这个人疯了吧？应该把他绑起来吧！我明明是维斯瓦纳特·达塔（Viswanath Dutt）的儿子，这人怎么和我说这些呢？……"我呆呆站在那里，听他自说自话。他最后抓着我的手说：'答应我，尽快再来看我好吗？下次一个人来，尽快，好吗？……'"

纳兰答应了他的请求，但只是为了尽快摆脱这个奇怪的人。他暗暗对自己说：我可再也不来了。两人走回了客厅，回到众人中间。纳兰远远地坐着，观察着罗摩克里希纳，并没有发现他有任何异常的言谈举止。他听着罗摩克里希纳讲话，那些话恰好回答了他每晚苦苦思考的问题。纳兰发现他的话语中有一种内在的逻辑，并意识到这是完全的弃绝和绝对的虔诚才能带来的极为深刻的生活体验。

罗摩克里希纳说：

"神是可以亲证的。人可以看到神并与他说话,就像我现在看到你们,和你们说话一样。但谁会去这么做呢?人们会为自己的妻子、儿女或财产哭泣,但谁会为神哭泣呢?若是有人真诚地为神哭泣的话,神必然向他显现。"

纳兰看出罗摩克里希纳并不是在信口开河,而是言之有理,但他仍不相信眼前这位朴素安详的圣者跟刚才见到的疯子是同一个人。他对自己说:"这人是个偏执狂,但也并非一无是处,可能有点疯狂,但还是值得尊敬的。"他带着疑惑离开了达克希什瓦。如果那时有人问他,接下来他和罗摩克里希纳之间会发生什么,他会非常肯定地说:"什么也不会发生。"

但是,奇特的事情真的发生了。一个月后,纳兰又去了达克希什瓦。

"我见到他时,他坐在自己的小床上。看到我后,他显得很高兴,亲切地招呼我坐到他身边去。但随即,他的身体带着某种情绪颤抖起来,他的眼睛直直地盯着我,喃喃自语些什么。他将身体靠近我,我猜他又要和上次一样做什么古怪的事。我还没来得及阻止他,他就把右脚放在了我的身上。这真是可怕的碰触啊!整个房间和我眼前的所有东西都旋转了起来,都被卷入一个旋涡中,继而化作乌有。……一瞬间,整个宇宙和我似乎都坠入了莫名的虚空中,一切都被这虚空吞噬了。我害怕极了,觉得自己就要死了……我忍不住大喊了起来:'你在干什么?我家里还有父母呢……'他笑了起来,用手摸了摸我的胸膛说:'没事的,我们先出来吧,合适的时候,这些都会来的。'他一说完,那些奇怪的幻象就全部消失了。我清醒过来后,发现一切都和平常一模一样。"

请相信我，我并没有在这些令人吃惊的描述里添油加醋，西方的读者们肯定会被这些印度灵修者的神通力量所震撼，也许会联想到莎士比亚那些激情四溢的想象。然而，需指出的是，纳兰并没有不假思索地轻信和接受这些幻象，相反，他在抗拒。以他强烈的个性，在嗅到危险的信号后，他的第一反应是问自己是不是被催眠了。但是他又没有发现任何被催眠的迹象。对于刚刚经历的龙卷风般的一幕，他心有余悸，并保持着高度的警惕。

但自这又一次惊吓后，他与罗摩克里希纳接下来的会面倒显得非常正常。罗摩克里希纳总是亲切地接待他，仿佛什么也没有发生过。又过了大概一周的时间，纳兰第三次拜访了罗摩克里希纳，这一次，他格外地警惕小心。罗摩克里希纳先带他去附近的花园散了一会儿步，然后回到客厅坐了下来。很快，导师在他面前进入了神迷的状态，并突然抓住纳兰，一瞬间，纳兰便对外界失去了知觉。过了一会儿，纳兰醒了过来，看到罗摩克里希纳正摸着他的胸口，望着他。

过了几天，罗摩克里希纳解释道：

"我带他进入那种状态后，问了他几个问题。我问了他的前生和来世，此生的使命和寿命。他在很深的意识状态中很好地回答了我的问题，证实了之前我关于他的一些判断。这些事情是一个秘密，但我知道，他曾是一位臻入完美之境的圣者，一位冥想大师。当他认识到自己真正的本性，他就会主动放弃此生的生命……"

但对纳兰，罗摩克里希纳只字未提这些。他把纳兰视为最特殊的弟子，愿意将自己所有的智慧都传授给他。可是，纳兰却并不想做罗摩克里希纳的弟子。实际上，他不想做任何人的弟子。虽然他被罗摩克里希纳身上那无法解释的能量所吸引，就像铁被磁吸引一样,但他的理性却像一块坚硬的金属,拒绝任何磁的吸引力,不服从于任何力量的控制。与其说这是理性主义者布拉杰德拉·赖斯·希尔（Brajendra Nath Seal）对他的影响所致,不如说是他的心灵在和他的理性斗争,或者更确切地说,是他的理性不相信他的心灵。他坚决地捍卫自己的独立性,他鄙视一切不加判断的盲信,他不打算接受导师的任何观点,除非被自己的理性说服。

世上恐怕没有比这位年轻人与他的古鲁之间更奇特的师徒关系了[①]。纳兰厌恶一切感性的虔诚,诸如眼泪或者女人气的柔软。他怀疑一切,不肯让自己的理性有片刻的松懈。他独自怀疑并思考着罗摩克里希纳的话,而罗摩克里希纳对此却毫不惊讶,反而对他关爱有加。在遇到纳兰之前,他曾在独自祈祷时祈求:"圣母啊,请派一个人来质疑我的实证吧!"

圣母应允了他的祈祷。纳兰否认印度教的诸神,但同时他也反对不二论,认为不二论就是无神论。[②]他曾公开嘲讽印度教典籍中的戒律。他对罗摩克里希纳说:"即使所有人都说您就是神,但如果我没有亲自证实的话,我绝不会把您当作神。"

罗摩克里希纳笑着表示赞同,并对其他弟子说:"不要因为是我说的就贸然接受,你们应该自己去求证。"

罗摩克里希纳喜欢纳兰敏锐的批判力和对辩论的热情,欣赏他超凡的才华和孜孜不倦追求真理的精神。罗摩克里希纳认为这是湿婆能

[①] 纳兰在罗摩克里希纳门下度过了五年的时光,其间,他在加尔各答有自己的家。他每周会去达克希什瓦一两次,有时会一连四五天都待在那里。如果超过一周没去,罗摩克里希纳就会派人去找他。

[②] 这其实就是梵社的主张。

量的显现,这种能量最终能克服所有的幻象。他说:"看啊,看啊!这是何其伟大的一种穿透力啊!他是可以将一切不净付之一炬的烈火。摩诃摩耶(Maha-maya)都不能靠近他,她给予了纳兰光芒,但她也在这光芒下退缩。"

罗摩克里希纳欣喜地看到纳兰的智慧,这种欣喜如此强烈,有时甚至会让他直接进入神迷状态。但有的时候,罗摩克里希纳也会被纳兰尖锐的毫无顾忌的批评所伤。纳兰曾当面质问他的导师:"你怎么能证明你对神的亲证不是大脑的臆想呢?不是你的幻觉呢?"

每当这时候,罗摩克里希纳就会走开,到圣母那里去寻求安慰。圣母会宽解他说:"耐心点吧!很快,纳兰就会睁开他的智慧之眼了。"

有时,纳兰和其他弟子之间没完没了的辩论令他感到厌烦,他就向圣母祈祷:"圣母啊,请让纳兰看到一点您的幻象吧!平息一下他对理性的狂热,让他的心更靠近神吧。"

但纳兰痛苦的精神却发出这样的呼喊:"我渴望的并不是神,而是平静,是绝对的真理、绝对的智慧、绝对的无限。"

其实,纳兰并不知道,他的这种心愿已经跨过了理性的边界,他的心已经显现出迫切的非理性。即便证实了神的存在,他仍不会满足的。他坚持认为:"如果神真的存在,就有可能被证明。"

但是他逐渐发现,这个经常进入神迷状态的人,这个他认为完全被心灵所摆布的人,其智慧和修为远在自己之上。后来,他这样评价罗摩克里希纳:"表面上,他是虔信瑜伽士,但从内心看,他是智慧瑜伽士……而我,却恰好相反。"

但是,在他意识到这一点之前,在他放弃自由意志和骄傲的独立性之前,在他完全臣服之前,他对罗摩克里希纳一直表现得若即若离,两人之间既互相吸引又暗中较劲,就像是一场游戏。纳兰性格中有着无情的率直,他对不同意见绝不妥协且态度傲慢,对他所不相信的东西毫不在意,对那些宗教骗子毫不留情猛烈抨击。这些都使他备受他人的憎恨和诽谤,而他却高傲地对这一切置若罔闻[①]。

罗摩克里希纳不允许任何人在他面前说纳兰的坏话,因为他对纳兰有着绝对的信任。他说这位年轻人是最纯净的金子,这个世界没有什么能玷污他。[②]他唯一的担心,是纳兰会迷失方向,将体内各种强大的能量用错了地方,比如,去创立一个新的教派或团体,而不是献身于人类的团结和联合。罗摩克里希纳极其喜爱纳兰,如果纳兰有一段时间不来,他就会表现得很焦虑很急切,这让纳兰有些尴尬,又有些恼怒,罗摩克里希纳自己对此也有点难为情,但他又按捺不住。

罗摩克里希纳曾公开宣传纳兰的成就远在柯沙布之上,可当时柯沙布已是名满天下,而纳兰还是个名不见经传的小人物。这一过度的表扬激怒了纳兰,他不再来拜访罗摩克里希纳。罗摩克里希纳只好到

[①] 萨拉达南达是辨喜的朋友和最忠实的追随者之一,他很好地记录了纳兰与罗摩克里希纳之间的故事。他坦言,第一次在朋友家中见到纳兰时,他并不喜欢他,甚至有些厌恶。那天纳兰打扮得光鲜时髦,一身傲气。来到朋友家后,他径直坐下来,嘴里哼着小调,还旁若无人地抽烟。但当他开始和大家一起讨论现代文学时,他真正的卓越的思想性才展现出来。那天,他还表达了对罗摩克里希纳的赞许,称其是在此生未做任何妥协的情况下亲证了内心理想的唯一之人。(参见萨拉达南达所写的孟加拉语的《罗摩克里希纳传》的最后一卷"神的化身罗摩克里希纳(Divya Bhava)"中辨喜和罗摩克里希纳的有关内容)
[②] 罗摩克里希纳从不压制纳兰的自信和傲气,反而予以鼓励。他给予纳兰很多特权,比如,他允许他接触所有不洁的食物,并说,这些事情对纳兰来说并不重要。

加尔各答去找他,甚至直接到公共梵社①的仪式中去找他。他的意外到访引发了众多的谣言和挖苦,纳兰既羞愧又有些感动。为了不让罗摩克里希纳继续寻找他,纳兰恶语相加,说没有人会愿意被其他人迷恋,如果罗摩克里希纳真的非常喜欢他,就应该降低自己的灵性能力到与自己一样的水平。纯朴的罗摩克里希纳听后有些惊恐,他去寻求圣母的建议,然后坦然地和纳兰说:

"可怜的人啊,我才不听你的呢!圣母告诉我,我爱你是因为我在你身上看到神。如果有一天我在你身上看不到神了,我也就不想再见到你了。"

很快,两人的角色又互换了。有一段时间,罗摩克里希纳完全漠视纳兰。他整天忙于其他弟子的事情,对纳兰视而不见,也不和他说话。这种状况持续了几周,但纳兰还是耐心地来拜访他的导师。终于有一天,罗摩克里希纳问他为什么,纳兰回答:"并不是您的话语吸引了我,而是因为我爱您,想见到您。"

自负的纳兰嘲笑罗摩克里希纳的信仰,特别是两个终极问题:对有形之神的崇拜和对绝对同一的信仰。但导师的灵性在逐渐征服这个叛逆的弟子,同时,神的魔力也开始慢慢地显现在纳兰的身上。

罗摩克里希纳问纳兰:"如果你不承认圣母,为什么要来这里呢?"

"我来就一定得承认她吗?"纳兰答道。

导师说:"好吧,我相信,过不了几天,你就会接纳她,提到她

---

① 公共梵社当时已从柯沙布的梵社中分裂出来,他们激烈地反对印度教的观点。值得注意的是,纳兰当时是其中的一员。因为对柯沙布的影响,罗摩克里希纳被公共梵社视为敌人。

的名字,你就会泪流满面。"①

当罗摩克里希纳想要为纳兰打开吠檀多不二论(Advaita Vedanta)的大门,引领他认知绝对存在的时候,也同样遇到了纳兰的抵触和抗拒。纳兰认为这种观点是亵渎神灵的,也是疯狂的,他总是不遗余力地嘲笑这一观点。

一天,他和其他几位弟子一起夸张地戏谑取闹,他们大声嚷嚷着:"这个罐子,是神……这些苍蝇,可都是神哪……"在隔壁房间的罗摩克里希纳正处于半神迷状态,听到了他们的嬉闹,静静地走了

---

① 当布拉杰德拉·赖斯·希尔看到曾经的反对偶像崇拜者,迷信和偶像的憎恨者,竟然拜倒在卡利圣母和罗摩克里希纳面前的时候,他严厉地谴责了纳兰。有一天,强烈的好奇心驱使他去了一次达克希什瓦,并在那里待了一个下午。虽然并不明白是怎么回事,但他被罗摩克里希纳散发出的强大气场所征服。离开时,他的身心受到了极大的震撼,他之前的所有观点都被动摇。让我们带着好奇心去看看,这样一位伟大的智者和理性主义思想家,一位学术成就极高的大学校长,一位始终保持着独立判断精神的人,是如何记录这次经历的。
"我怀着极大的兴趣观察着纳兰的转变。作为一名年轻有活力的吠檀多学者,黑格尔学说的笃信者,和我一样坚持宗教改革、反对宗教神迷和仪式的人,他的态度应该不难预测。但辨喜是一位天生的反对偶像崇拜者,自由思想者,一位极富创造力、崇尚理性的心灵驯服者,他竟然会投身于在我看来不过是原始的超自然的神秘主义宗教中去,这真是无法以纯理性的哲学观来解释的一件神奇的事情。
"(出于莫名的好奇心)我决定亲自去一趟达克希什瓦,去拜访辨喜的导师。我在那个阴凉静谧的寺庙花园里度过了一个炎热的夏日,回来时已是傍晚,风雨大作,狂风呼啸。我的身心都受到了巨大的震撼。我隐隐觉得,法律只适用于那些明显的不规则和怪诞之事,而感觉,哪怕是错误的感觉,也只是理性的初级阶段,信仰外部的拯救力量只是人类最初的自我意识的模糊反应。辨喜后来的经历证实了这一切。自从他从导师那里获得了济世的气度与能量后,他便开始传播普遍人性(Universal Man)、绝对存在,以及自我的不可分割性。"
(参见布拉杰德拉·赖斯·希尔于1907年发表在《印度觉醒》的文章,该文又见于《斯瓦米·辨喜生平》第Ⅰ卷,第177页)

过来,触碰了纳兰一下。① 再一次,灵性的飓风将这个年轻人卷了进去。纳兰眼前的一切都变了,他惊奇地发现,除了神,他眼前再无其他。回家后,他所看到的、触碰到的、吃到的,都是神……他什么事都干不了,完全沉醉在这宇宙原力(Universal Force)之中。他的父母吓坏了,以为他生病了。在这种状态里持续了几天后,他才从这梦境中走出来。这是纳兰第一次进入"不二之境"(the Advaitic State),自此以后他再也不否认其存在了。

接下来的日子里,纳兰经历了数次神秘的灵性风暴,他像个疯子一样不停地念着"湿婆……湿婆……"罗摩克里希纳非常理解他的感受,看着他说:"是啊,我也在这种情形里活了十二年!"

以纳兰雄狮般的天性,他顽固的堡垒只可能从内部被击破,而不是外部。如果不是有一条"厉鞭"从天而降,鞭策他离开自己的舒适区,直面生存的恶与悲,他可能还高傲地沉浸在唯理智论的优越感中。从嘲讽和抗拒到最终被启迪、被改变,纳兰被彻底地转化了。

1884年年初,纳兰那散漫挥霍的父亲因为心脏病突发去世了,只留下六七个月的生计费用和一大堆的债务,整个家庭面临破产。纳兰第一次尝到了生活的艰辛,他开始寻找工作,但却四处碰壁,朋友们也对他避而远之。他曾在书中回忆那一段悲惨辛酸的日子:②

"我光着脚四处求职,但都被拒绝了,我差点饿死。这是我第一

---

① 生物心理学的研究者们,我觉得你们应该研究一下这种"触碰"是如何引发触碰对象的感知变化的。这通常发生在罗摩克里希纳处于半神迷或完全神迷状态时,因此,并不是独立意志所驱动的有意识的行为。这几乎可以被形容为一个已跌入深渊的人将另外一个人也带了下去。

② 这段记叙摘自《室利·罗摩克里希纳传》第428页及以下诸文字。

次面对现实的生活,才发现那些弱者、贫苦者和被抛弃者是很难生存的。几天前还在以帮助我为荣的人,现在却都转过身去假装不认识我了。我开始了解人间疾苦,那时的世界对我来说就像是地狱。

"有一天,天气非常炎热,我又饿又热,都要站不住了,就来到一座纪念碑的阴影下歇凉。我的几个朋友也坐在那里,其中一人唱起了称赞神的恩泽的颂歌。我的脑袋就像被人故意打了一拳,想到母亲和家人现在的悲惨处境,我喊道:'别再唱了!对于含着金汤匙出生衣食无忧的人来说,这歌听上去很动听,过去我也是这样认为的,但是现在,我只看到眼前生活的残酷,这歌似乎是在嘲笑我现在的生活。'朋友觉得我的话伤害了他,他无法理解我所经受的巨大痛苦。好几次,当我发现家里的食物不够的时候,我就和母亲说有朋友邀请我吃饭,其实我也只能饿着肚子。有时,那些富人朋友会邀请我去他们的家里唱歌,但几乎没有一个人对我的不幸表示过关切。我将这一切默默地藏在心里……"

这段时间,纳兰每日早晨都向神祈祷。因为家庭的不幸,当时母亲对神也产生了怀疑。一天,母亲听到了纳兰的祈祷,说:

"傻瓜,算了吧。你从小到大一直向神祈祷,都快把喉咙喊哑了,可你的神又为你做了什么呢?"

此后,纳兰对神也充满了怨愤。神为什么不回应他痛苦的祈求呢?他为什么允许世间如此多的疾苦呢?他突然想到了梵学家维达撒迦(Vidyasagar)的话:

"如果神真的是善良和慈悲的话,世上为什么会有那么多人因为没有一口食物而死去呢？"①

他对上天产生了一种强烈的怨恨，他决定向神宣战。

他公开地反对神，他认为神或者不存在，或者本质为恶。他从不掩藏自己的观点，他的无神论观点渐渐广为人知。那些虔诚信神的人们猜测他的动机，诽谤他的行为，但这些谎言反而让他更坚定。他苦中作乐地说，作为一名堕落世界的牺牲品、命运的弃儿，这是他获得片刻期望与解脱的权利。如果这种方法对他有用，他不会因为其他任何人而畏缩不前。

其他弟子们都善意地规劝他，但他回击说，只有懦夫才会因为恐惧而相信神，并把他们都轰走了。他也担心罗摩克里希纳可能会像其他人一样责难他，但他骄傲地反抗道："这又怎样？如果一个人的声望是如此不堪一击的话，我又何必去在乎呢？我要将它踩在脚下。"

所有人都认为纳兰已迷失了方向，只有罗摩克里希纳依然对他充满信心。②他在等待纳兰心智开启的那一刻，他知道纳兰的救赎只能靠他自己。

---

① 梵学家维达撒迦［伊斯瓦·钱德拉（Iswara Chandra），1820—1891年］是一位社会改革家，也是加尔各答梵学院的院长。他与罗摩克里希纳相识。相较于他的学识，他对人性的关爱更被世人所称赞。他是1864年印度大饥荒的重要见证人，在这次灾难中，超过十万的印度民众被饿死，这让维达撒迦不再相信神灵，转而专注于全身心地服务于人类。在1898年的克什米尔之行中，辨喜充满敬意地提到过他，没有丝毫贬低之意。这些被尼薇迪塔修女记录在与辨喜的对话录中。[《伴随斯瓦米·辨喜漫游之笔记》(*Notes of Some Wandering with the Swami Vivekananda*)，加尔各答，乌博达罕出版社]

② 后来，辨喜说："罗摩克里希纳是唯一始终坚定地相信我的人，我的母亲和兄弟们都没能像他那样相信我。他对我永不动摇的信任将我和他永远连接在一起。唯有他知道爱的意义。"

夏天过后，纳兰仍在四处奔走，寻求谋生之道。一天傍晚，他又累又饿，满身臭汗，身体像中暑般灼热。他在路边一所房子前坐下来。忽然，包裹住他的灵魂的层层面纱化为碎片，阳光照射了进来[①]，之前的所有困惑都消失了，他自言自语道：

"我看到了，我明白了，我相信了，我觉悟了……"

他的身体和意识都安静了下来，整个晚上都处于冥想状态。第二天早晨，他决定和他的祖父一样，弃绝这个世界。他为自己定好了一个完成出家仪式的日子。

就在同一天，并不知道纳兰情况的罗摩克里希纳突然来到加尔各答，恳求纳兰跟他去达克希什瓦待一个晚上。纳兰百般拒绝，却仍拗不过他的导师，只好和他一起回到达克希什瓦。当晚，罗摩克里希纳将纳兰关在自己的房间里，开始唱歌，优美的曲调使纳兰热泪盈眶。他知道，师父已经知道了自己出家的打算。

罗摩克里希纳对他说："我知道你是不会在这个世界久留的。但是答应我，在我离世之前不要离开好吗？"

纳兰只好答应了，他又回到了家中，在一家翻译社和一家律师事务所里找了些活干，但这几份工作都很不稳定，家庭的经济收入也得不到保证。他请求罗摩克里希纳为他和家人向神祈祷。

罗摩克里希纳说："孩子，我无法为你祈祷，你为什么不自己向神祈祷呢？"

于是，纳兰走进了圣母的神庙。一跨入神庙的门槛，他便感受到爱与信仰的暖流在他的体内涌动。等他回来时，罗摩克里希纳问他有

[①] 启示往往发生在人的身体和生命力接近枯竭的极限处，也就是人的斗争意志被消耗殆尽的最后那一刻。

没有向圣母祈祷，他才想起他忘了向圣母请求解除痛苦的方法了。罗摩克里希纳让他再去一次，他去了第二次，又去了第三次。每一次踏进圣母的神庙，他马上就忘记了自己来的目的。当他第三次走进神庙时，他虽然记住了，但却羞于开口："我的愿望是多么微不足道的小事啊，根本就不值得在圣母面前提起。"

于是他对圣母说："圣母啊，除了真知和信仰，我什么都不需要。"

自那日起，他开始了全新的生活。他知道，他也相信，他的信仰就像歌德的老琴师一样①，悲苦时不忘被泪水浸泡的面包的滋味，也不忘一起分享面包屑的同胞。他庄严地向世人宣告自己的信仰：

"我信仰的唯一的神，是世间一切灵魂，我相信的神存在于所有可怜的、贫苦的、不幸的人们中。"

加利利人赢了。②温柔的孟加拉导师击破了纳兰的抵抗。从此，这个天生的领袖，了不起的刹帝利成了罗摩克里希纳最顺从的孩子，两人紧紧地联系在一起，仿佛就是一个整体。对于纳兰这样透明的灵魂，全力以赴的行动者，罗摩克里希纳需要对他施以温和的影响，因为他知道这其中的危险之处。在这种冲破了理性边界，从知识转向爱，从渴望冥想转向渴望行动的过程中，将产生猛烈而巨大的恨不得立刻去拥抱一切的热情和能量。在罗摩克里希纳生命的最后几天，纳兰常常缠着他，希望得到允许去尝试那终极的超验启示，最高的狂

---

① 这里指的是歌德的《威廉·迈斯特的漫游时代》（*Lieder in Wilhelm Meister*）。欧洲一些伟大的音乐家，如舒伯特、沃尔夫等人都曾将其改编为乐曲。

② 这是罗马帝国的尤里安皇帝（the Emperor Julian）临终时发出的呐喊。他曾反对基督教，但未成功。

喜状态，即无法返回的无种三摩地，但罗摩克里希纳每次都断然拒绝了。

斯瓦米·希瓦南达告诉我，他曾在加尔各答附近的哥斯帕尔（Cossipore）花园亲眼看到纳兰进入三摩地："他没有任何知觉，身体冰凉得就像一具尸体一样。我们都吓坏了，赶紧跑去告诉导师。导师听了，一点也不担心的样子，笑着说，'很好'，然后又恢复沉默。"

纳兰恢复意识后，来到导师面前。导师问他：'现在你明白了吧？但这（最高形式的亲证）从今以后会被封存起来，你有圣母派给你的任务，当你完成之后，她会为你解锁。'纳兰回答道：'师父啊，我在三摩地里开心极了，我在无限的喜乐里，完全忘记了还有这个世界，求您让我一直待在三摩地里吧。'他的导师大声喝道：'真是可耻啊！怎么能有这样的要求？我以为你是个能担当大任的人，可是你却像个凡夫俗子一样只想沉浸在自己的欢愉中！……这种亲证对你并非难事，托圣母的福，你可以轻松自然地亲证所有存在唯一的神圣性。但你是要在世间做大事的人！将你的灵性思想带给人们，去减少那些贫寒无助之人的痛苦吧！'"①

罗摩克里希纳知道辨喜所担负的使命，他要求他去履行自己的使命。他说："平凡的灵魂会惧怕引领世界的责任，就像一块没什么用处的木头，只能浮在水面上，只要有一只鸟落在上面，木头很快就沉入水里了。但纳兰不一样，他是一棵巨大的菩提树，能为树下的众生遮风挡雨，他是一艘度己度人的大船，能承载并引领恒河里的千万生灵。"

---

① 参见1927年12月7日的书信。

在辨喜大大的前额上，罗摩克里希纳刻下了圣·克里斯托弗（St. Christopher）①的记号：人类的引领者。

---

① 此处指基督教传说中的巨人圣克里斯托弗（其名字意为背负基督的人）。他平日将人扛在肩上以助人渡河，一天，耶稣化作孩童的样子来到他的面前。（参见小说《吉恩·克里斯托弗》的最后一页）

第十一章 天鹅之歌

1881年后，罗摩克里希纳一直和弟子们住在达克希什瓦，弟子们将他视为自己的父亲，淙淙的恒河水为他们带来心灵的宁静。每日中午，蜿蜒向北奔流的河水就像是一首永恒的赞歌，献给这美妙和谐的师徒情谊。每日晨昏，寺庙里的钟鸣声、螺号声、笛声、铙钹声与众人的吟诵声交织在一起，点缀着众神和圣母的日常生活。花园中那令人陶醉的花香，随着微风飘向四方。站在半圆的带着遮阳棚的阳台上，可以看到恒河上五颜六色的船帆，像一簇簇蝴蝶，那是永恒的象征。

神庙里充满着川流不息的人群，朝圣者、礼拜者、梵学家、宗教人士和好奇的人们从四面八方赶来，来看这个神秘人物，并向他提出各种各样的问题。罗摩克里希纳从不认为自己有什么非凡之处，他用略带地方口音的语言和亲切而优雅的态度，不厌其烦地解答着众人的问题。这样的日常并没有让他失去对生活深刻的洞察和理解，他既是个顽皮的孩童，又是个明断的圣者。他最大的魅力是集完美、幽默、慈爱和洞察于一体的天然率直的品质。他宽容的面容、清澈的微笑，和洞察一切的眼神，能让普通人获得启迪。他是伟大的净化师，能洗刷所有污垢，能让灵魂摆脱束缚。

事实上，他这样的隐士和我们基督教的隐士是完全不同的。他一旦找到并理解了悲伤的根源，悲伤就消失不见了，他的土壤中长不出阴郁和忧愁。在玫瑰花和茉莉花吐露芬芳的美丽的达克希什瓦花园，关于病态的永远令人蒙羞、令人忧虑的原罪说，罗摩克里希纳这样说：

"一些基督教徒和梵社成员认为原罪是宗教的全部，他们认为如果有人每天都说'神啊，我有罪，请宽恕我……'，这个人就是最虔诚的信徒。但他们忘了，人对罪的感知是灵性发展最初级也是最低级的阶段。他们没有考虑习惯的力量。如果你整天说'我是个罪人'，那你永远就是个罪人……所以，你应该不停地对自己说：'我是自由的，我不受任何束缚……谁也无法束缚我！我是神之子，我是万王之王……'发挥你的意志力，你将获得自由！如果一个傻瓜不停地说'我是个奴隶'，最后他就真的成为奴隶了，如果一个可怜的人不停地说'我是个罪人'，最后他也就真的成为罪人了。但如果一个人说'我摆脱了这个世界的束缚，我是自由的，神就是我的父……'，那么，这个人就是自由的。束缚是意识的束缚，自由也是意识的自由……"

他让自由欢快的风吹拂着周围的一切，好让那些在炎热的空气里变得疲惫压抑的心灵能够尽情舒展。他宽慰地对弟子们说："雨就要来了，耐心一点吧，你们又将生机勃勃。"

这是所有自由灵魂的家园，无论是已经获得解脱的，还是那些还在路上的。时间在印度并不重要。每个周日的接待仪式带有一点节日的意味，会有齐颂圣名的仪式，平日里与弟子交流时，他从来不空谈教条。对他来说，教义是无形之物，唯一重要的是依据不同的心灵、不同的人生际遇，让每个人都能找到适合的修行方式，从而理解生活的要义。在这一过程中，他提倡心灵的完全自由。所有的方法都是好的，无论是向内的专注冥想，还是自由发挥的智性、短暂的出神、丰富的比喻、有趣的故事、敏锐的观察、对世事的嘲讽，都是罗摩克里希纳的教导方式。

大师坐在他的小床上，倾听着徒弟们的心里话，聊着各自的家务事。他亲切地提醒顺从的尤加南达，抑制冲动的辨喜，嘲讽迷信的尼兰亚纳南达，他喜欢让这些小马驹们赛跑，他会加入弟子们慷慨激昂的辩论中，以既幽默又意味深长的话语启迪他们，让辩论恢复秩序。他对每个弟子的修习了然于心，知道如何鞭策迟缓、如何缓和激进、如何唤醒慵懒的心灵、如何抑制过度的狂热。对于如同圣约翰（St. John）一般的弟子普瑞曼南达（俗名巴博然），他会满怀温情［普瑞曼南达被罗摩克里希纳认为是"天生完人"（Nityasiddhas），即在出生之前就已然纯净圆满，无须任何开示的人］；而对于那些夸张的清教徒，他则以嘲笑和反讽对之：

"过分关注仪式的纯净会变成一种瘟疫，染了这种病的人没有时间思考人和神。"

他让初学者们远离无用且危险的胜王瑜伽（Raja Yoga）。如果最重要的事是睁大眼睛，敞开心扉，期待与神的每一次相遇的话，那么冒着生命和健康的危险去做那些事情又有什么意义呢？

"阿周那（Arjuna）祈求克里希纳显身……克里希纳说：'来看吧，看我真实的模样吧！'他将阿周那领到一处，问：'你看到了什么？'阿周那说：'我看到一棵大树，挂着满树的果子。'克里希纳说：'不，我的朋友，走近点，再仔细看看，这些不是果子，而是无数的克里希纳……'"

那还需要去圣地朝圣吗?

"是人的圣洁让某个地方变得神圣,一个地方怎么可能净化一个人呢?神无处不在,神就在我们之中,生活和宇宙都是神的梦。"

这个卡马普库尔的农民非常善于用寓言来巧妙地阐述主题。他是马大和马利亚的联合体,知道如何让弟子们回归到真实的生活和日常事务中。他以身作则,亲自打扫屋子、浇灌花园,他非常注重整洁,不允许弟子们懒散邋遢。在这些方面,他给那些印度中产阶级子弟上了一课。

没有什么事情能逃过他的眼睛。他心怀梦想,洞察世事,谆谆善教,睿智欢快。他总带着孩子般的笑脸,他还会模仿那些俗人和宗教狂徒来逗趣:

"导师曾模仿过一位唱宗教赞美诗的职业歌手(Kirtani),来和弟子们一起取乐。这位歌手的戏班曾参加一个宗教集会,她打扮得非常华丽,手里捏着一条彩色的手帕。每当有达官显贵进门时,她就边唱边招呼:'请进请进!'她还会撩起纱丽,以展示她手臂上的饰品。每当罗摩克里希纳模仿这段,弟子们都捧腹大笑,帕尔图(Paltu)更是笑得在地上打滚。罗摩克里希纳笑着看着帕尔图说:'你可真是个孩子啊!你千万别把这事告诉你的父亲啊,不然,他对我仅存的一点敬意就要荡然无存啦!他已经完全变成一个英国人啦!'……"

对于另外一些人,罗摩克里希纳这样描述他们:

"有些人在礼拜仪式时很想说话,但是又不能说,他们就只好打着手势挤眉弄眼地对着神说:'嗯,啊,请赐我这个……啧啧,请赐我那个……'这就好比,一个人正在看他手中的珠子,碰到了卖鱼的鱼贩子，他指着想买的一条鱼，一不小心，珠子从指鱼的手指缝间滑落了。……一个妇人到恒河的圣水中去沐浴，她本该一心想着神，但她念叨的却是：'他们会送什么珠宝给你的儿子呢？……那个谁谁谁生病了……谁谁谁跑去见他的未婚妻了……他的聘礼会不会很丰厚呢？……哈里斯喜欢我，他一刻都离不开我……我好长一段时间都没法来这里了，因为我要准备谁谁谁的女儿的订婚仪式呢！……'她是去圣水里沐浴的，但她想的事情都与神无关……"

就在这时，他的目光停留在一位来访者身上，随即进入了三摩地。

当他回过神来时，又会继续之前的话题，就像什么也没有发生过一样。有时，他会唱颂歌献给"蓝色皮肤"的圣母或挚爱的克里希纳。①

"啊，那清脆的笛声响彻树林。我来了，我来了，我必须来……我那深蓝皮肤的爱人在等着我……朋友们啊，你不和我一起来吗？……我的爱人啊！……对你来说她也许只是一个名字，一个无意义的声音……但对我来说，圣母是我的心灵、我的灵魂、我的生命！……"

"啊，我的灵魂啊！向下，向下，深深地向下，去到那深渊去吧！到那美的海洋去吧！……去寻找那比海更深的地方！你将获得珍贵的普瑞玛（Prema）（即神圣之爱），那里就是神的真爱之家温达班（传说中的家）。去寻找吧，去寻找吧，去寻找吧！你一定可以找到。智慧的灯盏将长明不灭。是谁在掌握这世界之舵……这个世界……这

---

① 对罗摩克里希纳来说，这些颜色都有象征意义。圣母的深蓝色皮肤令他想到深邃的天空。

个世界……"

"圣母啊,您是绝对存在的伴侣,您沉浸在游戏的喜悦中,这喜悦如美酒般令人陶醉。您步履摇曳,但从未失去平衡。您的丈夫,绝对存在,躺在您的旁边,一动不动。您将他揽入怀中,完全失去了自制。宇宙在您脚下颤抖,疯狂闪烁在您和他的眼中。这世界其实就是一件乐事。圣母啊,蓝色皮肤的圣母!……"

罗摩克里希纳用歌声分享着爱的美酒,圣母也陶醉其中。

辨喜说过:"只需一眼,罗摩克里希纳就能改变一个人的一生。"

辨喜曾有亲身的体会。他曾坚持自己的哲学怀疑论,强烈地反对罗摩克里希纳的观点,直到渐渐融化在导师的熊熊烈火之中,俯首称臣。他也证明了罗摩克里希纳曾说过的话:"信仰是可以通过真实可感的方式被传授和领会的,这样的信仰比世上任何事物都更真实更鲜活。"罗摩克里希纳对信仰的主张非常温和却极其有力,即使年轻人对此有粗暴的抵触,他都只不过微微一笑。他非常确信,那些抵触就像是晨雾,随着太阳的升起,都会慢慢消散的。

当卡里普拉萨达对他发起一连串猛烈的抨击时,他说道:

"孩子,你相信神吗?"

"不信。"

"那你相信宗教吗?"

"不信。我既不信吠陀,也不信任何经文。我不相信任何灵性的东西。"

罗摩克里希纳宽容地答道:

"孩子,如果你把这些话告诉其他导师,会发生什么呢?平静下来吧!很多人都和你一样经历过这个阶段。你看看纳兰,他现在相信了。终有一天，你也会被启迪，你会相信的。"

卡里普拉萨达后来成了传道的圣徒阿比达南达。

许多大学生、怀疑论者和不可知论者都被这个小个子农民用方言讲述的最简单的事所打动。来访者无须在罗摩克里希纳面前做任何自我忏悔，他说："眼睛是心灵的窗户。"通常，他的第一眼便能将来访者看穿，他内在的光芒能直射到他人灵魂的深处。

在拥挤的人群中，他会径自走到一位腼腆地躲避他的来访者面前，一语中的地指出他的疑虑、不安和内心的伤痛。他从不说教。在他面前，人们无须深沉地反思或沉重地悲伤，只需他的一句话，一个笑容，或者只握一次他的手，便能让来访者获得无名的平静和渴求已久的幸福。据说，有一个年轻人被他看过一眼后，一年多都沉浸在无尽的喜悦中，什么也不做，只是不停地念叨："神啊！神啊！我的至爱，我的至爱！"

罗摩克里希纳谅解一切，因为他信仰无限的仁爱。若有人终其一生都在努力亲证神，却没能如愿时，他就会竭尽全力去帮助他，让他至少可以欣赏一次与神同一的喜乐。

在他看来，所有的语言，不仅仅是语言，而且是一种行动，一种现实。

他曾说：

"不要只说你爱你的同胞，请将你的爱付诸行动！不要争执教条和教派的不同，世间只有一种宗教。百川归海，让每一条河流都自由流淌吧。大河会顺着山坡，依据地形、季节、温度，在奔流中冲刷出自己的河道。都是同样的水在奔流……奔流吧……去奔向大海！……"

这欢快的水流奔涌向所有的灵魂，他就是那力量，他就是那山川，他就是那河流，汇集了无数小溪和支流，他就是恒河！

第十二章　大川归海

大海越来越近了，生命的终点也越来越近了。罗摩克里希纳羸弱的身体在频繁出入神迷状态和尽心尽力帮助来访者的过程中被日渐消耗殆尽。有时，他像个负气的孩子，在圣母面前抱怨蜂拥而至的访客在吞噬自己，他幽默地说[①]：

"您怎么把这些人都招来了啊？他们就像是用五倍的水稀释过的牛奶，为了用火烧干这牛奶里的水分，我这双眼睛都快瞎了。我的身子快吃不消了，力不从心啊。您如果还这样的话，不如您自己来吧。我（指着自己的身体）现在这个身子只是一面破鼓，如果白天晚上不停地敲，您觉得还能敲多久啊！"

但他却从来不拒绝任何人。他说："只要能帮到一个灵魂，哪怕是惩罚我一次又一次地坠入轮回，就算是变成一只狗，我也没关系！"

他又说："为了帮助一个人，我可以放弃自己的身体两万次。哪怕只能帮到一个人，也是我的荣幸！"[②]

[①] 我敢肯定，一些中世纪的虔诚教徒，比如皮卡第（Picardy）和勃艮第（Burgundy）的人一定也说过同样的话。

[②] 参见辨喜著《我的导师》。

他甚至自责不该将那么多的时间浪费在神迷中,这些时间本可以用来去帮助更多的人。"圣母啊!请不要再让我享受神迷了吧!就让我保持正常的状态,这样我才能对这个世界更有用。"

在最后的日子里,弟子们不顾他的反对,不让他再接见任何来访者,他却说:"我可真难过啊!因为今天没有人需要我的帮助了!"①

他伟大的朋友,梵社杰出的领袖柯沙布,在他之前于1884年去世。罗摩克里希纳在他去世前含着泪水说道:"玫瑰树要被移到别的地方去了!因为园丁想要这些美丽的玫瑰花。"

接着,他又说:"半个我已经死掉了。"

但是,另外的半个罗摩克里希纳(如果可以这么说的话)是印度的贫苦大众。他和他们非常亲近,甚至比和那些博学者还要亲近。在生命的最后几年里,他所接触的人都是和他心爱的弟子们同样纯朴的神的追随者。其中有位名为戈帕拉(Gopaler)的老母亲,她的故事堪比方济各的传奇。

这是一位年近六旬的老妇人,年纪轻轻时便开始守寡,于是,她将自己完全奉献给神。出于难以平息的母爱,三十年来,她一直将孩童时的克里希纳——戈帕拉视为自己的孩子,入迷之深,几近疯狂。第一次见到她时,罗摩克里希纳那充满神性的目光便立刻明白了其中的原委。他满怀慈悲地帮助她缓解内心深处的欲望和痛苦,鼓励这位没有孩子的母亲去完成自己的梦想。他把戈帕拉送入她的怀中,自那以后,小戈帕拉就再没有离开过他的养母。而这位母亲不再祈祷,她不再需要祈祷了,她已与自己的神亲密无间地生活在一起。她将念珠

---

① 参见 D.G. 默克奇著作《沉默的面庞》有关内容。

扔进了河里，整日与自己的孩子愉快地聊天。两个月后，她的状态慢慢缓和了下来，孩子也只在冥想时才会出现。从此，这位老妇人的心中充满了喜悦。

罗摩克里希纳愉快地分享着她的喜悦，这时，他那无时不在的幽默感又跳了出来，他让老妇人将自己的经历讲给自大的纳兰听。纳兰以他的理性批判精神为傲，认为这样的幻象都是愚昧和病态的表现。老妇人停下与孩子的聊天，问纳兰：

"先生，我是个可怜又无知的妇人，不懂很多世上的事情。您是博学的人，请您告诉我，这些是真的吗？"

纳兰被深深地触动了，回答道：

"是的，母亲，这都是真的！"

1884年，罗摩克里希纳的健康状况急剧恶化。在一次恍惚中，他的左臂脱臼了，非常疼。另外一个很大的变化是，他将自己羸弱的身体和游离的精神分割为两个部分。他不再说"我"（I），他也不再是原来那个"我"（me），他将自己称为"此人"（this）。他的状态似乎比以往任何时候都不正常，"利拉（Lila）……那个游戏……神扮成人的模样在嬉戏……"他紧紧地抓住内在的真我，沉入无声的喜悦中，就像是无意间遇到了挚爱之人一样，他的喜悦没有边界也没有尽头……"当湿婆找到了真实的自我时……"他手舞足蹈地喊着，"这就是我！这就是我！"

第二年的4月①，罗摩克里希纳的嗓子发炎了，这与他长时间说话和危险的三摩地修行不无关系。他喉咙出血，医生禁止他说话，也

---

① 更有可能是在6月。——出版者注

不允许他再进入神迷状态，可是他却并不在意。在一个毗湿奴教派的节日盛会上，他尽情地与众人一起庆祝，结果使得病情急剧恶化。他几乎无法进食，但他依然不停地接待那些不分昼夜前来拜访的人们。直到一天晚上，他出现咳血症状，随即被诊断为癌症，弟子们才说服他来到加尔各答，接受马亨德拉·拉尔·撒卡医生（Dr. Mahendra Lal Sarkar）的治疗。

1885年9月①，他们在加尔各答租了一间小房子，罗摩克里希纳的妻子也赶来了。她蜷身于屋子的一角，照顾丈夫的起居，而忠实的弟子们则在夜晚陪伴他。他们都不富裕，却纷纷通过抵押、借款甚至典当的方式来支付导师的医药费，这更加深了他们之间的感情。撒卡医生是个理性主义者，他并不认同罗摩克里希纳的宗教观点，并坦诚地告诉了罗摩克里希纳。但是，随着他越来越多地了解这位病人，他对罗摩克里希纳的敬意也日益深厚，后来他就不再收取任何诊疗费用了。撒卡医生每天会来三次，和罗摩克里希纳一起待好几个小时（现在看来，这也许并不是让罗摩克里希纳病情好转的一个好方法）。

他对罗摩克里希纳说："我非常爱您，因为您热爱真理。对于您所相信的真理，从未有过丝毫的犹豫和偏离。……我不是在奉承您，如果我父亲犯了错，我也会直说的。"

但是他又公开谴责弟子们对罗摩克里希纳的宗教崇拜。他说："认为神以人的形式降临人间的说法是一切宗教的糟粕。"

罗摩克里希纳听了，只是笑笑，并没说什么，但弟子们却热烈地讨论起这个话题。这样的讨论不仅增加了弟子们彼此间的敬意，也让

---

① 更可能是在10月。——出版者注

他们更理解罗摩克里希纳所受的痛苦,从而更加崇敬他。

弟子们想知道为什么这样的考验会降临到罗摩克里希纳身上。他们的观点分成两派:以被救赎的吉里什为首的一派认为,导师自己有生病的意愿,是想让神的使徒们能聚集在他的身边;而以纳兰为代表的理性派则认为,导师的身体和其他人一样,都受制于自然法则。但他们双方都一致认为,神已降临在这个濒死之人身上。在一年一度的卡利圣母节中,罗摩克里希纳没有向任何人提及,独自在神迷中度过。这让弟子们大感意外,他们相信,圣母就在罗摩克里希纳的体内。

这种信念既带来了欣喜,也带来了危险。几个主要的弟子变得极为激动和感性。他们唱着,笑着,泪流满面地进入(或是假装进入了)异象和神迷状态。这时,纳兰第一次显示出他强大的理性和意志力。他毫不掩饰对这些人的蔑视,并告诫道:"导师的神迷是源自他一生英雄般的苦行和对智慧的艰难追寻。而你们这些人的神迷,假如不是欺骗的话,只不过是自以为是的病态幻想而已。你们患病了,应该多加保重啊!你们得多吃一点饭,才能禁得住疯婆子般的身体抽搐。要知道,那些支持虚有其表疯疯癫癫的宗教行为的人,百分之八十是无赖,百分之十五是疯子。"他的这番话就像一盆冷水,浇得那些人羞愧万分,他们中大部分人都承认,自己的神迷是装出来的。

纳兰的行动并不止于此。他将这些年轻人聚到一起,给他们定下了刚健的行动规则。纳兰认为他们应该有所作为,建议他们投身到具体的行动中去。尽管此时的纳兰自身也面临着诸多困苦和挣扎,但年轻的雄狮还是逐渐显露出日后引领众生的力量。他必须在自己天性中存在的两种对抗的力量之间做出最后的选择。对他来说,这是一段既绝望痛苦又硕果累累的日子。他在为即将到来的自己的灵性丰收做准备。

罗摩克里希纳的健康日渐恶化，撒卡医生建议他从加尔各答搬到乡下去住。1885年12月中旬，他搬到了郊区的一所房子里，位于美丽的哥斯帕尔花园（Cossipore），他在那里度过了生命的最后八个月。陪在他身边的是十二个最亲近的弟子，他们每日的行动和祈祷都由纳兰负责。

众弟子恳求罗摩克里希纳和他们一起向神祈祷，求神让他得以康复。其间，一位与他们持相同信仰的梵学家的到访，更坚定了众弟子的决心。

"圣书上说，"梵学家道，"像您这样的圣人可以通过强大的意念来治愈自己。"

"我的精神已经全部归还给神了，你是让我再要回来吗？"

弟子们都责备他没有恢复健康的意愿。他说：

"你们以为我愿意这样受苦吗？我也希望能康复啊，但这要看圣母的意思啊。"

"那就向圣母祈祷吧！"

"你说得倒是轻松，可我没法向圣母开口啊。"

纳兰恳求他去试一试："就当是为了我们吧！"

"好吧，"罗摩克里希纳温柔地答应了，"我试试看。"

弟子们留他一个人在屋子里待了几个小时。等他们回来后，导师说："我和圣母说：'圣母啊，因为病痛，我什么都吃不下去，可不可以让我稍微吃一点东西呢？'她指着在外面的你们对我说：'看看，你可以通过这些嘴巴来吃！'我听了，羞愧得一句话都说不出来了。"

几天后，他对弟子们说：①"我对你们的教导差不多都完成了，我再也无法教导任何人了。现在，在我眼里，整个世界充满了神。②所以我扪心自问：'我还能教谁呢？'"

1886年元旦，罗摩克里希纳感觉好了一些，在花园里走了几步。他在那里祝福了众弟子。③这祝福在弟子们的身上以各不相同的形式显现，有的人在静默中进入神迷状态，有的人则感受到绵延无尽的喜悦。但所有人在得到祝福时，身体都像是被电流冲击了一下，都感受到一种能量的注入，每个人都在那一刹那实现了自己的理想。（作为宗教领袖的罗摩克里希纳最卓越的特质是，他从不给弟子灌输具体的信仰，而是帮助弟子增加信仰所需要的能量。在我看来，他是一个强大的精神能量发电机。）

在花园得到祝福的弟子们，高兴地把屋里的弟子们也都喊了出来，好让他们也能得到导师的祝福。这个过程中，有个小插曲很有点基督教福音书里的意味：谦恭的拉图和婆罗门出身的萨拉特正在打扫罗摩克里希纳的房间。当花园里的同伴招呼他们时，他们已经看到并明白事情的原委，但他们仍然满怀爱意地完成清扫工作，放弃了接受祝福的机会。

只有纳兰一直不满足。父亲的离世、肩上的责任，和他内心的热情交织在一起，将他吞噬。当他看到其他人都很圆满时，他感觉自己被抛弃了。他的痛苦没有尽头，没有一丝欢快的光能安慰他的心

---

① 根据M（摩亨佐纳特·格塔）在他的《福音书》（第Ⅱ卷，第354页）中所记，时间为1885年12月23日。
② 其原文为"一切皆为罗摩"。
③ 据说，每个人都得到了某种程度的祝福。

灵。他恳求罗摩克里希纳允许他在三摩地中度过几日，以缓解自己的痛苦，但导师却狠狠地斥责了他（对那些不寄予厚望的弟子，罗摩克里希纳反而比较宽松柔和），责备他竟然有"如此低俗的要求"。他告诫纳兰，必须先把家人安顿好，然后，所有麻烦就会消失，他会得到他想要的一切。纳兰就像一只迷失的羔羊，在加尔各答的田野间狂奔，身上沾满了尘土和枯草。他痛苦地咆哮着，他渴望那无法抵达之境，他的灵魂永不知疲倦。

罗摩克里希纳满怀温柔与怜爱远远看着这狂奔的身躯，他心里十分清楚，在停止呼吸之前，这只神的猎物必定会撷取芳香的花朵。他知道纳兰是与众不同的，尽管纳兰宣称自己并不相信罗摩克里希纳，但对于无限存在却有着极度的渴望。罗摩克里希纳知道（也被证实），纳兰是蒙福之人。当着其他弟子的面，他温柔地抚摸纳兰的脸。在纳兰的身上，他看到了虔信者（即通过爱来获得真知）的一切特质。虔信者不同于智慧者（即通过获得知识修行之人），他们并不寻求个体的解脱。为了人类的福祉，他们会不断重生来到人间，他们是为了爱，为了服务他人而来。只要人类还有一个微小的心愿，他们就会再次降临人间，只有当人类消除了所有的欲念，他们才会臻入解脱（Mukti, Liberation）的自由之境。但虔信者从不执着于自身个体的解脱，这就是为什么慈爱的导师对一切生灵都心存顾念，满怀深情，也总是对虔信者眷顾有加格外偏爱。在这些虔信者中，纳兰是最伟大的一个。

罗摩克里希纳并不掩藏将纳兰认定为继承者的事实。一天，罗摩克里希纳对纳兰说："我把这些年轻人交给你来照管，你要好好引领他们的灵性之路。"

为了让弟子们对僧侣生活有所准备，他让弟子们不分种姓，挨家挨户去化缘乞食。3月底，他又让弟子们穿上代表桑雅生身份的橘黄色僧袍，为他们举行了受戒仪式。

高傲的纳兰成为弃绝者的表率，但最困难的部分是让他放弃精神上的高傲。魔鬼（如同对耶稣一样）要把这个世界白白送给他，但要求他交出灵魂的归属权，于是，他发现自己的盔甲被砍出了一条裂缝。一天，为了检验自己灵性的力量，纳兰让他的伙伴卡里普拉萨达在自己冥想时碰自己一下。卡里普拉萨达照做后，马上随着纳兰一起进入了冥想。罗摩克里希纳听说此事后，严厉地斥责了纳兰，批评他竟然如此无聊地擅用自己的能量，并直截了当地谴责了这种灵性的传递方式。他告诫道："任何与保持精神的完全自由相抵触的行为都是可恶的。你可以去帮助他人，但不能用你的思想替代他人的思想。"

过了不久，纳兰在冥想时，突然感到脑后出现了一道光，他随之便失去了知觉，进入了绝对存在中。这一次，他坠入了深深的无种三摩地，这是他一直苦苦追求，却不被罗摩克里希纳所允许的境界。过了很长一段时间，他恢复了知觉，他感觉自己的身体不见了，只剩下一张脸，他惊恐地大喊："我的身体去哪里了？"其他弟子听了，吓得赶紧去找罗摩克里希纳，师父知道后，平静地说：

"很好，就让他这样待一会儿吧，他已经够让我担心的了。"

完全恢复后，纳兰便一直沉浸在不可言喻的平静中。他来到导师的身旁，罗摩克里希纳对他说："现在，圣母已向你展示了一切，但这所有的启示都会被封存，而我会保管这钥匙。等你完成了圣母交给你的任务后，再来开启这宝库。"

接着，他又教给纳兰一些如何保持身体健康的方法。

越是临近生命的尽头,罗摩克里希纳越是超然。他用自己无限的平静安抚着弟子们的悲伤。《室利·罗摩克里希纳福音书》几乎是在气息奄奄的导师的床头完成的,这本书记录了来自他灵魂深处的平和细语,犹如夜间的清泉在月光下静静流淌。花园里,树枝随着温暖的微风摇摇摆摆沙沙作响,弟子们则以深沉的静默陪伴在导师身边。他的朋友,他所深爱的人们都无法接受他即将离去的悲伤,他以微弱的声音说:

"罗陀对克里希纳说:'亲爱的人啊,你就住在我的心里吧,不要再化作人形回去了!'但是,她很快就看到心爱的人儿化作了人形,她心碎不已……可是,神的意志必须得到满足,克里希纳已经很长一段时间没有以人类的形态出现了……神降临人间,化作人身,然后,又带着他的弟子们① 回到圣母的身边。"

拉罕尔大声喊道:"我们离开前您不能走!"

罗摩克里希纳温和地笑了,说道:

"一群包尔斯人② 突然闯进一间屋子,他们唱着神的名字,跳着欢快的舞蹈。然后,他们突然就都走了,就像刚才突然闯进来一样,而屋子的主人连他们是谁都不知道……"

他叹了口气:"有时,我向神祈祷,不要再让我回到这世间来。"

但他马上又说:"但为了那些爱着神的纯洁的心灵,神又化作人形降临人间。"

说罢,他以无比疼爱的眼神看着纳兰。

---

① 印度教认为,每个神的化身(Avatara, Incarnation 即转世之身)再次降生时,都会有一群经过挑选的灵魂(即门徒)的陪伴。
② 一个印度教分支。他们醉心在对神的崇拜中,对尘世采取弃绝的态度。

4月9日晚,天气很热,罗摩克里希纳晃动着手中的扇子,对弟子说:

"我看着这把扇子时,便看到了神……是的,我看见了……"

他握住纳兰的手,低声问他:"我刚才说了什么?"

纳兰回答:"我没有听清。"

罗摩克里希纳于是做着手势,示意纳兰:"神,上帝和我是同一的。"

"是的,"纳兰答道,"我即是神。"

导师说:"其间只隔着一条界线:欣享神的喜乐。"

"但是,"纳兰说,"有的伟人在获得解脱后,仍停留在人间,他们保留着自我和痛苦,为了完成人类的救赎。"

深深地沉默了片刻后,导师又开口道:

"人们能看得到房顶,却很难爬上去……但那些已经爬上了房顶的人,可以放下绳子,将下面的人拉上去。"

那段日子里,他完全领会了万物皆"同一"的全部含义,当他明白"受害者、断头台和刽子手这三者其实都是同一的"时,他用微弱的声音喊道:"上天啊,这是多么伟大的洞见啊!"随后便激动得昏了过去。醒来时,他说:"我很好,我从来没有这么好过。"①

那些知道他死于可怕的疾病(喉癌)的人,对他至死都一直保持着爱和善意的微笑感到不可思议。他是印度信徒心中的耶稣,如果他的死没有被赋予十字架上的荣耀,那么那充满痛苦和挣扎的病榻就是

---

① 一直照顾他的弟子罗摩克里什南达在其未发表的回忆录中说:"他从未有过不高兴的时候,他一直都说自己很好,很高兴。"

一个十字架。①

他却说:"痛苦的只是身体,当精神与神合一时,就没有任何痛苦了。"

他又说:"让身体和痛苦做伴吧。您啊,我的灵魂,一直在喜悦中。现在,我和我的圣母永远合而为一了。"

去世前的三四天,罗摩克里希纳把纳兰单独叫来,以极其喜爱的眼神看着他,尔后就进入了神迷状态,并将纳兰也带入其中。纳兰醒过来时,看到导师眼里噙着泪水对他说:

"今天,我已将我的一切都传授给了你。现在的我不过是个可怜的苦行僧,已经一无所有了。而你,有了这种力量后,将来可以在这个世上成就伟大的善举。只有完成了你的使命,你才能回来。"②

那一刻,他将所有的力量都传给了纳兰,导师与他的弟子最终合一。

1886年8月15日,星期日,罗摩克里希纳的最后一天。

那天下午,尽管他的喉咙饱受摧残,他仍奇迹般地跟弟子们进行了两个小时的谈话。③傍晚时分,他失去了意识,弟子们以为他去世了,深夜时,他又醒了过来。谦恭的罗摩克里什南达把五六个枕头放在自己身上,让导师靠在枕头上。此后,罗摩克里希纳一直以微弱的声音和最心爱的弟子纳兰做最后的交谈。最后,他以响亮有力的声音高呼了三遍他此生最爱的卡利圣母的名字后,便躺了下来,进入了最后的

---

① 斯瓦米·阿索卡南达在写给我的信中提到,罗摩克里希纳逝世后,有人曾立即拍摄下其遗容。这张照片有一份影印件存放在马德拉斯道院(Madras Monastery),无法翻印。照片显示,当时罗摩克里希纳的身体已经被疾病折磨得形容枯槁,令人不忍直视。

② 可以理解为"回到绝对存在"(to the Absolute)。

③ 讨论有关瑜伽的话题。

神迷状态。这种状态一直持续到第二天中午十一点半,他的呼吸停止了。① 用他自己的话说:"他已经从这个屋子去到另外一个屋子了。"

众弟子们在哭泣声中高呼:"胜利!"②

---

① 目击者撒卡及罗摩克里什南达未发表的回忆录:
"罗摩克里希纳的最后一晚,仍坚持和我们讨论到最后一刻。……他靠在我用身体支撑的五六个枕头上,我拿着扇子(给他)扇着风,纳兰揉搓着他的双脚。罗摩克里希纳一直在和纳兰说话,告诉他必须要完成的事情。他不停地叮嘱着他说:'你要照顾好这些孩子们。'……后来,他让我们扶他躺下来,一点钟的时候,他的身体突然朝一边偏了过去,喉咙里发出微弱的声音……纳兰连忙把他的脚放到被子上,冲出房间,往楼下跑去,因为他无法接受这样的场面。一个医生过来……把了他的脉,发现他的脉搏停止了……而我们都认为他是进入了三摩地。"
请参照《罗摩克里希纳传》第 395—396 页:"一点过两分的时候,导师的身体突然抽搐起来,头发都竖了起来……他进入了三摩地,这次是大三摩地(Mahasamadhi),他从此再也不会返回凡世了。1886 年 8 月 16 日星期一的凌晨,室利·罗摩克里希纳离开了人世……"——英译版出版者注

② 具体文字是"向传道者罗摩克里希纳的胜利致敬(Victory to Bhagavan Ramakrishna)"。他的躯体于当晚火葬。

后记

罗摩克里希纳与世长辞了，但他的精神将奔流在人性血脉中并沿着人类共同命运之路继续前行。

弟子们很快团结为一个友爱的团体。几位陪伴了导师最后几个月的年轻弟子不想再回到世俗生活中去，但他们没有生活来源。四位已婚的弟子鼓励并帮助他们找了一个住所。这四位已婚弟子是：巴拉拉姆·博斯，他暂时负责保管罗摩克里希纳的遗物；苏伦德拉纳特·米特拉；摩亨佐纳特·格塔和吉里什·钱德拉·高希（皈依的喜剧演员）。苏伦德拉纳特·米特拉出资在恒河附近的巴拉纳戈尔（Baranagore）租下了一所破旧的房子，这里成为众弟子们的第一个传道所（Math）或道院（Monastery）。十几名弟子聚集在这里，他们隐去了世俗姓名，开始采用各自的法名。

曾经的纳兰，自此以后即成为辨喜①。经众人推举，他成了大家的首领。在众弟子中，辨喜是最精力充沛、最具活力、最睿智的一个，而且，罗摩克里希纳生前也已指定他为接班人。当其他人还独自沉湎于失去导师的悲痛中时，这个卓尔不群的弟子看出这样的情绪虽然可

---

① 其实是在几年后，纳兰才开始采用辨喜这个法名。我将在下一部关于他的书中细述其原委。

贵，但也极其危险。于是，他立刻开始指导众人的修行。他犹如飓风烈焰一般，将这些隐士们从悲伤和恍惚中唤醒。他迫使他们学习外部的思想和学派；他用广博的知识冲刷他们的头脑；他让他们品尝知识之树上的所有果实——比较宗教学、科学、历史、社会学；他希望他们能获得一种世界视野；他带领他们进行富有成效的讨论，以让灵性圣火蓬勃不灭、生生不息。

1886年，在具有象征意义的圣诞节，在纪念耶稣基督降生的这一晚，发生了一件令人激动的事情，西方的"神"（Beau Dieu[①]）和印度不期而遇了。

这些僧侣们聚集在安特普尔（Antpur），来到弟子巴博然的母亲家中。

"当众人聚集在火堆旁时，已经是深夜了。他们点燃了几块大木头，很快燃起熊熊的火焰。火光照亮了美丽的夜色，头顶是印度夜晚无尽的苍穹，四周是乡村无限宁静的夜晚。他们一起做了很长时间的冥想。随即，辨喜打破了沉默，讲起了主耶稣（the Lord Jesus）的故事。他从耶稣神奇的出生开始讲起，当讲到救世主（Saviour）被预言将降临人间时，众人纷纷起身祝福圣母玛利亚（the Virgin Mary）。众弟子一直聚精会神地听着耶稣的故事，从童年，到逃亡埃及，从圣殿中回答犹太学者的问题，到召唤第一个门徒，所有人的心绪都跟随耶稣的经历跌宕起伏，他们像爱自己的导师一样爱上了耶稣基督。[②]

[①] 其字面意义为"美丽的神"，法国人以此来称呼位于亚眠（Amiens）的哥特式大教堂门口的基督雕像。
[②] 罗摩克里希纳曾说过，他的弟子中有两人前世曾是耶稣的门徒：沙施布善（即罗摩克里什南达）和萨拉德钱德拉（即萨兰达南达）。

基督和罗摩克里希纳在思想和行动上有许多相似之处，特别是他与门徒之间的故事，使众弟子不由得回想起与罗摩克里希纳一起的日子。救世主基督的话语萦绕在众人的耳边，仿佛是他们熟悉的导师的声音在回响。

纳兰满怀激情的讲述就像是保罗（Paul）的传道，基督受难的故事使众人陷入了深深的沉思。在孟加拉寂静的村庄里，圣灵降临节（Pentecost）的火焰点亮了他们的灵魂。伴着夜晚的微风，耶稣基督和罗摩克里希纳的名字，一起深深地刻入了他们的灵魂深处。

辨喜倡议并请求大家一起，像耶稣基督那样，为救赎世界而行动，为亲证神而弃绝一切。众人一起站在火堆前，跳动的火焰映红了他们的脸庞，燃烧的噼啪声击打着他们的思绪。在同伴和众神的面前，他们纷纷庄重地宣誓，愿成为永远的桑雅生。

直到这一切结束时，僧侣们才想起这一天恰好是圣诞节的平安夜。①

这是一个具有深远意义的美丽象征，预示着在这一天耶稣新的诞生（Nativity）。

这是约旦河与恒河的交汇，自此，两条大河汇合在一起，沿着更宽阔的河道奔流向前。

这个新的教团自成立之日起，就有一种独特的力量。它的内部包含着汲取自东西方信仰的能量；它将传统的宗教冥想和百科全书式的科学研究结合在一起；更重要的是，它将沉思默想与服务人类的双

---

① 见《斯瓦米·辨喜生平》第Ⅱ卷。

重理想结合在一起！从第一天起，这些罗摩克里希纳精神的继承者们就不允许自己困守在道院的高墙之内。他们一个接一个地走出去，以托钵僧的身份行走在世间。只有罗摩克里什南达（即沙施布珊）留在道院，守护着鸽舍，随时等候偶尔飞回来休息的信鸽们。

在罗摩克里希纳临终前的日子里，马太（Martha）的谦逊理想被大家所接受："Dienen...Dienen..." 用帕西法尔（Parsifal）[①]的话说，就是"去服务"。他们服务被病痛折磨的导师，服务专心侍奉神的人，服务身边祈祷的兄弟们。这，正是罗摩克里希纳教导他们的"亲证神"的独家法门。如果年迈的托尔斯泰知道，一定会说，这是更好的方法。

弟子们都有各自的角色，每个人的天性都不自觉地表现出罗摩克里希纳丰富人格的某个阶段或某个方面，聚合在一起，他们就是罗摩克里希纳精神的全部。

而辨喜，则是这个团体最伟大的发言人，他向全世界传播罗摩克里希纳的精神。他赞誉他的导师是印度灵性思想的集大成者：

"我有幸能坐在罗摩克里希纳的足前成为他的弟子。他的生活和行动远胜于他的说教，他是奥义书最生动的文本注释和最鲜活的精神体现，他是印度各派宗教和灵性思想的集合者和融合者……印度有无数的思想家和圣人……最伟大的头脑商羯罗，最伟大的心灵柴坦亚。而现在，时机已经成熟，最伟大的头脑和最伟大的心灵合二为一，化为人身，应时而出……"

他的身体里既蕴含着商羯罗光辉灿烂的智慧，又拥有柴坦亚无

[①] 帕西法尔：亚瑟王传奇中寻找圣杯的英雄人物。——中译者注

限宽广的心灵；他在不同的宗教中看到同样的精神，看到同一个神；他在一切生灵身上看到神；他的心为贫苦的、虚弱的、流离失所的、饱受摧残的人哭泣；他爱印度和印度之外世间的所有人。他超凡的智慧孕育出伟大的精神思想，这思想，能调和所有教派的矛盾和冲突，为这个世界带来奇妙的和谐和真正关乎智慧和心灵的普世信仰。

现在，时机已经成熟，这样的一个人必须降临人间。于是，他来了，来到了我们身边！最令人惊喜的是，他抵达的地方，恰好是一个最西方的城市，印度最欧洲化的地方，西方思想让这个城市几近疯狂。这个伟大的智者从来没有上过学，甚至不会写自己的名字，但最优秀的学者都称他为智慧的巨人。[1]……他是这个时代的圣哲，他宝贵的教诲正是这个时代最需要的，他的教导永远萦绕在我们耳畔……

"如果我所说的话包含了真理，那这些真理全部源自他；如果我所说的话传达了错误，……那这些错误全部出自我，也全部归咎

---

[1] 印度当今著名的哲学家和宗教学者阿罗频多·高士（Aurobindo Ghose）给予罗摩克里希纳极高的评价，尤其对他精神力量的多维度和独特的灵性指导方式赞誉有加。"至尊天鹅罗摩克里希纳是近来一位极其特殊的人物。在他身上我们看到了一种巨大的精神能量。他直捣黄龙，亲证神性，萃取诸多瑜伽修行方式之精髓；他鞭辟入里，直至核心，教导我们以爱的力量，以天然的灵性经验，以真实自足的直觉，去亲证神，去拥抱神。这样的人物实属罕见，他的精神目标是特殊的，也是世俗的。他是一个伟大的灵魂，一生都在刚健中正地追求并佐证真理。而人类为了这同一真理，早已割裂为不同的宗教门类和思想派别，各自以对真理的片面理解和不同的方式方法，追寻着人类的终极体验。罗摩克里希纳所实证的真理，正是当下全人类和这个世界最需要的。认识、体验和拥有神性是全人类共同的需求，它涵盖并关联到其他一切。只要亲证神，神一定会为我们安排其他一切，包括所有的形式和显现。"（见《瑜伽综论》一文，1924年12月5日发表于《雅利安》杂志，庞蒂切利邦）

这是印度的形而上学者对罗摩克里希纳的人格和一生的重大意义的认可。

于我。"①

辨喜，这个最傲慢、最博学、最以印度现代宗教思想为傲的人，谦卑地坐在了纯朴的罗摩克里希纳的足前。他是孟加拉圣者使团里的圣保罗，他创立了自己的教会和学说。他周游世界，就像横跨罗马平原的高架水道桥一样，让灵性之水从印度流向欧洲，②然后又流回到印度，连接着科学理性与吠檀多，连接着过去与未来。（我将在以后的篇章里追寻辨喜的灵性历程。）

至此，我已带领欧洲读者们领略了这个充满宗教神话气息的遥远国度。印度是一棵葱茏巨大的菩提树，西方人认为她已干涸枯萎，而事实上，她却一直在不断地生发出新枝绿叶，开花结果。我会继续沿着未知的道路，回到现代理性为王的西方。在这段旅程的终点，我相信，凭着自由与理解的无线电波，国与国之间的世纪鸿沟，终将宽不过一丝细发，长不过嘀嗒一秒。

罗曼·罗兰
于1928年圣诞

---

① 参见辨喜在加尔各答和马得拉斯的演讲《吠檀多的不同境界》(*The Vedanta in All its Phases*) 和《印度的古代圣者》(*The Sages of India*)。
② 这里指欧洲和美国。

附录一　莎拉达·戴薇与强盗

为了去见她的丈夫，莎拉达·戴薇常常需要步行穿过卡马普库尔和达克希什瓦之间的平原。当时这个地区盗匪猖獗，但也有很多卡利圣母的信徒。

一天，莎拉达和几个同伴一起去往达克希什瓦。夜幕降临时，她跟不上其他人的脚步，疲惫不堪地落在了后面。暗夜之中，同伴们的身影渐渐消失不见，莎拉达发现自己一个人孤零零地身处在这危险的荒原中。突然，她看到一个黝黑的彪形大汉朝她走来，肩上扛着一根棍子，身后还跟着个人。莎拉达觉得无处可逃，便一动不动地呆站在那里。

大汉走到她面前，粗声粗气地问："这么晚了，你在这儿干什么？"

她回答道："父亲，我和同伴们走散了，我迷路了，能烦劳您带我找到他们吗？我的丈夫在达克希什瓦的卡利神庙，我要去找他。如果您能送我到他那里的话，他一定会非常感激您的。"

这时，壮汉身后的身影走上前来，莎拉达一看像是壮汉的妻子，松了一口气。莎拉达拉着她的手说："母亲，我叫莎拉达，我和我的同伴走散了，在这里迷路了，幸好有您和您的丈夫来了，不然我真不知道该怎么办了。"

莎拉达纯朴的举止、殷切的信任和甜美的声音触动了这对夫妻。他们本是最低种姓的人，但此刻他们把这些都忘了，将莎拉达看作自己的女儿。他们看莎拉达非常疲惫，便不让她再赶路了。他们来到附近一个小村子，找了一个店铺让她住下来。壮汉的妻子脱下自己的衣服为莎拉达铺床，壮汉从店铺里买来米花给她充饥。他们像父母对待自己的孩子一样，整晚守在莎拉达的身边。第二天，他们将她送到塔拉克什瓦，并让她在那里再休息一晚。妻子对丈夫说："咱们的女儿昨天没吃什么东西，今天得吃好一点，你去集市给她弄点鱼和蔬菜吧。"

在丈夫去集市的时候，莎拉达的同伴返回来找到了她。莎拉达将巴戈迪[①]（Bagdi）夫妇介绍给同伴们，并说："如果不是他们救我的话，我真不知道会出什么事。"

莎拉达·戴薇之后回忆道："那一晚的相处让我与这对夫妇极其亲密，和他们分别时，我哭了，我让他们一定要来达克希什瓦看我。他们又陪我走了一段路，妻子摘了一些路边的青豆放在我的纱丽里，对我说：'莎拉达圣母，今晚吃米花时，就着这些豆子一起吃吧。'……后来，他们来达克希什瓦看过我几次，每次都带来不同的礼物。'他'[②]非常尊敬这对夫妇，热情地以女婿的礼仪对待他们……虽然我的'强盗[③]父亲'非常善良纯朴，但我猜他平日应该也没少做

---

① 低种姓。
② "他"即指她的丈夫罗摩克里希纳。在传统印度教中，妇女不允许对其丈夫直呼其名。
③ 原文为"Dacoit"，印度语中对强盗的别称。

抢劫的事儿。"

[节选自1927年6月的《现代评论》(*Modern Review*)]

室利·莎拉达·戴薇(Sri Sarada Devi, 1853—1920年)

室利·莎拉达·戴薇是罗摩克里希纳的妻子,是现代世界宗教史上很有影响力的人物,被尊称为"圣母"。

附录二　室利·罗摩克里希纳和柯沙布·钱德尔·森

我们认为有必要对罗曼·罗兰先生在本书中的一些说法予以反驳。在第七章"罗摩克里希纳和伟大的印度牧羊人们"中，罗曼·罗兰先生写到，室利·罗摩克里希纳的追随者们认为柯沙布是罗摩克里希纳的弟子之一，而他不同意这一观点，认为这样的观点是对两人关系的片面理解。他认为："柯沙布的基本思想在他们（室利·罗摩克里希纳和柯沙布·钱德尔·森）第一次见面前已经形成，所以不能说是源自罗摩克里希纳。"

最初，我们也不认为柯沙布是室利·罗摩克里希纳的弟子（如果按照通常意义的弟子来理解），但关于这个问题，与柯沙布关系密切的一些人（普拉塔普·钱德尔·莫佐姆达尔、吉里什·钱德尔·森、奇兰吉布·萨尔马等）留下来非常明确的文字记录。罗曼·罗兰先生没有采用这些先生们的证言，但我们相信这些记述的准确性和真实性。

那么，柯沙布并没有从室利·罗摩克里希纳那里获得任何思想，他的思想在两人第一次见面之前已经形成，这样的说法是否属实呢？我们认为并没有足够的证据支持这一观点。柯沙布的成熟的思想体系集中体现在他的新天道里，那么，新天道的构建是在柯沙布遇到室利·罗摩克里希纳之前完成的吗？

柯沙布的新天道主要有三项教义：将上帝视为圣母来崇拜；承认所有宗教和先知们都是正确的；将印度教的多神论融于梵社的教义。罗曼·罗兰先生认为柯沙布在构建"上帝-圣母论"这一体系时并没有受到室利·罗摩克里希纳的影响，圣母这一概念并不是室利·罗摩克里希纳创造出来的。的确是这样。但是，认知一个理念和接纳一个理念是极为不同的概念，柯沙布提出"上帝-圣母论"并不能确定他在接纳圣母这一概念的过程中没有受到室利·罗摩克里希纳的影响。为什么加入梵社时的柯沙布不接受圣母？为什么后来他又接受了呢？什么是让他转变的决定性因素呢？

罗曼·罗兰先生提到，柯沙布曾在1866年和1875年提到"上帝-圣母论"，这意味着印度梵社接受了这一理念。但不可否认的是，罗曼·罗兰先生的这一引证是随意和不成熟的。实际上，柯沙布的"将上帝视为圣母来崇拜"这一观点直到1879年才形成严肃而深刻的理念。那么，问题来了，是什么原因让柯沙布的思想产生了这样的转变？我们认为是室利·罗摩克里希纳对柯沙布的影响和榜样力量。

我们援引以下三点来证实我们的观点。

普拉塔普·钱德尔·莫佐姆达尔在其所著的《柯沙布传》中谈到了室利·罗摩克里希纳和柯沙布的关系："柯沙布在库奇·比哈尔（Cooch Behar）婚礼①的那段时间的烦扰和悲伤让他很自然地将上帝视为圣母，在他的祷告和谈话中，也多次将各种形式的神称为母亲。

---

① 这是在1878年。而室利·罗摩克里希纳和柯沙布的初次见面是在1875年。

亲切友善的至尊天鹅的榜样力量和思想影响力让柯沙布将'上帝即圣母'逐渐发展为一个特殊的文化观点,并于1879年成为他提出的梵社的复兴运动(Revival)中一个全新的理念。"

1880年2月1日,柯沙布在《周日镜报》(The Sunday Mirror)中写道:"让我们的读者们接受这全新的令人愉悦的讯息吧,新天道来到了梵社,新教义来到了印度。它最大的价值是全新,唯一的口号是上帝,即印度圣母。所有的变化整合为一句话:上帝即圣母。"(这段摘录显示柯沙布在1880年将"上帝-圣母论"作为一个新的理念加入到梵社的思想体系里。)

1879年10月,柯沙布的一个宣告中这样说:"上帝对身边的弟子们说:'称呼我为印度母亲吧,很多人崇拜我为他们的父,但他们不知道,我也是他们的母亲。我是温柔的、宽容的、克制的、忍耐的、慈悲的母亲,永远张开怀抱拥抱忏悔的孩子。你们应该从城市到乡村,歌颂我的仁慈,向所有人宣告,我是印度的圣母。'"(这段文字非常清晰明确地表达了柯沙布的观点。我们还应注意到,当柯沙布在这个宣告中说"反对将上帝视为母亲是一种偏见"时,很多梵社的成员认为他在"混淆视听,亵渎神灵"。)

关于印度教和基督教之间的宗教融合,以及印度教不同派别之间的同化和调和,我们认为柯沙布也受到了室利·罗摩克里希纳很深的影响。

本书中有关这部分的内容中,有几个日期是错误的。在第六章"建造者们"中,罗曼·罗兰先生说柯沙布在1873年的环游传教中找到了传播多神论的方法,接着在1875年提出"新天道"。这两个年份都是错误的。柯沙布是在1880年1月25日提出新天道,而不是在1875年。为了确定这一点,《印度觉醒》的编辑写信向新天道教会杂志《新天道教会》(Nava-Vidhan)的编辑求证,得到的回复确定是1880年。

柯沙布的确在1875年的演讲《看那印度的天堂之光》(Behold the Light of Heaven in India)中提到了"新天道"这个词,但这次演讲本身并没有(或者很少)讲到新天道的教义。这篇演讲主要是论证神的存在,以及神的主要道德属性——他称之为神的"道"——形成的历史原因,完全没有提到宗教融合。

在本书第七章中,罗曼·罗兰先生提到柯沙布于1869年的一个演讲《未来的宗教》(The Future Church),认为这是柯沙布早期宗教融合思想的又一证据。但这个演讲并没有将所有宗教比喻为一首宏大的交响曲,每一件乐器保留其特点,并合奏出献给上帝的赞歌。在这个演讲中,柯沙布认可每一个宗教都包含着一些真理,但他强烈地反对偶像崇拜、多神论,以及神的化身说。当时柯沙布还没有想过将不同教派融入未来他的教义中,他只是在想从不同宗教中汲取精华,形成自己为红衣主教的新教派,主要教义是以上帝为父,以及四海之内皆兄弟的信念。当时,他预言:"这个国家未来的宗教将是当今最先进的教派中最纯净的理念的整合,在基督教的影响下形成并和谐发展。"必须承认的是,这个时期柯沙布的思想和他之后的宗教融合思想相距甚远。

我们认为,柯沙布是兼收并蓄的。任何一个新宗教的创立者,如果不是首创者,也不是狂热分子,都是某种程度的折中主义者,因为他必须在将那些已被证实的宗教真理容纳进自己新的教义中。当然,柯沙布最后做的比这要多得多。但在他亲眼看到室利·罗摩克里希纳实践并亲证了宗教融合的理念之前,他是不知道如何构建融合不同宗教的教义体系的。如果他有这个能力,那他为什么没有在1880年之前谈及宗教融合呢?

关于新天道的宣告,普拉塔普·钱德尔·莫佐姆达尔留下了非常清晰的讲述。因库奇·比哈尔的婚礼而产生的分裂,柯沙布当时所遭受的迫害,以及随之而来的痛苦,都让柯沙布觉得梵社应该有一场复兴运动。普拉塔普回忆道:"一天晚上,柯沙布躺在床上,我们谈起了复兴这个话题,激动不已。柯沙布突然坐起身来说,如果想要度过梵社眼前的危机,必须有一场伟大的史无前例的复兴运动,要以前所未有的力度将复兴的精神贯穿到所有的祈祷、训导、教义和传道活动中去。我们都赞同这个主意,但我们却没有料到,柯沙布所说的复兴是指长时间的强烈冥想和最为诚挚的祈祷,而当时,我们并没有对这样的改变做好准备。"

普拉塔普接着说:"所以,当柯沙布在1879年提出复兴运动时,他说的其实是一次很大的迈进,一次从未有过的改变和前进,新的启示,新的生活,新的出发。在柯沙布遇见室利·罗摩克里希纳之前,他并没有形成宗教融合的观点。但在与室利·罗摩克里希纳这个宗教融合最耀眼的倡导者和代表者亲密交往了五年之后,他以自己的理解和方式宣告了这一观点。"

就此,我们可以得出怎样的结论呢?是否可以就此推断,柯沙布的确是受了室利·罗摩克里希纳的影响而接纳并宣扬宗教融合的理念?这一点,在普拉塔普·钱德尔·莫佐姆达尔所著的《柯沙布传》里也得到了确认。在书中,普拉塔普描述了室利·罗摩克里希纳对世界主要宗教和印度教不同教派之间的和谐观点之后,他说:"这一奇怪的折中主义启发并扩展了柯沙布的思想体系。"《新天道教会》的编辑也提供了一些间接的佐证,在给《印度觉醒》编辑的信中这样写道:"毫无疑问,1880年新天道的宣告是柯沙布经过长时间阵痛后的一次新生,他每一次的新生背后都有着其他人物对他的影响。如果柯沙布没有做永远的学生这一精神,那他的一生又会是怎样的呢?"

在接纳印度教的多神论上,柯沙布毫无疑问也受到了室利·罗摩克里希纳的影响。我们已经说过,罗曼·罗兰先生提到柯沙布是在1873年开始理解印度教的多神论是不正确的。根据普拉塔普·钱德尔·莫佐姆达尔的记录,柯沙布是在1879年巡回传道时产生这一改变的。我们已经引用了普拉塔普关于室利·罗摩克里希纳的"折中主义"对柯沙布的影响的论述,普拉塔普接着说道:"在这次孟加拉的传道中(1879—1880年),柯沙布列举了印度教中的男神和女神的名字,并一一阐述这些名字背后的意义。"

罗曼·罗兰先生还提到,柯沙布1880年8月1日在《周日镜报》发表了一篇题为《偶像崇拜的哲学》(The Philosophy of Idol-worship)的文章。《新天道教会》的编辑对此也有定论,在信中回应:"我没有见过,在宣告新天道之前的柯沙布曾有过关于印度教偶像崇拜的任何发言和文章。"在普拉塔普于1895年9月写给马克斯·缪勒教授(Prof. Max Müller)的一封信中,他说:"在《柯沙布的生平和教义》(Keshab's Life and Teachings)中,在《神性评论》(Theistic Review)中,我都有热情且诚实地表达了我对圣人(Mahatman,指室利·罗摩克里希纳)的评价和感谢。"

让我们再来援引两个有力的证人。第一位是辨喜。虽然他是室利·罗摩克里希纳的弟子,但基于他和室利·罗摩克里希纳以及和柯沙布的关系,他亲眼所见的一些事实是有一定的价值和可信度的。

"他(柯沙布)经常坐在罗摩克里希纳足前几个小时,入迷地听着导师关于宗教的精彩讲述。罗摩克里希纳经常会时不时地进入三摩地,这时候,柯沙布就会轻轻地触碰导师的双脚,认为这样可以被净化。有时候他会邀请至尊天鹅去他家,或者坐船在恒河上漫游。他会提出困扰他的一些宗教问题。两人之间产生了深刻而强烈的爱,柯沙布的整个生命都被改变了。几年后,他宣告了新天道,这是他宗教观点的集合,也是罗摩克里希纳的教导的部分陈述。"

另外一位证人是马克斯·缪勒教授,他在认识罗摩克里希纳的弟子们之前,于1896年在《十九世纪》(*The Nineteenth Century*)上发表了一篇题为《一位真正的圣人》(*A Real Mahatman*)的文章,在文章中他说:

"普拉塔普·钱德尔·莫佐姆达尔是梵社的领袖,在英国颇有名声,他告诉我,圣人(指室利·罗摩克里希纳)对柯沙布、对他,以及对当时加尔各答众多高级知识分子们都有着非常重要的影响……其中最令人关注的一点,是室利·罗摩克里希纳对柯沙布·钱德尔·森生涯晚期的重大影响。让许多柯沙布的朋友和追随者极为惊讶的是,这个冷静的改革者在晚年突然变成了神秘主义者和神迷之人。尽管新天道后期的很多教义上的变化,尤其是'上帝-圣母论',疏远了很多柯沙布的欧洲朋友,但却极大地提升了他在印度的受欢迎程度。现在我们知道并理解了,这位梵社的创始人在生涯后期这样突然的改变背后所隐藏的众多原因,而当时很多人认为是因为他那过于激动的大脑出了问题。"(这段文字清晰地表明了柯沙布的朋友们都注意到在他生命最后几年间,他的思想和观点产生了突然的变化,他并不是如罗曼·罗兰先生所说,在 1875 年遇到室利·罗摩克里希纳之前,就已经完成了其主要思想体系的构建。)

我们知道,马克斯·缪勒教授是柯沙布的同龄人及好朋友,他一直在密切关注柯沙布的发展。他的结论在柯沙布的追随者中产生了很大的反响,他们向马克斯·缪勒教授提出了反对意见,并给出了他们对于室利·罗摩克里希纳和柯沙布两人之间相互关系的解释。但马克斯·缪勒教授坚持他的结论,这一点在他所著的《罗摩克里希纳:他的生平和语录》(*Ramakrishna: His Life and Sayings*)一书中有明确的表达。

综上所述,我们的结论是,柯沙布·钱德尔·森是一位有着极高宗教天赋的伟人,他对折中主义有天然的倾向性,这也是他格外欣赏室利·罗摩克里希纳的原因,但他的折中主义观点是在受到室利·罗摩克里希纳的影响后才形成并融合到新天道教义里的。还有,他对"上帝-圣母论"和印度教多神论的调和也是在室利·罗摩克里希纳的直接示范和影响下形成的。

附录三 参考书目

1.关于罗摩克里希纳的生平与历史,最主要的资料是由他的弟子们撰写的一本伟大的传记,由斯瓦米·马达瓦南达(Swami Madhavananda)编辑。

《室利·罗摩克里希纳传——实录集》(*Life of Sri Ramakrishna, Compiled from Various Authentic Sources*),1925年由不二论道院出版,共765页(喜马拉雅系列丛书No. XLVII)。不二论道院位于喜马拉雅深处的阿莫拉(Almora)的幻住庵(Mayavati,音译玛亚瓦蒂),是罗摩克里希纳教团的理论中枢。

甘地为本书写了一个简短的前言,值得再次摘录:

至尊天鹅罗摩克里希纳的一生是亲证宗教的一生。他的经历让我们得以与神面对面。如果你看懂了他的故事,你就会确信只有神是真实的,其他一切都是幻象。罗摩克里希纳是最生动的虔诚敬神的代表。他的话语并不是出于博学的知识,而是来自生活这本书、来自他亲身体验带来的启示,这是无法抗拒的启示。在当今这个怀疑主义盛行的时代,他是明亮活泼的信仰之光,给身处灵性黑暗中的人们带来慰藉和光明。罗摩克里希纳的一生是非暴力(Ahimsa)的示范,他的爱不受地域或任何其他的限制。希望他神圣的爱能激励这本书的读者们。

正如编者所言,这本书的集结要归功于罗摩克里希纳的直系弟子斯瓦米·萨拉达南达,他担任罗摩克里希纳传道会的秘书长达二十五年。本书中有拉姆钱德拉·达特和阿克什·库玛·森(Akshay Kumar Sen)的叙述,两位都是罗摩克里希纳的弟子;有辨喜的弟子普利亚纳特·辛哈［Priyanath Sinha,又名古鲁达斯·瓦尔曼(Gurudas Varman)］的回忆;还有摩亨佐纳特·格塔记录的罗摩克里希纳的谈话。

这本实录集中所有的记录都是第一手的珍贵资料,是记录者本着虔诚的宗教信念而做的完全属实的逐字逐句的记录。这本书流传极广,但此书的编辑很混乱,到目前为止,没有任何按照字母顺序的索引,所以阅读和查找都很不方便。而且,书中没有任何对罗摩克里希纳的批评意见。

2. 从编辑和理性的角度看,更具价值的是斯瓦米·萨拉达南达以孟加拉语所著的一本书,共五卷。可惜的是,此书没能连续完整地记录罗摩克里希纳的一生。在斯瓦米·萨拉达南达于1927年去世前,只写到罗摩克里希纳在病中搬到哥斯帕尔花园,没能完成导师生命最后几个月的记录。这本书也没有完整记录罗摩克里希纳的弟子们的情况,只写了一两个主要的弟子,其中包括最著名的辨喜。

此书的孟加拉语名字是:

《室利·罗摩克里希纳与他的神圣游戏》(*Sri Ramakrishna-lil-aprasanga*)

[Discourse on the Lila (the play) of Ramakrishna]

五卷的孟加拉语名字分别是：

年轻的罗摩克里希纳（Balyajivana / the Youth of Ramakrishna）；

灵修者罗摩克里希纳（Sadhakabhava / Ramakrishna as Sadhaka）；

古鲁罗摩克里希纳（Gurubhava / Ramakrishna as Guru or Master）——分为两卷；

神的化身罗摩克里希纳（Divyabhava / Ramakrishna in the Divine Form）。

只有两卷有英文译本，第一卷是萨拉达南达本人用英文写的，第二卷是由孟加拉语译为英文的。①

本书的部分章节曾发表在罗摩克里希纳教团的学术刊物《印度觉醒》（特别是关于罗摩克里希纳和辨喜的关系）和其他英文杂志上。

在这本书的前两卷，萨拉达南达以全景式的写法描述了罗摩克里希纳的各个方面，而不是以时间顺序做连续的讲述。之后从第三卷开始，萨拉达南达改为普通传记的写作手法。第三卷主要讲罗摩克里希纳的年轻时期；第四卷讲罗摩克里希纳的修行时期；在修行后期与梵社的关系，以及作为导师的罗摩克里希纳（这时候的罗摩克里希纳还没有宗教显现）；第五卷讲罗摩克里希纳和弟子们，最后讲到导师生病。萨拉达南达写到这里时，罗摩克里希纳的妻子"圣母"莎拉达·戴薇去世了，接着，导师最钟爱的弟子之一，教团的首任住持斯瓦米·婆罗门南达（Swami Brahmananda）也去世了。萨拉达南达极度悲伤，他终止了写作，将自己完全投入到终日冥想中。

---

① 全书现已被译为英文，以《室利·罗摩克里希纳：伟大的导师》（*Ramakrishna: the Great Master*）一名出版。——英译版出版者注

尽管没能最后完成，但这仍然是一部杰出的著作。萨拉达南达是印度哲学和历史学的权威，他的著作中充满了形而上的描述，完美展现了罗摩克里希纳的精神面貌和在印度丰富的思想史中的重要地位。

如果萨拉达南达的这本孟加拉语著作和《室利·罗摩克里希纳传——实录集》（第一本）有任何出入的话，我认为萨拉达南达的著作更加可信。[根据斯瓦米·阿索卡南达（Swami Ashokananda）提供的证言。]

3.《室利·罗摩克里希纳福音书》，又名《一位印度和世界的完人》，共两卷，1897年于马德拉斯由罗摩克里希纳道院出版（辨喜为此书写了两封确认信作为前言），1911年第二版，1922—1924年再度出版。①

《室利·罗摩克里希纳福音书》和伟大传记（第一本）同样非常有价值，因为这是M对导师自1882年夏天起之后四年间的谈话的忠实记录，以罗摩克里希纳每日行程为记录顺序，所有记录都是M亲耳听到或者听他人讲述的（M是加尔各答一个教育机构的校长），其准确程度堪比速记法的记录。此书包含一个以字母顺序排列的索引，这样可以让读者快速找到所需查看的内容。

4.《斯瓦米·辨喜生平》(*The Life of Swami Vivekananda*)，由

---

① 遗憾的是，我得到的两卷版的《福音书》有两个不同的版本：第一本是1924年的第四版，第二本是1922年的第一版。两本间隔时间不长，可以推测两版在编辑和风格上并没有太大不同（全五卷已由斯瓦米·尼克拉南达翻译并结为一卷出版。——出版者注）。

辨喜的东西方弟子联合撰写，由位于喜马拉雅的不二论道院出版，辨喜诞辰50周年纪念版一共有三卷，①由《印度觉醒》编辑斯瓦米·维拉杰南达（Swami Virajananda）负责出版。不二论道院，阿莫拉，喜马拉雅；第一卷和第二卷，1914年出版；第三卷，1915年出版；第四卷，1918年出版。

这本罗摩克里希纳最伟大弟子的传记不仅包含辨喜本人的生平，也包含了辨喜对导师的回忆。

另外，《辨喜全集》（The Complete Works of Swami Vivekananda）（共七卷②）也是很好的参考书。辨喜经常带着虔诚的感恩提到他的导师，在纽约的一次著名的演讲中，辨喜特别致敬他的导师。见《我的导师》（《辨喜全集》第四卷）。

5.《室利·罗摩克里希纳的教导》（Sri Ramakrishna's Teachings）。两本小册子③，不二论道院出版。

本书收集了一些罗摩克里希纳在不同场合的谈话记录，主要摘自《室利·罗摩克里希纳福音书》，但做了更为系统的排列。本书最大的价值在于其实用性。其中部分章节发表在1900年到1913年间的《印度觉醒》和其他印度评论杂志上。本书的德文版也即将面世。

6.《导师的话》（Words of the Master）（室利·罗摩克里希纳的教导）（Selected Precepts of Sri Ramakrishna）由斯瓦米·婆罗门南达汇

---

① 这一版本实际是四卷，而不是三卷。（后来的版本又压缩为两卷。——出版者注）
② 实际是八卷。——出版者注
③ 现在合为一册。——出版者注

编，由位于加尔各答巴格巴萨的乌德汉姆出版社于1924年出版。

这是一本小选集，所选内容主要是编者的个人选择。

7.《罗摩克里希纳：他的生平和语录》(*Ramakrishna: His Life and Sayings*)，马克斯·缪勒著，Longmans, Green and Co. 出版，1898年第一版；1923年再版。

马克斯·缪勒在英国认识了辨喜，他请辨喜完整讲述了罗摩克里希纳的故事，所以这本书是基于他的第一手资料。马克斯·缪勒具有西方宽广清晰的批评精神和科学态度，兼具对各种思想形式的广泛认知。

8.《沉默的面庞》(*The Face of Silence*)，作者达恩·葛帕·默克奇，1926年在纽约由 E.P. Dutton and Co. 出版。

这本书就像一件艺术品，有其特别的价值，是对那个印度时代里最耀眼的大师最精彩的描述。默克奇查阅了所有主要的历史资料，还亲自采访了罗摩克里希纳传道会中几位杰出的人物。书中引用了很多罗摩克里希纳最亲密的弟子之一斯瓦米·图利亚安南达的回忆。罗摩克里希纳传道会对于默克奇在本书中艺术家般的讲述和渲染不是很感兴趣，还曾发表过一封公开信，反对书中的一些"神学"阐述，并认为书中对罗摩克里希纳的描述和评价过于个人化。

对我而言，我永远不会忘记是这本书让我第一次了解到罗摩克里希纳，并激励我完成本书的写作。默克奇以非凡的才华和技巧，聚焦于罗摩克里希纳的个性和特质，吸引了（而不是惊吓）大批的欧美读者。我非常感谢这本书，但我觉得还是需要越过书中的一些"装饰性"的描述，而去参考更加准确的历史资料。

9. 另外，罗摩克里希纳教团的评论杂志，特别是《印度觉醒》和《吠檀多狮报》(*The Vedanta Kesari*)，都是很好的资料库，已发表并还在持续发表很多关于罗摩克里希纳和弟子们的回忆录。

在本书前言中，我感谢了罗摩克里希纳传道会对我的帮助，他们不厌其烦地为我提供资料，并回答我的各种问题。我再次向他们表达我的谢意。

附录四　推荐书目

《辨喜传》(*The life of Vivekananda and the Universal Gospel*)
罗曼·罗兰著（by Romain Rolland）
在这本书中，罗曼·罗兰对辨喜的生平和思想做了形象而精彩的讲述。

关于辨喜的语录，罗曼·罗兰说："辨喜的话语就像伟大的音乐，像贝多芬雄伟的乐章，像亨德尔轻快的合唱。每当看到这些在书中跳跃着燃烧着的话语，我就像被电流击打了一样激动不已。这些穿透我、激励我的话语出自一位真正的英雄之口！"

《罗摩克里希纳和他的弟子们》(*Ramakrishna and His Disciples*)
克里斯托夫·伊舍伍德著（by Christopher Isherwood）
"非凡的人物总是离奇和神秘的。对能够理解罗摩克里希纳的人来说，他是离奇和神秘的。非凡的人物也总是真实和客观的，这是我理解的罗摩克里希纳。"

通过这些话语，克里斯托夫·伊舍伍德阐述了这本传记的客观性。他收集罗摩克里希纳的语录，研究印度宗教和哲学，并乐在其中。他并不是作为罗摩克里希纳的仰慕者，而是作为印度文化的虔信者写了这本书。

《室利·罗摩克里希纳的一生》(Life of Sri Ramakrishna)

圣雄甘地作序(Forword by Mahatma Gandhi)

本书按照时间顺序完整地讲述了罗摩克里希纳精彩的一生。

圣雄甘地在前言中说："至尊天鹅罗摩克里希纳的一生是亲证宗教的一生。他的经历让我们得以与神面对面。如果你看懂了他的故事，你就会确信只有神是真实的，其他一切都是幻象。"

《我们所认识的罗摩克里希纳》(Ramakrishna as We Saw Him)

斯瓦米·查达那南达著(by Swami Chetanananda)

通过收集、编辑和翻译近四十名认识罗摩克里希纳的人的回忆，斯瓦米·查达那南达让我们看到了罗摩克里希纳不为人知的生活情景。回忆者中，有罗摩克里希纳的亲戚、出家弟子和俗家弟子、追随者，以及梵社成员。其中有些人一天二十四小时陪伴在他身边，有些人只是偶尔见他一面。每一章都从回忆者不同的个人角度生动地描述了罗摩克里希纳的生活。

《他们和神在一起》(They Lived with God)

斯瓦米·查达那南达著(by Swami Chetanananda)

通过二十八个简短的小传，斯瓦米·查达那南达为我们生动地介绍了二十八名罗摩克里希纳的出家弟子和俗家弟子，以及他们对罗摩克里希纳教义的各个方面的理解。这本书也更加完整地描述了罗摩克里希纳本人，其中包含很多从未以英文出版的、不为人知的导师故事。

译后记

这是一个信息爆炸的时代，也是一个具有重大变革意义的时代，我们一边惊异于生物科技和人工智能的无限发展，一边受困于智能手机的投喂和其背后的精巧算法，在这样一个时代，我们究竟是越来越自由了，还是越来越被束缚了呢？

后工业时代以来的唯物主义和科学主义范式越来越显现出它的局限性，我们每个人在这洪流中逐渐失去了与自己的身心联结，与真正的自我的联结，从而离内心的平静渐行渐远。这是我们每个人都面临的精神挑战。

如果我们没能解答这个问题的现代方法，那就不妨尝试着去前现代文化中寻找。印度几千年以来的精神和灵性传统旦复旦兮，一直为人类提供开阔的世界观和不同维度之探索，值得我们深入了解与参考。从语言到实证，从科技到心灵，从理性到直觉，从知识到智慧，也许只有回到那里，才能找到我们生命的启示。

而翻译此书，即是我们寻找这些联结与答案的过程，希望对您也一样。

感谢印度圣哲们所提供的古老智慧与洞见，看似渊默无声，其实深闳广大，犹如永恒真理的鼓声，鼓点密集，正希望着我们一起来倾听!

罗摩克里希纳的故事随着翻译之结束，终于停下了译笔，而心中竟有一种莫名的不舍。每每念及罗摩克里希纳，我们便不由得联想到了中国的禅宗里面的那一则公案，就是达摩与慧可的那段著名的对话：

慧可向达摩表达自己的困惑，说自己"心不安"。

达摩答道："把心拿来，我为你安心。"

慧可沉吟良久后说："弟子找不到心了。"

达摩答道："我已为你将心安好。"

当下的人们正生活在这步履不停、追逐之心日夜难平的时代，多少会经验到种种的"心不安"的焦虑。阅读罗摩克里希纳的故事，或许可以让我们获得如何安顿自己内心的智慧。

就像当初对罗摩克里希纳的精神能量心存怀疑的大作家罗曼·罗兰本人一样，对于罗摩克里希纳的故事，我们起初也是半信半疑。崇尚科学理性的思维习惯，让我们惯于否定一切科学或理性之外的事情，更何况像罗摩克里希纳这样一个有着许多超乎科学解释的行为和成就的大圣者。所以，当罗摩克里希纳的故事在我们面前缓缓铺开之前，我们也曾暗中纳闷，到底是什么样的人生，能够让罗曼·罗兰这样的西方第一流的文豪愿意近身探究，并愿意为之立传!

我们崇尚理性，对于精神世界却又怀有一份莫可名状的敬畏与好奇。

因为内心深处，我们隐约地感到，科学的智慧可以教会我们如何憧憬未来，而精神的智慧却能教会我们如何安住人世。随着翻译工作的深入，我们不由暗暗地为罗摩克里希纳海纳百川的生命智慧而深感钦佩。

是的，是他让我们明白，不论世间有多少种宗教，有多少个名称来称呼不同宗教中神的名字，人类的信仰都是可以跨越时空而得以相通的。若是明白了这个道理，世界上哪里还会有借由宗教的名义去相互伤害甚至发动战争的人呢！

罗摩克里希纳也向世人阐释了真正的"行动"之奥义。恰如王阳明所云："未有知而不行者，知而不行，只是未知。"真正领悟了"行动"哲学的人，并不需要出家、隐遁山林，不需要悖逆自己的本性，行走于尘世之间，他可以于每一个当下、每一个言行，皆能完成最好的修行。若能把握这种真智慧，每一个现世的人，以现在的俗世身份，照样可以于当下的生活中，俾获安好自心的从容，而不再为无尽的欲望而感到焦灼。这，或许就是对于"我们为什么需要阅读室利·罗摩克里希纳"之问的一个最浅显的解释吧！然而，毕竟其造境深不可测，于此，大体理解了庄子借东海之鳖告知于埳井之蛙的那段话了：

"夫千里之远，不足以举其大；千仞之高，不足以极其深。"

在翻译的同时，我们也深深地折服于罗曼·罗兰的理性、客观，以及精骛八极的胸襟气度。这样一位自幼浸润在西方理性传统中的文学巨匠，却能在其字里行间时刻保持着客观雍容的精神，将遥远的印度第一流思想家的思想，按照他自己的文字节奏，逐一介绍给了西方的读者，最终介绍给了世界，这是一种何其难得的精神修为！

在罗曼·罗兰那跳跃于古往今来的典故的恢宏文字之间，读者们的思绪被带领着在东西方文化之间穿梭。让我们领悟到，原来，在精神的领域里，东西方文化有如此之多的相通处。而且，每每在我们最容易因自己的理解局限，易于对罗摩克里希纳的故事侧目的地方，罗曼·罗兰会不偏不倚地提醒我们，精神世界的维度，可能远比我们的认知能力更为复杂。它需要我们打破自己认知的狭隘，重新去认识人类精神史。

每动译笔，我们也总是提醒自己，字里行间力求让罗曼·罗兰恢宏磅礴的文字与罗摩克里希纳睿智生动的故事"化"入到我们的中文语境，贴近我们的话语习惯，而不至于让中文的读者因法国的文豪讲述印度的故事，而觉得坠入云雾之境。但印度的文化确实精深博大，行文中必定多有不妥之处，这一点，还是颇望方家予以指正为盼。

在翻译的过程中，我们得了闻中老师无私的帮助和指导。因各种原因使然，译书工作也曾数度停滞，最后我们两人成功合作，这也是闻中老师的鼓励和帮助，并且有一些重要的修缮，才使得该译稿以崭新的面貌问世，在此，我们对闻中老师致以诚挚的感谢！

梁海翎　章恬
初稿于 2019 年 5 月
再稿于 2021 年 10 月